Heinrich Schneegans

Laute und Lautentwickelung des sizilianischen Dialektes

Verlag
der
Wissenschaften

Heinrich Schneegans

Laute und Lautentwickelung des sizilianischen Dialektes

ISBN/EAN: 9783957004437

Auflage: 1

Erscheinungsjahr: 2015

Erscheinungsort: Norderstedt, Deutschland

Hergestellt in Europa, USA, Kanada, Australien, Japan
Verlag der Wissenschaften in Hansebooks GmbH, Norderstedt

Verlag
der
Wissenschaften

LAUTE

UND

LAUTENTWICKELUNG

DES

SICILIANISCHEN DIALECTES

NEBST

EINER MUNDARTENKARTE UND AUS DEM VOLKSMUNDE
GESAMMELTEN SPRACHPROBEN.

VON

HEINRICH SCHNEEGANS.

STRASSBURG.

KARL J. TRÜBNER.

1888.

MEINEN ELTERN

ZU

IHRER SILBERNEN HOCHZEIT.

EINLEITUNG.

Den Anfang mit der grammatikalischen Bearbeitung des sicilianischen Dialektes machte im Jahre 1859 Wentrup durch seine ersten *«Beiträge zur Kenntniss der sicilianischen Mundart»* (Herrig's Archiv, XIV. Jg. 25. Bd.). Im Jahre 1875 übersetzte Pitrè im IV. Bande seiner *Biblioteca delle tradizioni popolari siciliane*, diese Arbeit ins Italienische und bereicherte sie mit werthvollen Anmerkungen und Ergänzungen über gewisse mundartliche Abweichungen. Avolio's *(Av.)* Abriss der Laut- und Flexionslehre der Mundart von Noto erschien im selben Jahre in seinen *Canti popolari di Noto* p. 1—118 *(Av. C.)*. Im folgenden veröffentlichte Guastella *(G)* eine kurze Abhandlung über die Mundart von Modica in seinen *Canti popolari del circondario di Modica*. Auf diesen beiden Arbeiten und den Anmerkungen Pitrè's, die allerdings sehr schätzenswerthe Materialsammlungen sind, aber den Dialect nicht wissenschaftlich ergründen, fusst hauptsächlich[1] Wentrup's zweite Arbeit: *«Beiträge zur Kenntniss des sicilianischen Dialectes.* Programm der Klosterschule Rossleben, Halle 1880» *(W)*, eine sorgfältige, klare vollständige Zusammenfassung des bis dahin bekannten, die sich aber von einer eingehenderen Erörterung dialectologischer Fragen entbindet. Den ersten Versuch einer solchen Behandlung gab Avolio in seiner *«Introduzione allo studio del dialetto siciliano. Noto 1882 (Av. I.)*. Doch untersucht er nicht sowohl den Lautbestand des Sicilianischen, als

---

[1] Wegen der kleineren Arbeiten, auf die sich W. stützte, darunter vor allen Dingen Ascoli's Skizze im Arch. glott. 2. Bd. p. 145—150, 1876, verweise ich auf W. selbst, p. 7.

vielmehr den Ursprung desselben und seine Beeinflussung durch fremde Sprachen. Auf einige seiner Theorien und Etymologien, mit welchen ich nicht übereinstimmen kann, komme ich im Laufe der Arbeit zu sprechen. Nach üblicher analytischer Methode untersuchte zuerst den *Vocalismus des alt- und neusicilianischen Dialectes* Mathias Hüllen *(H)*, (Bonner Dissertation 1884), eine Arbeit, welche, wie Mussafia sagt, *(Litteraturblatt für german, und roman. Philologie von Behaghel und Neumann VII. Jahrg. Nr. 6. Juni 1886. p. 238 ff.)* allerdings von Fleiss und guter Anlage zu sprachlichen Untersuchungen zeugt, aber dem Material nicht mit freiem kritischen Blick gegenübersteht. Zu den von Mussafia hervorgehobenen Mängeln, kommt noch der hinzu, dass *H.* den wichtigsten Theil der oben angeführten Arbeit Pitrè's, das Kapitel über die *parlate siciliane p. CLXXXVI* völlig übersehn zu haben scheint. Dieses Uebersehn macht ihn sogar gegen *W.* ungerecht, indem er ihm p. 6 vorwirft, in Betreff des Uebergangs des A zu *e* in Novara, sich auf Pitrè zu berufen, der diesen Uebergang nur im Suffix -ARIUS, -ERIUS constatire. In dem überschenen Kapitel findet sich aber die von *W.* angeführte Stelle. Auch Av's Abriss hat sich *H.* nur obenhin angesehn. Bezüglich des von *W.* bemerkten Uebergangs von A zu *e* in Noto, tadelt er, dass *W.* sich durch Av's Glossar habe irre führen lassen, wo nur einmal *gren* GRANDE vorkäme (dass auch *culenti* für COLANTEM im Glossar sich findet, verschweigt aber *H.*). Aber Av. p. 4 § 1 finden sich viele Beispiele für A zu *e*, die *W.* im Sinne hatte; ja Av. versucht sogar eine Deutung des Vorganges.

Nur mit dem Altsicilianischen befasst sich die Arbeit Pariselle's *« Ueber die Sprachformen der ältesten sicilianischen Chroniken.* Halle 1883. *Par.*; sie bietet aber nur eine Darstellung der Laut- und Formenlehre der 2 Texte, *C* und *R* (s. u.).

Weit höher steht die Schrift de Gregorio's über das Sicilianische *«Appunti di fonologia Siciliana. Parte prima. Suoni Vocalici-Spiranti e Nasali. Raddoppiamenti costanti e incostanti,* Palermo 1886» *(de Greg.).* Der Titel gibt schon den Inhalt des Schriftchens an, das mehrere werthvolle Bemerkungen über die Aussprache enthält und neue mundartliche

Abweichungen des Sicilianischen nachweist. Aber der Gegenstand ist nicht vollständig und erschöpfend behandelt; manche Puncte scheinen mir auch nicht richtig beurtheilt zu sein. (Ueber Einzelnes s. u.)

So ist denn bis jetzt über den Dialect keine vollständige, den heutigen Bedürfnissen der Sprachwissenschaft genügende Darstellung vorhanden, und vor allem erfüllen die vorhandenen grossentheils nicht eine von Mussafia in dem oben erwähnten Artikel mit Recht gestellte Forderung, wenn er sagt: «*Man wird zugeben, dass die Darstellung einer jetzigen Mundart oder Mundartengruppe, nur dann auf den Werth einer abschliessenden Arbeit Anspruch machen kann, wenn sie auf richtig gehörtem und in genauer Graphie fixirtem Material beruht. Die Beschaffung eines solchen ist die erste Bedingung; vermag der Sammler zu gleicher Zeit die festgestellten Thatsachen wissenschaftlich zu deuten, um so besser; unterlässt er dies oder vergreift er sich darin, so ist der Schaden leicht gut zu machen.*»

Daran knüpft Mussafia den Wunsch, es möchten fortan nur Mundartenbeschreibungen vorgelegt werden, welche die erwähnte Bedingung erfüllen.

Wenn sich auch die vorliegende Arbeit nicht einer Erfüllung dieser Forderung in ihrem ganzen Umfange rühmen darf und des Verf.'s Deutungen bisweilen an das obige «*vergreift er sich, so ist der Schaden leicht gut zu machen*» werden appelliren müssen, so ist doch hier zum grossen Theile selbst gehörtes und selbst gesammeltes Material zur Verwendung gebracht. Es wurde mir in Messina möglich, den Dialect wenigstens soweit mir anzueignen, dass ich eine Anzahl poetischer und prosaischer Texte aus dem Volksmunde sammeln konnte (s. Anhang).[1] Allen denjenigen Messineser Freunden, die mir dabei so liebenswürdig behülflich gewesen sind, erstatte ich hier meinen besten Dank. Die Texte habe ich, gerade wie ich sie gehört habe, wiederzugeben versucht. Wo mir dies bei den prosaischen Stücken

---

[1] Was die Schreibung dieser Texte sowie der selbst gehörten Beispiele anbelangt, so habe ich mich des Böhmer'schen Alphabets, mit einigen Abänderungen, z. Th. nach Avolio, bedient. Die Arbeit gibt an geeigneter Stelle darüber Aufschluss. — Meine Texte bezeichne ich durch S c h. (S c h n e e g a n s),

1*

wegen der ungeheuren Schnelligkeit und Lebhaftigkeit des Vortrages weniger gelungen sein sollte, bitte ich um Nachsicht.

Auf dieser oralen Grundlage baut sich meine Arbeit zunächst auf; hinzu kommen in Messina selbst von mir beobachtete Eigenheiten der Sprache und Ausdrucksweise der verschiedenen Volksschichten, vor allem aber Bemerkungen, für die ich dem berühmten sicilianischen Dichter und Gelehrten Tommaso Cannizzaro in besonderem Grade verpflichtet bin. Für andere Theile Siciliens konnte ich mich bezüglich einiger dunkeln Puncte nach Palermo an Professor Salinas, nach Syracus an Herrn Politi, nach Girgenti an den dortigen Kaufmann und deutschen Consul, Herrn Schneeberger wenden. Durch die liebenswürdige Vermittelung von Herrn Cannizzaro gelang es mir, auch vom Professor Lizio-Bruno einige Andeutungen über die Sprache von Caltanisetta und Umgegend zu erhalten. Eine Anfrage nach Noto blieb leider ohne Erfolg. Allen diesen Herren meinen aufrichtigsten Dank.

Von schriftlichen Quellen wurden z. Th. die schon den oben erwähnten Abhandlungen zu Grunde gelegten Werke benutzt, und zwar:

1) Altsicilianische.
   a. Bei Av. I. abgedruckte Texte.
      Codici Sciclitani p. 128—132, aus dem Jahre 1091, 1111 datirt, aber nach Av. *«pure non si andrà lontano dal vero, ritenendoli posteriori d'un secolo».* (Cod. Scicl.)
      Canzone di Stefano Protonotaro p. 133—135 ohne Datum (Canz. Prot.)
      Quaedam profetia, zuerst gedruckt im *Arch. storico siciliano. anno II fasc. II. ed. Stef. Vittorio Bozzo*, dann p. 135 ff. bei Av. nach p. 246 sec. XIV (Q. P.)
      Andriotta Rapi. *Vita del beato Corrado* p. 157 nach Av. vor 1500 componirt, aber die Hd. späteren Ursprungs. (A. R.)
   b. Bei Av. C. abgedruckt:
      Vita beati Corradi p. 365 in Prosa, aus 1350 datirt. (V. B. C.)
   c. In der Collezione di Opere inedite o rare

abgedruckt. *Croniche siciliane dei secoli XIII, XIV, XV, pubblicate per cura di Vincenzo di Giovanni.*
Bologna 1865:
Lu libru di la Conquista di Sicilia per manu di lu conti Ruggeri di Normandia 1358 datirt, die Hd. aber aus dem 17. Jahrh. cfr. Par. (C.)
Croniche di quisto regno di Sicilia. (Cr.)
Cronica Siciliae per Epitomata. (Crs.)
Lu Rebellamentu di Sichilia, aus dem Ende des 14. oder 15. Jahrh. cfr. Par. p. 4. (R.)
La vinuta di lu re Japicu a Catania, *scritta di lu patri frati Atanasio di Jaci. l'annu MCCLXXVII. (1287).* (J.)

d. Von Vincenzo di Giovanni veröffentlicht:
Filologia e letteratura Siciliana, *Studii di Vincenzo di Giovanni. Parte prima. Palermo.* (Fa.)
(p. 109—120 aus 1384; p. 128—158 aus dem 13., 14., 15. Jahrh.; p. 238—241, aus dem 13. Jahrh.; p. 255—259 überschrieben *«di due atti in volgare riferiti al sec. XII., e di un epitafio del sec. X.,* aber nicht kritisch untersucht; p. 263—269 aus dem 15. Jahrh.?)
Filologia e letteratura Siciliana, *Nuovi Studii di Vincenzo di Giovanni. Vol. III. Palermo 1879* (Fb.) (p. 54—76 aus dem 14. Jahrh.; p. 91—110 aus den Jahren 1360—1375 wie di Giov. zeigt p. 84, aber datirt aus 1254; p. 130—159, aus dem 13. und 14. Jahrh.).

Alle diese Texte sind nur mit grosser Vorsicht zu gebrauchen, da ihre Schreibweise sich sehr vom Lateinischen und Italienischen beeinflusst zeigt, und ihre Datirung meist unzuverlässig ist.

2) Neusicilianische.
Giuseppe Pitrè: *Canti popolari Siciliani.* Volume Primo. Palermo 1871. Volume secondo. Palermo 1872. (Pa, I, II.)
Giuseppe Pitrè: *Fiabe, novelle e racconti popolari siciliani.* Vol. I, II, III, IV. Palermo 1875. (Pb, I, II, III, IV.)

Giuseppe Pitrè: *Proverbi siciliani* Vol. I, II, III, IV.
Palermo 1880. (Pc, I, II, III, IV.)
Leonardo Vigo: *Raccolta amplissima di Canti popolari Siciliani.* Catania 1870, 1874. (sec. ediz.) (V.)
Salomone Marino. *Canti popolari Siciliani.* Palermo
1867. (Sal. Mar.)
Lizio Bruno: *Canti popolari delle Isole Eolie.* Messina
1871. (L. Br.)
Da die Herausgeber dieser Texte mehr auf treue Wie-
dergabe des Inhalts und leichteres Verständniss des Lesers
bedacht sind, haben sie oft nicht die Laute, wie sie sie
hörten, fixirt, sondern dem Italienischen angepasst. Daher
ist auch hier Vorsicht nöthig.
Viel zuverlässiger sind:
Avolio: *Canti popolari di Noto.* Noto 1875. (Av. C.)
Guastella: *Canti popolari del circondario di Modica* 1876.
(G.)
Raccolta di Cicalate di Don Pippo Romeo. Plac.
Arena-Primo e Gaet. Braconneri e poesie del Dr. An-
tonino Giunta. Messina, dai tipi Fr. d'Angelo 1885. (Ci.)
Le Maschere, eine in Messina erscheinende Zeitung,
mit Dialogen im Dialect.
L'amico del Popolo, eine Palermitaner Zeitung, mit
den Dialogen von *Mastru Filippu e lu Giurnalista.*
Papanti: *I parlari in Certaldo.* (Pap.)
Da diese Texte nicht die conventionelle Schreibung
befolgen, sind sie von allen vorherigen für unsern Zweck
am besten geeignet.
Endlich sei noch Traina *Dizionario sicil-ital* erwähnt.
(Tr.)
An dieser Stelle möge es mir gestattet sein, Herrn
Professor Dr. Gröber meinen aufrichtigsten und ehrerbie-
tigsten Dank auszusprechen für die liebenswürdigen Rath-
schläge, die er mir während der Abfassung der Arbeit zu
Theil werden liess.

ERSTER THEIL.
VOCALISMUS.

CAPITEL I. BETONTE VOCALE.

§ 1. a.

A bleibt in der Regel unverändert, sowohl alt- als neu-sicilianisch

FAMAM — *fama;* MANUM — *manu;* NAVEM — *navi;*
CAMPUM — *campu;* ARTEM — *arti;* ASINUM — *asinu.*

Suffixe: -ALEM — *ali:* PRINCIPALEM — *principali* C. 12.

-ACEM — *aci:* SAGACEM — *sagaçi* C. 66.

-ANUM — *anu:* PAGANUM — *paganu* C. 57.

-ATUM — *atu:* EPISCOPATUS — *viscopatu* C. 59.

S. 17 *buccata, piñata, šalata* S. 12

-ATEM — *ati: dannusitati* C. 40 *ĝitati* C. 9.

Besondere Fälle.

A bei ávu zu o:

1) CLAVUS — *kjovu* (Nagel); auch in andern romanischen Sprachen, ital. *chiodo;* frz. *clou;* calabr. *chiuovu;* Lecce (cfr. Morosi Arch. Gl.): *clauu-clou, chiueu* — *chieu;* napol. *chiuove.*

2) in QUA- A zu o. QUALISQUE (gewöhnlich *qualki, quarki*) — bisweilen *corki.* cfr. Etna (Pb. IV 168. V. 313. 16). Aci (Pb. II 286), Noto (Pb. III 338). Mangano (Pb. I 259). Erice (Pb. II 382).

Aus QUA wohl der gewöhnlichere Diphthong *quo* entwickelt.' Dann *quo* — *co,* wie QUOTIDIANUS — *cotidianu* (cfr. Cons.).

3) Nach Av. C. 21; I. 210 kommt in Noto auch ein Futur auf *-ogghiu* vor: *amirogghiu* (statt amirò); *finirogghiu* (finirò) *vinirogghiu* (venirò). Mit Recht weist Av. die Ansicht von Buchholtz zurück, es wäre aus dem Infinitiv + *VOLEO = *voghiu* zu erklären. Diese Art das Futur zu bilden, kommt nirgends im Sic. vor. Vielmehr sind die Formen zu erklären aus Formvermischung: *amirogghiu* = *amirò* + *agghiu*, (*agghiu* in Noto = HABEO). Wegen der Abneigung gegen *voci tronche* (cfr. unbetonte Vocale) zieht der Notigianer die längere Form vor, und da er für die Function des -ò als habeo im Futur das Gefühl verloren hat, vermengt er die beiden Formen *-ò* und *-agghiu* zu *-ogghiu*. Vgl. auch S. 52 ff.

4) HABEO — gewöhnlich *aju* — findet sich auch als *hê* (ê, lautend) und *eju, eja*.

Bloss mundartlich sind die Formen nicht, da sie neben *aju* in denselben Texten vorkommen:

cfr. Pb. IV 165 V. 313 8. 11. 17;

ca t'hê fattu? neben *aju fami*;

ti l'aju dittu neben *ju 'un hê amatu* neben *sta donna l'aju amatu.*

V. 721: *l'aju e t'hê volutu beni.*

V. 539: *Ti n'hê mannatu littri, e ti ni mannu, n'aju mannatu di notti e di jornu, hê vistu, hê giuratu* V. 750; *eju* Pb. II 213 Roccavaldina; Casteltermini Pb. I CCXII 142: *ca haju li porci 'nchiusi e l'eju a jiri a nesciri. eja* V. 926 Casteltermini.

Pitrè verzeichnet *eju* als speciell aus Casteltermini, aber wir finden es auch in Roccavaldina (cfr. oben) und Messina und Castanea (cfr. u.)

eju kann auch nicht analogisch zu andern Verben gebildet sein, da es keine auf *-eju* gibt. (*-iju* haben CREDO — *criju*, VIDEO — *viju*, SEDEO — *siju*). H.'s Erklärung von *eju* aus HABEO durch Einfluss des folgenden Hiat-i ist unzulässig, da sonst nie a + Hiat i == e wird, cfr. HABEAM-, HABEAMUS — *aja, ajamu; ajati, ajanu*. VADO — *vaju; staju*; RABIES — *ragghja*. Die Form wird eher in dem sehr häufigen proklitischen Gebrauch von aju im Sicilianischen ihren Grund haben.

haju -a fari, a sentiri, a mangiari, etc. heisst wie
franz. j'ai à faire, entendre etc. ich muss thun, hören etc.
Das Sicilianische gebraucht nicht *devo, bisogna*. Aus *aju a*
bildet sich *aj'a* zur Verhütung des dem Sicilianischen so
unsympathischen Hiats[1]. In dieser Stellung *aj'a* + Infinitiv
= ich muss thun, ruht der Hauptton naturgemäss auf dem
Infinitiv. Schon der Gedanke erfordert es. Unter diesen
Umständen war eine Beeinflussung des a durch den Cons.
j in palatalem Sinne (also a zu e, cfr. damit unbetont e zu
a vor r, n) kaum zu vermeiden. Diese Form findet sich,
belegt: *ej'a dirti* V. 935. Ohne Apostroph: *ej'a — eja*
cfr. L. B. XVI Castanea: *m'eja 'nnamurari* (ich muss mich
verlieben). In gleicher Stellung verliert sich die Bedeutung
des *eja* als «muss» und finden wir eja = *aju*: vor dem
Participium V. 926 *l'amuri che v'eja purtatu* (die Liebe, die
ich Euch gebracht).

Danach wird einerseits *eja* analogisirt zu *aj*u = *eju*,
weil die Endung a in der ersten Person des Verbums nicht
gebräuchlich ist (cfr. Beispiele für eju oben); andererseits
(wie EGO — *eju — eu*; PREGO — *preju — preu*) verliert
eja das j, und *ea* wird schliesslich zu *ê*, geschrieben *hê*
(der Circonflex, den die Sicilianer stets schreiben, scheint
darauf hinzuweisen, dass ihnen noch die uncontrahirte Form
dunkel vorschwebt. Dass dieses *hê* aus *aju a* entstanden,
beweisen u. a. folgende Beispiele, wo *hê* eben = *aju a*
(ich muss) vorkommt:

t'hê kjantari (ich muss pflanzen == *t'aju a*) *l'hê jittari*
V. 729. *hê fari* Pa. II 128. *m'ê sentiri a missa* Sch.; *com' hê
fari* V. 829. Sehr bezeichnend: V. 984

«*Casteddu forti, t'aju a cummattiri,*
T'ê cummattiri tri voti lu jornu»

(Festes Schloss, ich muss dich bekämpfen, ich muss
dich bekämpfen drei mal am Tage.)

Auch Vigo setzt V. p. 239 Anm. *hê* ohne weiteres
gleich devo[2].

---

[1] cfr. damit d'Ovidio dialetto di Campobasso: „*nel tipo ho a
dire l'a si abbarbica così tenacemente alla voce di avere, da non potersene
affatto staccare: aj'a fà (ho da fare)*».

[2] Was er freilich mit der Bemerkung meint: e *simultaneamente*

Mit der Zeit verliert sich auch für *hê* (*ê*) die spezielle
Bedeutung = aju a, ich muss, und es wird wie aju überhaupt gebraucht =· «ich habe», cfr. die obigen Beispiele.
5) a = ę verzeichnen W. p. 13, Pb. I CLXXXVI
Pap. 280 speciell für Novara (halb gallo-italisch). Doch
ist diese Regel zu beschränken, 1) auf a vor Nasalen = ę,
wie die Beispiele zeigen:

a + m: FAMEN — *f*emi
a + n: LONTaNO — *luntew* PaNEM — *pęni*
     QUaNDO — *quennu* FaNNO — *feo* (Faciunt)
     SaNCTUS — *sentu* DIMaNDO — *dimęnnu*
     GRaNDIS — *grenni* PIGLIa(RO)nO — *pigleo*
     MALATRATTa(RO)nO — *malatratteo*

Von Pap. wird ausserdem noch ausdrücklich eine nasale
Aussprache bemerkt. 2) In *kjamevo*, KJAMAVA, *riturneva*
RITORNAVA, *insiñervi* INSIGNARE liegt Angleichung an die
2. Conj. vor. In *mestru* MAGISTRUM, *piligrieggiu* PILIGRINAGGIO
ist wohl der folgende Palatalcons. Einfluss übend. Oder bei
piligrieggiu, da n ausgefallen ist, vielleicht nasale Aussprache?
Sonst bleibt a: cfr. Pap.

> *divintau, scilliadi* (SCELERATI), *riclam*à, *pass*à, *suppurt*à,
> *passau, scunsuada, lass*à, '*ncarricadu.*

Dass auch in Noto a = e gesprochen wird, bemerkt Av.
p. 4 § 1. Doch ist nach den Beispielen einerseits auch hier
der Nasal bestimmend: *gren, culenti*, andererseits liegt Suffixvertauschung wohl vor in *simineriu, lavannera.*

5) A = ua findet sich in Caltanisetta und S. Cataldo, bisweilen auch in Vallelunga. Beispiele: Caltanisetta cfr. Pap. p. 169:

*piligrinu*aNNu, *turnu*aNNu, *inzurt*ua*ta* (v. insultare), *appiz-
zu*ava, *minnicu*ava (v. vindicare), *suppurt*ua*va, stu*a*tu, f*ua*tta;
sf*u*gua*va etc.

cfr. de Greg.: *purt*ua*ri; jucu*ari, *su*a*pi, cu*asa, *pu*ani,
*gru*a*nu, pu*a*sta, pago*amu, *soardi* — Pb. III 135: *purt*ua*ri,
qu*o*antu*, Pa. I *gruan* 203 *pu*a*tri, dum*ua*ni, gru*a*nu, pu*a*sta
in S. Cataldo.

---

*è persona I*ᵃ *del sing. del praes. ind. del verbo essere*, ist mir nicht begreiflich, da mir *è* = *sono* nie vorgekommen.

Vallelunga: Pb. I 137 *curcuari, curcuà*; Pb. I 183, 184, 185 lu *cuani*, lu *guaddu*.

Da dieser Uebergang nach allen möglichen Consonanten stattfindet, ist H.'s Annahme eines Einflusses der Gutturalis hinfällig. Es ist hier vielmehr eine Diphthongirung des A zu constatiren. Da auch sonst gerade in diesen Gegenden die Diphthongirung vorherrscht (s. unten § 2) hat diese Entwickelung des à nichts befremdliches.

Auch sonst wird A erweitert unter denselben Bedingungen, als ę und ǫ diphthongirt werden (über die Bedingungen cfr. § 2). — In der Anmerkung zum Text für Capaci spricht Mateo Musso (cfr. Pap.) auch von a *«che si può sciogliere e amplificare»*. Pitrè bemerkt in einer Anmerkung Pb. I CIIXXXVI, dass diese Aussprache für bäuerisch gelte, und in einer Schrift *«lu viḍḍanu a lu fistinu di Santa Rusulia»* der Bauer immer so sprechend eingeführt werde. In der Khalesa[1], bemerkt P. auch, herrsche überhaupt · eine *«pro-tratta vocalisazione»*.

7) Eine andere Art der Diphthongirung ist die Santa Catarina's: a = *ča* oder *ica*.

cfr. Pb. I CLXXXVI: *pieatri, mieatri, pieasti*; de Greg. p. 3: *mircheatu, Catanzearu, musicheanti, eacqua*;

nach Liz. Brun: *pieasta* (pasta); *peatri* (padre); *méatri, chéarni* (carni), *cheasa* (casa).

8) Suffix -ARIUS scheint im Sicilianischen verschieden behandelt worden zu sein. Ich gebe zuerst eine Sammlung von Beispielen:

α) ARIUS = *ariu*.

segritariu (Sekretär) — SEGRETARIO ital.
impresariu (Unternehmer öffentlicher Kunstausstellungen) — ital. IMPRESARIO.
divariu (Unterschied, Abweichung) — DIVARIO ital.
calendariu (Kalender) — ital. CALENDARIO.
antifunariu (Vorsänger) — ital. ANTIFONARIO.
antiquariu (Antiquar) — ital. ANTIQUARIO.
proletariu (Proletarier) — ital. PROLETARIO.
proprietariu (Eigenthümer) — ital. PROPRIETARIO.
temerariu (tollkühn) — ital. TEMERARIO.

---

[1] ein hauptsächlich von Matrosen bewohnter Stadttheil Palermos.

ereditariu (erblich) — ital. EREDITARIO.
sipariu (Vorhang im Theater) — ital. SIPARIO.
strafalariu (Schurke nach Tr. und Av. von sp. ESTRAFALARIO).
manciatariu (manducatarius?) einer, der alles für sich allein essen will, Schinder, Erpresser.

β) ARIUS = *eriu.*
psalteriu (Psalter) ital. salterio lat. PSALTERIUM.
cimiteriu (Kirchhof) ital. CIMITERIO.
refriggeriu (Erfrischung) ital. REFRIGERIO.
adulteriu (Ehebruch) ital. ADULTERIO.
maggisteriu (Meisterwerk) ital. MAGISTERIO.
virseriu (Widersacher, Teufel) lat. ADVERSARIUS.

γ) ARIUS — *eri:*
1) *vučceri* — Metzger cfr. frz. BOUCHER.
custureri — Schneider cfr. altfrz. COUSTURIER.
cutiḑḑeri — Messerschmied cfr. altfrz. COUTELLIER.
fumeri — Dünger cfr. altfrz. FEMIER.
giseri — Kropf (bei den Vögeln) cfr. altfrz. JUSIER.
marghieri — sumpfiges Terrain cfr. altfrz. MOLIÈRE (nach Av., Tr. hat es nicht).
pirrera — Steingrube cfr. altfrz. PERRIÈRE.
puseri — Daumen cfr. altfrz. POUCIER.
ručceri — felsiger Ort cfr. altfrz. ROCHIER Burg.
trumperi — Betrüger altfr. TROMPIER.
useri — grosses Transportschiff cfr. altfrz. UISSIER, USCHER = Burg:
misseri — französischer Titel cfr. altfrz. MESSER.
camperi — Feldwächter cfr. atlfrz. CAMPIÉ Av.
2) *acitera* — Tischgeräth mit 2 Flaschen für Oel und Essig (ital. ampollera) cfr. span. ACIDERA.
agugghiera — Nadelbüchse cfr. span. AGUJERO (ital. agorajo).
carnizzeri — Fleischer cfr. span. CARNICERO (ital. entsprechend, kein Wort).
lavannera — Wäscherin cfr. span. LAVANDERA (ital. lavandaja).
ringhera — Fensterbrüstung aus Metall cfr. span. RINGLERA T. (ital. nichts entsprechend).
uvera — Eierbecher cat. ouhera. cast. HUEVERA (ital. uovarolo).

volanteri — Herumstreicher, cat. VOLANDER (ital. nicht vorhanden).

aggureri — Wahrsager span. AGORERO, Zeichendeuter (ital. nicht vorhanden).

carzareri — Kerkermeister span. CARCELERO (l zu r häufig; ital. carceriero).

parritteri — cfr. Tr. *chi parla molto e oziosamente*, ital. ciarliere, cfr. span. PARLETA gleichgültige Unterredung zum Zeitvertreib. PARLOTEAR span. schwatzen, plaudern.

3) *minzuñieri*[1] — Lügner ital. MENSOGNERE.

punpieri — Feuerwehrmann ital. POMPIERE.

baratteri — Tauschhändler ital. BARATTIERE.

sumeri — Lastthier ital. SOMIERE.

argentieri — Silberarbeiter ital. ARGENTIERE.

luccanneri — Vermiether ital. LOCANDIERE.

balestreri — Armbrustschütze ital. BALESTRIERE.

cunsighieri — Rathgeber ital. CONSIGLIERE.

forasteri — Fremder. ital. FORESTIERE.

maniera — Art ital. MANIERA.

pinseri — Gedanke ital. PENSIERO.

currieri — Briefbote ital. CORRIERE.

cammerieri — Kammerdiener ital. CAMMERIERE.

primera — ein Kartenspiel mit 4 Karten ital. PRIMIERA.

canuneri — Artillerist ital. CANONIERE.

pautuneri — Bettler ital. PALTONIERE.

panneri — Tuchhändler ital. PANNIERE.

varveri — Barbier ital. BARBIERE.

elemosineri — Kaplan ital. ELEMOSINIERE.

4) *livreri* — Windhund cfr. frz. LÉVRIER ital. LEVRIERO.

dispenzeri — Kellermeister cfr. frz. DESPENSIER it. DESPEN-SIERE.

grusseri — grob cfr. frz. GROSSIER it. GROSSIERE.

lumera — Leuchter cfr. frz. LUMIÈRE it. LUMIERA.

'ncinzeri — Weihrauchfässchen altfrz. ANCENSIER ital. IN-CENSIERE.

pipinera — Pflanzschule frz. PÉPINIÈRE it. PEPINIERA.

usureri — Wucherer frz. USURIER it. USURIERE cat. USURER.

missaggeri — Bote frz. MESSAGIER it. MESSAGIERE.

---

[1] Ueber *e* — *ie* cfr. ff.

infermeri — Krankenwärter frz. INFIRMIER it. INFERMIERE.
sijeri — Stuhlflechter ?(cfr. u.)
addimanneri — aufdringlicher Bittsteller ?(cfr. u.)

ð) ARIUS — *aru.*

murtaru — Mörser zum Stossen ital. mortajo.
scutiḍḍaru — Eisenbecken mit dem Wasser für die Pferde ital. scodellajo.
calamaru — Tintenfass ital. calamajo.
panaru — Korb lat. PANARIUM.
palummaru — Taubenschlag PALOMBA + ARIUS
tavernaru — Schenkwirth ial. tavernajo TABERNA + ARIUS.
ciceraru — Erbsenverkäufer CICER + ARIUS.
nutaru — Notar ital. notajo NOTARIUS.
pecuraru — Viehhirte ital. peccorajo PECURARIUS.
acitaru — Essigverkäufer ital. acetajo ACID-ARIUS.
vurdunaru — Maulthiertreiber cfr. lat BURDO-ONIS.
acquavitaru — Verkäufer frischen Wassers it. acquavitajo.
añiḍḍaru — Schafhirte it. agnellajo AGNELLARIUS.
agugghiaru — Nadler cfr. ACUCUL-ARIUS.
ambraru — Bernsteinverkäufer cfr. AMBRA-ARIUS.
aciḍḍaru }
ociḍḍaru } Vogelsteller AVIELL-ARIUS.
cardunaru — Distelnverkäufer CARDON-ARIUS.
carvunaru — Köhler CARBON-ARIUS.
cauliceḍḍaru — Fettkrämer CAVULICELL-ARIUS.
cascavaḍḍaru — Käsehändler
iaḍḍinaru — Hühnerverkäufer GALLINA-ARIUS.
vujaru — Ochsentreiber BOVIARIUS.
paracquaru — Schirmfabrikant PARACQUA = ombella.
vraccolaru — Hosenmacher BRACCUL-ARIUS.
pignataru — Töpfler cfr. Du Cange — PIGNATARIUS.
sicularu — Laie SECULARIUS.

Welches ist nun die volksthümliche Entwicklung von ARIUS?

Nicht *-ariu*, denn 1) *ar*iu ist sonst nicht geblieben. So z. B. *par*ia = *par*a (it. paja) das Paar.

2) Sonst bleibt i im Hiat nicht Vocal:

b + Hiat i = j (habeo — *aju*).
tr + Hiat i = zz (brachium — *brazzu*)

t + Hiat i = z (conscientia — *cusenza*).
l + Hiat i = gghj (consilium — *cunsigghja*.

3) Alle Wörter mit -ariu sind dem Begriffe nach gelehrt cfr. die Beispiele. Viele, auch der Form nach: z. B. *calendariu* (nd, e statt i geblieben). Allen diesen Wörtern stehen selbst im ital. gelehrte Wörter zur Seite. Ausnahmen sind nur das span. *estrafalariu* und *manciatariu*, die dem Begriff und der Form nach volksthümlich sind.

Nicht *eriu*. Denn 1) wird a sonst nie zu e durch nachfolgendes Hiat i, cfr. RABIES — *ragghia*, APIUM — *accu*, SAPIA — *sacca*, PLATEA — *kjazza*, HABEAM — *aja* und vor allem PARIA — *para* s. o.

2) Sonst bleibt i im Hiat nicht (cfr. oben).

3) Diese Wörter sind dem Begriff und der Form nach gelehrt. (ps; al, alt für ss, au, utt cfr. Beispiele). Die Wörter mit *eriu* gehn vielmehr auf das selbst gelehrte ital. Etymon ohne Weiteres zurück; *psalteriu* auf das lat. — Eine einzige Ausnahme ist das volksthümlich gestaltete *virseriu*, Teufel.

Nicht *eri*. Denn 1) cfr. oben, A nicht e vor Hiat i. 2) Die Wörter auf *-eri* stammen vom Italienischen oder fremden Sprachen ab. Die unter 1) verzeichneten vom Französischen, da sich nur im Französischen ein entsprechendes Etymon findet. Die unter 2) vom Spanischen oder Catalanischen, die unter 3) vom Italienischen. Bei den unter 4) verzeichneten kann man zweifeln, ob sie vom Italienischen oder Französischen abzuleiten sind, da in beiden Sprachen die Etyma dem Sicilianischen entsprechen.

Näherer Erklärung bedürfen: *sijeri* Stuhlflechter zu *seja* Stuhl cfr. Tr. Pa. II 905 Palermo = ital. seggialojo. Herkunft von span. silla Stuhl mit *l* lässt sich nicht vermuthen, da *l* = gghj cfr. Cons. wird. Aber da der Begriff modern ist und es ein sic. *seja* gibt, cfr. Tr., so lässt sich eine moderne Analogiebildung an die Fremdwörter auf *-eri* annehmen. Dasselbe lässt sich für *addimaneri*, aufdringlicher Bittsteller, annehmen.

Die volksthümliche Entwicklung aus -ARIUS ist vielmehr *-aru.* Und zwar aus folgenden Gründen:

1) ARIUS — *aru* entspricht den sicilianischen Lautgesetzen: a bleibt; Hiat i schwindet.

2) Die Wörter auf *-aru* sind dem Begriff und der Form nach volksthümlich. (cfr. Beispiele).

3) *-aru* kann nicht aus der Fremde stammen, weder vom ital., wo ARIUS als ajo vorkommt, da j nie = r wird; noch vom span. ERO oder franz. IER.

4) *-aru* erscheint oft als volksthümliche Nebenform zum importirten *-eri, era.*

*filann*ara	neben *filann*era	(filandière).
*lavann*ara	„ *lavann*era	(lavandière).
*minzuña*ra	„ *minzoñe*ri	(ital. menzognere).
*imbrugghi*ara	„ *imbrugghi*eri.	
*niv*ara	„ *niv*era	(it. niviera).

Sehr bezeichnend sind:

*sum*aru der Esel — *sum*eri das Lastthier (it. somiere. Der specielle Begriff, volksthümlich; der verallgemeindernde, fremd).

*cavadd*aru Führer des Lastpferdes, aber *caval*eri, der Reiter, Ritter.

5) Nur an *aru* werden Diminutiva gehängt: cfr. Traina.

quartara irdenes Gefäss — *arazzu, -aruna, -arunazzu.*

scarparu, -areddu; iardinaru, -areddu; dinaru, -arassu; -areddu.

minzuñaru, -arazzu, -areddu, -aramenti, -aruni, -arunazzu.

panaru — Korb (lat. PANARIUM, it. paniere), daraus *panararu* — Korbverkäufer und Fabrikant, *-arata; -arazzu, -areddu -aridduzzu; -arizzu; -aruni.*

6) Nur *-aru* ist produktiv, d. h. wird an Wörter fremden Ursprungs zur Bezeichnung des sich mit der Sache befassenden angefügt:

mandr-aru, Viehhirte, vom griech. μάνδρα, Höhle (cfr. du Cange: *Graeci enim μάνδραν vocant speluncam*).

tappinaru
pantuffalaru } — Pantoffelmacher, TAPINADA cat. sandalii ictus Labernya; PANTOFOLA cfr. Diez I; nicht lat. Ursprungs.

cascavaddaru — Käsefabrikant (*cascavaddu* Käse? CASEUS — CABALLUS??)

zammataru — Ziegenhirte und Wächter der Melkerei

und Käsekammer von ZAMATTÖ, Brei, Mus; nach Pasq. arab.
TZAMAN.

tabaccara — Tabakverkäuferin von TABACO span.
scarparu — Schuhmacher von SCARPA, Schuh (durch
das ital. SCARPA vom ahd. SCARP, etwas spitz zulaufendes;
ital. calzolajo).

§ 2. Offene vulgär-lateinische Vocale ę und ǫ.

Vlg. lt. ę und ǫ vor einfachen und mehreren Consonanten haben im sic. eine so parallele Entwickelung, dass
wir sie der besseren Uebersicht wegen zusammen behandeln.
Die bei weitem grössere Zahl von Beispielen zeigt uns, dass
in gewöhnlicher Rede ę und ǫ bleiben:
Beispiele (für altsic. cfr. Par. Beispiele).

ę: *tęsta, dęnti, ģęnti, tęrra, lutęrna, pętra, cuntęntu, vęntu,
nęnti, dęci, fęli, męli fęru, lęvi, mędicu.*

Suffix ellus: -*ęddu* (Diminutiv und Kosesuffix), *anęddu,
capęddu; piciutęddu* (kleiner) *curuzęddu* (Herzchen); *parinęddu,
funtanędda, ancilędda, barcunędda* etc. ungeheuer häufig, sogar an Participia gehängt: *abbrazzatęddi* V. 1128, V. 1203
curcatędda V. 692 *curcatęddi* V. 1205, *sapuritędda, turniatęddi*
V. 1251; *firiatęddu* V. 1897, *spinsiratęddi* V. 1336.

ǫ: *bǫnu; mǫrti, cǫri, cǫddu, cǫrpu, dǫttu, nǫvu, rǫsa,
rǫta,* etc.

In sehr vielen Texten finden wir aber auch Diphthongirung. Die bisherigen Untersuchungen äussern über diese
Erscheinung die verschiedensten Meinungen. Kürzere Uebersichten wie die Ascoli's im *Arch. glott.*, Caix, Morosi (cfr.
über die letzteren de Greg. p. 4 Anmerkg.) erwähnen sie gar
nicht; W. gibt die Bemerkungen Pitrè's (Pb. I CLXXXVII
und Pb. I CXI) über die in einigen Gebieten auftretende
Diphthongirung wieder. Guastella's Behauptung p. IX,
der Diphthong sei beinahe unbekannt in den Provinzen von
Girgenti und Caltanisetta, überwuchere dagegen in den
andern, und am meisten an der Küste von Cefalù nach
Catania, sowie G.'s später zu besprechenden, besonderen
Diphthongirungsregeln und Av.'s Beobachtungen (C. p. 4)
über den Dialect von Noto, finden sich bei W. ebenfalls,

abgekürzt, wiedergegeben. Eine eigene Ansicht stellt W. nicht auf. H. dagegen behauptet, die Diphthongirung ziehe sich vom Südosten durch den mittleren Theil der Insel bis in die Nähe der Nordküste hin, und erklärt sich das bunte Wechseln zwischen diphthongirten und nicht diphthongirten Formen im Innern durch das Eindringen der nicht diphthongirten Form vom Osten und Westen in das Innere. De Greg. endlich p. 4 ff. behauptet: die Mundarten der Nordküste und des Ostens der Insel hätten Diphthongirung, die der entgegengesetzten Küste und des Inneren keine. Ebenso wie diese Ansichten, bieten auch die Texte die grösste Verschiedenheit. Bei G. Av. findet man bald ę, ǫ, bald ie, uo; in den Märchen P.'s ebenfalls; Ci. hat keine Diphthongirung; nach P. hört man in Palermo gewöhnlich keine, im Stadtviertel Kalsa eine sehr stark ausgeprägte; in Capaci ist sie nach Pb. III 1, 2, 3, 92 etc., Pb. IV 76, 103; Pb. II 276, 273 ff. sehr stark; nach Pap. gar nicht vorhanden; Caltanisetta hat nach Pitrè keine Diphthongirung, nach Pap. i für e; nach P. wird in Casteltermini ę, nach Pap. iè betont, u. s. w. Hiernach herrscht in Bezug auf die Diphthongirung von ę und ǫ die grösste Verwirrung.

Nach meiner Ansicht haben wir es hier mit einem psychisch individuellen Vorgange zu thun. Die Diphthongirung ist eine Wirkung affectischer Rede. Im Affect wird lauter gesprochen. Unter dem Einfluss verstärkter Expiration wird der betonte Vocal zuerst gebrochen, é zu ée; ó zu óo[1], dann entgleist der betonte Vocal zum Extremvocalen: ée : ie; óo : uo.

In Messina hatte ich öfters Gelegenheit diesen Vorgang zu beobachten: der Name Tǫni, Vincęnzu wurde in ruhiger Rede mit offenem Vocal gesprochen. Rief aber Jemand die Namen, so hiess es Tuoni, Vincienzu. Im Gespräch sagt Jeder un' sǫddu; vom Bettler wird man um ein suoddu angeschrien. «'Ummi (non mi) scappiṡari i piedi, i pedi muda l'aju», (Mir nicht auf den Fuss getreten, die Füsse habe ich nackt), hörte ich einen barfüssigen Knaben

---

[1] Dieses Brechen des Vocals wird wohl Böhmer gehört haben in Palermo in: fǫęrte, pǫęsta cfr. Roman. Studien III Heft 10 p. 163.

einem Herrn zurufen, der ihm auf den Fuss getreten war. Der erste Theil des Satzes wird im Affect, im Schmerz gerufen. Daher *piedi*. Der zweite ist die Erklärung und Begründung des ersten. Daher *pedi*. De Greg. bietet Beispiele, die meine Ansicht bestätigen: In einigen Fällen, sagt er, wie bei Ausrufen und *«grida prolungate dei banditori»* werde ein sehr entschiedener Diphthong gehört: *vieru, a ddu súordi* (wahr, zu 2 Soldi), während er im Zusammenhang der Rede von einem ungeübten Ohre nicht gehört wird und wie ein einfacher Vocal lautet.

In Castelvetrano, sagt derselbe de Greg. ferner, werden für gewöhnlich die Vocale nicht diphthongirt, wohl aber *«in tono enfatico e esclamativo: assietatti, m'assiettu, alliestati; k'è bbieḍḍa, amariena!»* — Neben *oliu, tròva, porta*, schreiend: *a ccattru suoḍḍi, uora!* — Auch in Trapani in den Ausrufungen: *kè ssu bbieḍḍi! musulinietti; aju cazzaruoli!* etc.

Die affectische Rede und speciell das schreiende Sprechen ist in Sicilien, wie auch meist anderwärts die übliche Form des mündlichen Verkehrs beim niederen Volke. Daher kommt es, dass die Volkssprache häufiger diphthongirt als die Sprache der Gebildeten und das Patois die gebildete Sprache eines Volkes stets an Diphthongen übertrifft.

In Messina diphthongirt der Gebildete nicht, oder doch höchstens beim Rufen. Die von de Greg. für Messina angeführten Diphthongirungsbeispiele werden auch der Volkssprache entlehnt sein.

Auch in Palermo diphthongirt der Gebildete nicht; wohl aber das niedere Volk; *«il jato occorre in bocca dei becceri»* sagt de Greg. *«fiešta* und *f'esta, nel più basso vernacolo».* In dem von Matrosen bewohnten östlichen Stadtviertel Palermo's, der s. g. Kalsa (arab. Kalesa) wird ebenfalls stark diphthongirt. cfr. Pitrè, W. p. 14, Pap. p. 338.

Im Gegensatz zur Stadt, wird auf dem Lande mehr diphthongirt. Prof. Salinas in Palermo schreibt mir: *«In generale nelle campagne si ha una tendenza a suoni larghi e schiacciati; così per es., dove il palermitano direbbe cosi (le cose), il villano, cioè il non abitante della capitale, dirà cuosi».*

Daher ist die Diphthongirung in Sicilien am stärksten ausgeprägt auf dem Lande, und zwar vornehmlich in den kleinsten von der Bildung am meisten abgeschlossenen Orten. So in San Vito, einem ganz einsamen Dorfe auf dem Cap gleichen Namens, wo nach de Greg. immer sehr stark diphthongirt wird: *appriessu, caštieḍḍu, vieru, cuorda, suordu* etc. Ebenso besteht in Capaci, einem Dorfe nordwestlich von Palermo, nach de Greg. «wahrer Hiatus». So scheint Greg. den starken Diphthongen mit Vorliebe zu bezeichnen: *gavietta, tienna, ddžiocu, púorcu*, und ebenso nach Pb. III 1, 2, 5, Pb. II 276, 277, Pb. IV 103, 76 starke Diphthongirung. Der Text bei Pap., der keine Diphthongirung zeigt, ist dafür nur eine Bestätigung, da die Anmerkung Matco Musso's ausdrücklich sagt: In dieser Version sei das Sicilianische von Capaci wiedergegeben ohne «*quelle corruzzioni fonetiche*», die graphisch nicht bezeichnet werden könnten. Die grösste Veränderung erführen die Vocale «*che si sogliono sciogliere o meglio amplificare in altri vocali*».

Dagegen findet in den in der Nähe gelegenen grösseren Ortschaften entweder keine Diphthongirung statt, wie nach de Greg. in Alcamo, Partinicò, Montelepre, nach Pap. in Castellamare del Golfo, oder doch wenigstens eine undeutlichere als in Capaci und S. Vito, in Carini.

Nach diesen Ausführungen darf es nicht mehr verwundern, dass in dem weniger gebildeten Innern der Insel die Diphthongirung allgemeiner auftritt als an der Küste. Girgenti an der Küste hat keine Diphthongirung, Casteltermini im Innern eine sehr ausgeprägte: cfr. Pb. II 95, 96, 286; Pb. III 117, 60, 61, 62; Pb. IV 251, 278, 248 etc. In Vallelunga cfr. Pap., Pb. I 185, Pb. II 196, 204, Pb. III 12 u. a.; in Resuttano Pb. III 39 ff. 286 ff. V. 2267, 2268, 2269, 2276, 2282, Pap. findet stets starke Diphthongirung statt. Ebenso im kleinen Gebirgsdorf Geraci, nordwestlich von Gangi Pb. II 307 ff., Pb. III 312 ff. In Alimena nach Pap. (nach Pitrè b III 237 weniger, doch ist P. nicht immer zuverlässig); in Polizzi Generosa Pb. III 317, Pb. I 191, Pb. IV 100, Pap., ebenso in Assoro cfr. Pap. Ebenfalls ist in den entlegenen Ortschaften westlich vom Etna, Adernò und Paternò, nach de Greg. die Diphthongirung stark ausgeprägt und sogar ia für ie, úa für úo vorhanden.

An der Ostküste dagegen, von Messina nach Syracus, der anerkannt gebildetsten Strecke Siciliens, findet sich nach den Pitrè'schen u. a. Texten keine Diphthongirung. Keine in Messina nach meinen Texten, nach Pb. IV 154; keine in Aci Reale Pb. II 283, 222, 194 ff.; Pb. I 342, keine in Catania Pb. IV 141, am Etna Pb. II 111, Pb. IV 164, Castiglione Etneo Pb. IV 55.

Die wenigen von de Greg. angeführten Beispiele sind vermuthlich der affectischen Rede des Volkes entlehnt. Dass für die weniger gebildete Nordküste, von Messina nach Palermo mehr Diphthongirungsbelege sich finden (cfr. de Greg.) als für die Ostküste, ist sehr begreiflich. Sie hat keine einzige grosse Stadt, keine Eisenbahn; sie ist vom Verkehr ganz abgeschlossen.

Aus der Abgeschlossenheit des Gebietes von Noto und Modica erklären sich auch die dort vorkommenden Diphthongirungsfälle cfr. Av., G.

Für den Süden und Westen der Insel ist die Diphthongirung weniger sicher gestellt. Wir haben ausser den Beispielen de Greg.'s für Canicatti, Girgenti, Favara; Menti, Sciacca, mit Diphthongirung in einzelnen Fällen, für dieses Gebiet sehr wenig Belege. Pap. zeigt Diphthongirung für die mehr im Innern gelegenen Ortschaften, Canicattì und Casteltermini; für die an der Küste gelegenen, Girgenti und Cianciana dagegen keine.

Aus der Provinz Trapani sind uns nur Belege aus Städten, Marsala, Trapani, Castelvetrano gegeben, welche bei Pap. keine, bei de Greg. (cfr. oben) in affectischer Rede Diphthongirung zeigen. Aber wegen der Diphthongirung in S. Vito (s. o.) ist zu vermuthen, dass auch dort in abgelegenen Ortschaften diphthongirt wird.

Die Behauptung de Greg.'s, das Innere der Insel diphthongire nicht, dürfte nach diesen Erhebungen schon hinlänglich als irrig erwiesen worden sein. Da er sich aber auch auf andere Orte stützt, auf Caltanisetta, S. Cataldo, S. Catarina, Castrogiovanni, muss seine Behauptung noch näher geprüft werden.

Zunächst nun gibt er selbst einige Diphthongirungsbeispiele aus den Gegenden: Caltanisetta: *gruossu, nuovu,*

cacŭoććuli. S. Cataldo: *sapiemu, viećću.* S. Catarina:
tiempu, centiesimu. Castrogiovanni: *suonu, juocu, suoddi.*
Dann behauptet er aber, dass dort ẹ, ọ zu i und u
würden; z. B.: *cutiḍḍu, biḍḍu, migghju, viñu; bunu, cuḍḍu,
uvu, turnu, sunnu, ḍḍucu* etc.

Nun zeigen allerdings die übrigen Texte aus den
Gegenden, für Caltanisetta, einerseits (nach Pap.) auch ọ = u,
ẹ = i: *duppu, puc', facinnuci, migliu,* andererseits (nach
Pitrè) ausser in *tradimientu* die Diphthongirung nicht. Aber
in S. Cataldo, einer unmittelbar bei Caltanisetta liegenden Ortschaft, welche sonst dieselben lautlichen Eigenthümlichkeiten hat, als Caltanisetta, ist neben sehr starker
Diphthongirung Pb. III 333 ff. auch der Uebergang, ẹ = i,
ọ = u: *apirtu* Pb. III 335, *druminnu* 334, *littu* 334, *tiñu* 336,
cuḍḍu 336, *murtu* 335, 337 neben *muortu; vugliu* Pb. III
207 Caltanisetta, üblich. In S. Catarina kommt, wie Lizio
Bruno berichtet, *vientu, tiempu* (ausdrücklich so betont) vor.

Danach ist nun anzunehmen, dass:

1) Die Fälle, wo nicht diphthongirt wird, entweder von
gebildeten Personen hergenommen sind (so der Text
Pitrè's für Caltanisetta und vielleicht einige Beispiele
de Greg.'s, der nicht angibt, wo und von wem er
sie gehört hat) oder besonderen unten noch zu besprechenden Regeln folgen.

2) Der Eintritt des Vocalextrems i für ẹ, u für ọ in diesen
Gegenden die Folge der Diphthongirung ist, und zwar
bei Betonung des ersten Vocals, íe, úo erfolgte. —
Ich berufe mich hierfür auf folgende Umstände: Wo
nicht in voller Deutlichkeit diphthongirt wird, ruht
der Accent wie im Toscanischen auf dem zweiten
Vocal: uó, ié. Pitrè sagt ausdrücklich, dass uó, ié
vom Sicilianer fast immer = o, e ausgesprochen wird.
So laute es in Palermo, Caltagirone Pb. I
CLXXXVIII, wo eben die Diphthongirung nicht stark
verbreitet ist. Ebenso lautet es in Syrakus, wie mir
von dorther berichtet wird, *vićñu, mićli* (i appena pro-
nunziato), *muórtu, nuóstru, luócu* (la u si pronuncia
dolcemente).

So lautet es in Modica, wie G. durch seine Schreibung *quo = cuo* in *quomu, quoḍḍu* schon andeutet. Auch

in Messina beobachtete ich, dass uó die erste, úo die zweite, stärkere Stufe der Diphthongirung, die der gesteigerten Erregtheit ist.

Und überall, wo stark diphthongirt wird, berichtet de Greg. selbst, dass der Ton auf i, u liege. So in Capaci: *púorcu, gavtetta, tienna, pittiúottu; fiešta,* nel più basso vernacolo di Palermo; Adernò: *sienti, siempri, tiempu, nienti, júornu, úora;* Paternò: *tiasta, nianti, liavati, siuoddi fúorti, úora.* — Für Casteltermini, wo die Diphthongirung sehr verbreitet ist, berichtet Pitrè diese Betonung. Da nun de Greg. diese Betonung auch für die von ihm angeführten Beispiele mit Diphthongirung zugibt, und sich bei ihm für Adernò *ddúoccu* neben *duccu* p. 4 (bei Pitrè Pb. III 337 *muortu* neben *murtu*) findet, ebenso neben *vicchiu, vecchia; bunu, bona; lungu, longa; uvu* sing. plur. *ova,* wo, wie unten gezeigt werden wird, a die Diphthongirung hindert, trage ich kein Bedenken zu behaupten, dass dieses i und u aus einem äusserst stark betonten íe und úo entstanden sind. Die Thatsache, dass (cfr. § 1) sogar a in diesen Gegenden diphthongirt wird, stimmt hiermit überein.

Nach dem Vorhergesagten können wir also behaupten: Die Diphthongirung im sicilianischen Dialect ist ein psychisch-individueller und mit der Volksart in Zusammenhang stehender Vorgang. Sie ist als eine die affectische Redeweise begleitende Erscheinung aufzufassen, die sich namentlich in dem in cultureller Hinsicht am niedrigsten stehenden inneren Theile Siciliens, in der Bauernsprache und in den niederen Volksschichten grösserer Städte, zeigt, bei denen die gewöhnliche Art des mündlichen Verkehrs die in erregter Rede ist.

Schwerlich ist die Diphthongirung erst neueren Datums: Die uns überkommenen altsicilianischen Texte bieten freilich keine Belege dafür. Aber sie sind viel zu gelehrten Ursprungs, als dass sie uns eine ein doppeltes Gesicht tragende Erscheinung für frühere Zeiten belegen könnten, und sie veranschaulichen sie insofern mit Recht nicht, als sie dem belehrenden Litteraturcharakter widerstrebte.

Die ganz vereinzelten Fälle, wo wir ie, uo für e, o finden, sind entweder:

1) italianisirende Wörter (*piedi* V. B. C. Av. C. 359 neben *pedi*, *nuchieri* C. 82. *vieni* R. 117).

2) oder i in der Verbindung ie bezeichnet im vorhergehenden Consonanten den palatalen oder mouillirten Klang: *paciencia*, *consciencia*, *muglieri* C. 15. 24. 31 neben *mugleri*; *cansiglieri* R. 116.

3) oder es sind Fremdwörter: *cavalieri* 15 C. frz.; *guerrieri* 132 R. frz.

Die von Par. p. 10 § 13 a angeführten Fälle C. 15 *brieve*, C. 50 *lieve*, C. 78 *priego* finden sich in meiner Ausgabe nicht: *Collezione di opere inedite o rare. Cronache dei Secoli XIII, XIV, XV. da V. di Giovanni.* Ich finde sogar C. 15 das Wort gar nicht, wohl aber C. 16 br*e*vi undiphthongirt, C. 50 *levi*, C. 78 *pregu*.

Die Diphthongirung ist in gewissen Theilen der Insel ständig geworden; während sie in andern von der Art des Vortrags abhängig geblieben ist. Für den ersten Fall hat G. p. VIII, IX, X für Modica, wo die ständige Diphthongirung besonders zu Hause zu sein scheint, besondere Regeln aufgestellt, welche jedoch einer näheren Untersuchung unterzogen werden müssen. Er sagt:

1. «*Der Diphthong ie entstehe gewöhnlich vor a) mehreren Consonanten, b) Doppelconsonanten oder c) r: cutieddu, mieggu, vientu, miericu, piettu, piezzu.*»

Diese Regel ist nicht haltbar, denn wir finden bei G. selbst:

a) neben *urnamienti*, *finimientu*, *mancamientu*, *argientu*, auch nicht diphthongirt: *sbrinnenti*, *nenti*, *venti*, *genti*, *menti*, *argentu*.

b) neben *afiettu*, *difiettu*, *liettu*, *arrizziettu*, auch *metti*, *pettu*, *petta* etc. ;

c) neben *miericu*, *viera*, *sierpi* auch *perni*, *erva*, *terra* etc.

2. «*Hat der Plural eine vom Singular verschiedene Endung, so diphthongirt allein der Singular.*»

Diese Regel ist in dieser Fassung falsch. Denn die Masculina auf u, die im Plural i haben, diphthongiren oft im Plural, dagegen nicht im Singular; cfr. *urnamienti* X, *li vietti* XVIII, *aniesti* neben *pettu* XXXVII Var., *spettu*, *argentu*, *velu* IV etc.

Die Feminina auf a diphthongiren sogar gerade nicht im Singular: *bella* I, *festa* III, *loquela* XIV etc. Die Regel passt einzig und allein auf die Substantiva, die im Sing. u, im Plur. a haben. *piettu, vientu, tielu — petta, venta, tela.* — Für uo hat G. die Regel auch so formulirt: In den Substantiven, die den Plural auf a bilden, bleibt uo nur im Sing.: *cuornu* und *corna; uossu — ossa; suonu — sona.* Für ie scheint er nach seinen Beispielen die Regel auch bloss für solche Substantiva gemeint zu haben, aber die Regel bleibt nichtsdestoweniger nach seiner Fassung schief.

3. «*Geht ę einem ḍḍ voran, so diphthongirt es im Mascul.,* *im Femininum bleibt es; uo bleibt im Mascul.; ǫ im Femi* *ninum.*» [1]

Auch diese Regeln sind ungenau, denn sie gelten 1) bloss für Femininum Singul. auf a, 2) für ę, nicht allein vor ḍḍ. Endlich ist der Grund, den G. anzunehmen scheint, das Femininum hindere den Diphthongen, sowie die Ansicht, der Pluralis hindere die Entwicklung der Diphthonge, ebenso unrichtig als unbegreiflich.

Wir müssen vielmehr die Regeln 2) und 3) dahin formuliren: die einem a vorangehende Silbe lässt den Diphthongen nicht zu.

Daher: *piettu — petta; barcunieḍḍu — picureḍḍa; vientu — venta; anieḍḍu — funtaneḍḍa; tielu — tela; palazzieḍḍu — luneḍḍa; buonu — bona; vašieḍḍu — palumeḍḍa; fuoǵǵiu — foggia; zuoppu — zoppa; muortu — morta; muoḍḍu — modda; (un jornu) ñuornu — fiorna.*

Ein recht bezeichnendes Beispiel ist:

viola ri viuolu; carriariei paǵǵiocca e fari l'uovu codda.

Die einzige Ausnahme, die ich bei G. finde, rührt von einem Texte aus Floridia, den G. selbst des litterarischen, also gelehrten Ursprungs verdächtigt. G. LXXIV *bbiella, viera, piena* (Leid). Bloss scheinbare Ausnahmen sind: LVI

---

[1] Guastella meint, o diphthongire nur im Masculinum, drückt sich aber so aus.

prisienza, I, V, XIX *criesia*, da *prisienza* ursprünglich i vor
a hatte: *presentia*, und *criesia* (εκκλεϱια) es noch hat.

Auch sonst scheint in Sicilien in einzelnen Orten
die Regel durchgedrungen zu sein.

Av. ahnt sie C. 5 wenn er sagt: *vietću*, aber im fem.
većća.

Belegt finde ich sie im Innern der Insel: Resutanno.
cfr. Pb. III 39 ff., 287 ff. :

Ghiesu	*lebbra*	*cuomu*	*colla*
'nviernu	*siggetta*	*fuoru*	*ora*
divertimientu	*erva*	*vuoscu*	*codda*
lamientu	*testa*	*buoni*	*cajorda*
aćiedda	*serva*	*linzuolu*	
bieddu	*minestra*	*duopu*	
liettu	*aspetta*		
priestu			
vidiennu			

Ausnahme: *vuostra* Pb. III 289 wohl wegen vuostru.

kiesa (Pb. III 39) *spiega* 287, sind keine Ausnahmen,
da i durch l hervorgerufen ist (κκλ = chi, EXPLICAT) und
eher = j zu schreiben wäre.

viestia (bestia) hat ia nach t, nicht bloss a.

Vallelunga cfr. Pb. I 185, 183, 133 ff. 400, Pb.
III 12 ff., Pb. II 191.

siervi	*durancdda*	*cuosti*	*vota*
piersinu	*levati*	*fuossu*	*fora*
picurarieddu	*testa*	*uorsu*	*longa*
cumplimientu	*pićiutedda*	*vuoscu*	*piciotta*
usieddu	*vardedda*	*cuorpu*	*morta*
mienzu			*cañola*
vicñu			*jorna*
piedi			*cosa*
diettiru			*donna*
			bona
			ricotta

Ausnahmen nur in *biedda* Pb. I 188, und *vieckja* wohl
wegen des Masculinums vieckja, Pb. I 136, während Pb. I
183 *veckja* vorkommt.

Cerda: Pb. III 255 ff.

buonu	*vota*	*suoru*	*proposta*
muodu	*cora*	*uomini*	*jorna*
puoi	*ora*	*vuogghiu*	*torna*
suolitu	*gioja*	*juornu*	*porta*

bei c findet sich wenig Diphthongirung: Pb. III 263, 264 *cummientu*, Pb. III 255 *discursieddu*, Pb. III 257 *micgghiu*. In Pb. III 344, 278, 120 gar keine Dipthongirungsfälle.

Polizzi Generosa Pb. I 191, Pb. IV 95, Pb. III 317.

scarparieddu	*padeddia*	*capuottu*	*vota*
picuñeddu		*siccuomu*	*trova*
		gruossu	*parola*
		piccuottu	*pronta*
		chiuovu	*morta*

Casteltermini Pb. I 142 ff., Pb. II 280, 95 ff., Pb. III 60, 117, Pb. IV 278, 251, 248, 76, 5 ff.

bieni	*residenza*	*suoru*	*cosa*
cumprimientu	*erva*	*muortu*	*fora*
frumientu	*onesta*	*fuovidi*	*'mporta*
giuramientu	*veckja*	*limuosina*	*lazzola*
aviertu	*cuckjaredda*	*puopulu*	*piccotta*
rittieddu	*sintenza*	*uomu*	*alloca*
priczzu		*tistimuoni*	*agghiorna*
		cuoddu	*donna*
		cuornu	

Ausnahme nur in *vieckja* Pb. II 280 und Ruosa Pb. II 280, *ncuontra* Pb. IV 248.

Alimena Pb. III 237 ff.

faciennu	*testa*
miellu (meglio)	*sachctta*
disubbidienti	*terra*
aprieru	*vestimenta*
trasieru	*cucedda*

Bei o fehlen Diphthongirungsbeispiele.

San Cataldo Pb. III 333 ff.

ñempu	*testa*	*duoppu*	*ossa*
bieddu	*terra*	*duoccu*	*fora*
suffiertu	*lucerna*	*puovru*	*ora*
		truovi	*rosa*

cumu neben *cuomu*, *posta*.

Ausnahmen: *raloggi* ital. arologgio, *torci* ital. torcia, *biedda* (s. o.), *vuola* 3 ps. analog zur 1. ps.

Caltanisetta nach de Greg. (Ueber i aus ie, u aus úo cfr. oben.)

casíiddu	*testa*	*bunu*	*bona*
cutiddu	*assettati*	*lungu*	*longa*
biddu	*sfera*	*uvu*	pl. *ova*
migghju	*galera*	*lucu*	*trova*
viñu	*primavera*	*dducu*	*prova*
tini	*veckja*	*purcu*	*scola*
vickju		*'uttu* (gotto)	*corda*
		menziurnu	*fola*

Geraci cfr. Pb. III 312, Pb. II 310 ff. Hier wird die Regel weniger streng in der Schrift befolgt.

o *cuorpu*	*kjova, ora*	aber auch:
juorni	*vota, rigginotta*	*cuoffa* Pb. III 312
puocu	*robba, filora*	*juorna* 311
fuori	*trova, spoglia*	*piciuotta* 314
muoriri	*vostra, porla*	*scuocca* 315
e *bastimientu*	*testa*	
cumprimientu	*jetta*	
diviertiri	*viulenza*	
pierdi	*terra* 311, aber 310 *tierra*	
sientu.		

Nach diesen Beispielen lässt sich behaupten, dass im Allgemeinen auch im Innern der Insel dieselbe Regel besteht, wie im Modicagebiet. In andern Gegenden wie z. B. in Capaci an der Nordküste herrscht sie nicht, cfr. Pb. III 1 ff. 92 ff.; Pb. II 276; Pb. IV 103.

Zu bemerken ist hier, dass bezüglich dieser Regel das Sicilianische mit dem Süditalienischen übereinstimmt. In den Abbruzzen (Campobasso) und im Apulischen (Lecce) lautet es:

jernu	aber *erva*	*fierre*	aber *fenestra*
piettu	*serva*	*gierve*	*presa*
dienti	*finestra*	*viecche*	*vecchia* [1]
lientu	*lenta.*		

In den Abbruzzen (cfr. Arch. glott. p. 117) ist sogar das Verbleiben des a in betonter Silbe vom nachfolgenden a abhängig:

4. Substantiva, welche auf i im Singular und Plural
endigen, diphthongiren im Plural, behalten e und o im
Sigular.

Singular *peŗi* der Fuss XXVI   Plural *pieŗi* XXXXVIII
  meli Honig XX   *li ŗicnti* XXXXVII
  menti X, XXXXVI
  foddi (il falle)   *i fuoddi* (i folli).

Ebendieselbe Regel wird mir aus Syrakus bestätigt,
wohin ich mich Auskunfts halber gewandt hatte. Dagegen
wird sie nicht befolgt in Girgenti, Caltanisetta, Palermo, Messina, Milazzo, Catania.

Auch diese Regel stimmt mit dem Süditalienischen
überein. In Lecce heisst es: *core* im Singul., *cueri* plur.
cfr. *Ascoli Arch. glott. p. 116*. Im Neapolit. p. 119, o im
Sing., u im Plur. (dies u vielleicht wie dasjenige von Caltanisetta cfr. p. 34 aus dem starken Diphthongen hervorgegangen).

   Sing. *cosetore* CUCITORE Plur. *coseture*
     noce NOCE   *nuce*
  (sogar bei *spose* SPOSO   *spuse*).

Der Grund wird sein: die Diphthongirung tritt bloss
ein vor ursprünglichem vulg. lat. i, nicht vor ursprünglichem
e: FOLLC, PEDe im sing. im Vulgärlat.; *FOLLiS, *PEDiS im
plur. im Vulgärlat.

Dies würde mit dem übereinstimmen, was Morosi
berichtet: «*dem Süditaliener sei es schwer sofort vom suono
largo des e und o zum suono stretto des i und u überzugehen;
man hätte desshalb zu Hülfe des betonten Vocals den ihm
nächsten Vocal geholt, i zu Hülfe des e, u zu Hülfe des o.*»

Ascoli bemerkt dazu p. 124, *darin sei die grosse Macht
der Assimilation. die dem u und i speciell in den romanischen
Sprachen innewohne zu sehen.*»

5. «*In den Verbis auf -ire wird in der zweiten Person
Sing. Ind. Praes. e diphthongirt, in der dritten nicht*».

«*o diphthongirt bei allen Verben in der zweiten Sing. Ind.
Praes., in der dritten nie*».

Die Regel findet Bestätigung bei G. C.:

'nsultate INSULTATE, *circhè* CERCARE, *strade* STRADA, neben *mêle* MALE,
grenne GRANDE.

ic

2. P. *tienni* XXXX, LVIII
mantienni LXVIII
m'ammantienni LXVIII
l'assietti

uo

2. P. *puorti* LXXII, LXVII,
CVII
cuoggi LXXVIII
spuoggi LXXXX
vuoti CXXXVII
truovi CXLIII
smuovi XXXVI

e

3. P. *senti* XXXXVI, LXVII
veni LV, LXVIII
teni XIV
s'ammanteni LXIII

o

3. P. *potti* POTEST XXXI
coggi XXXIV COLLIGIT,
in der 1. Conj. vor a
eo ipso keine Diph-
thongirung.

Diese Regel findet sonst nirgends Anwendung, weder
in Syrakus (*cuogghi* 2. 3, *duormi* 2. 3, *teni* 2. 893, *tieni*
3. V. 1015, *senti* 2., *sienti* 3.) noch in Noto Av. 157
porti, 166 *arriposi*, 174 *trovi*, *teni* 2. 3., 119, 120, 107;
penti 117, *veni* 116, 121, noch in Palermo, Caltanisetta, Casteltermini Pa. I 87 Alimena. 2 Pa. I 341
levi, 258 *avventi*, 94 *nesi* Camporeale 2. Pa. I 44 *teni*,
Castelbuono 2 Pa. I 25 *teni*. — Vereinzelte Fälle wie
Mistretta Pa. II 439 3. *senti*, 432 a. *sienti* und S. Cataldo Pb. III 335 *truovi*, 2. *cogli* 3. sind nicht genügend,
um die Regel ausser für Modica zu erweisen.

Der Grund dieser Erscheinung, die sich auch in Süditalien wieder findet[1], ist für die aus der 3. Conjugation
hervorgegangenen Verba derselbe, wie der obige: nur vor
ursprünglichem i wird diphthongirt. Daher COLLIGis : *cuoggi*;
aber COLLIGet (vulgärlat. e in der 3. sing., erst später i) —
coggi. Für die Verba aus der 4., und der 1. ist vielleicht
Analogiewirkung der 3. Conj. anzunehmen.

---

[1] cfr. Lecce Arch. glott. p. 116 *metu*, *mieti*, *mete*, lat. METERE ;
sentu, *sienti*, *sente*; *olu*, *ueli*, *ola*, VOLO, VOLI, VOLA *mordo*, *muerdi*,
morde.
Neapel: *crede*, *cride*, *crede* CREDO, CREDI, CREDE.

Besondere Behandlung von ę und ǫ.

1) ę zu *i*, im neusic. im Hiat: *diu* DEUS, *miu* MEUS, *mia* MEA, *riu* REUS. Doch wird dieser Uebergang in den ältesten Texten noch nicht bemerkbar: Q. Pr. *deu* 145, 24; *mei, meu*, nur 145, 26 *mia* V. B. C. *meu* 356; *eu, deu* 357 ff. *mei* und nur einmal *mia*. Fb. 91 *deu*, 56 *meu, deu*; 92 *deu*; 7 ff. Fa. auch *deu* 109 ff., 74 ff., 77 ff. R. *deu* 8, 23 etc., *eu* 2, 89; *meu* 3, 9, 45; *mei* 58, 76, 23, 127; dagegen *mia* p. 2, 20, 76; *ria* p. 37, 127; *Diu* 122. C. *deu* p. 19, 36; *deo* 60, 42; *eu* p. 10, 16, 20; *meu* p. 5 u. s. w.; selten *Diu, dio* 19, 41 u. a.; *mio* 29. Cod. Sciel. *meu, mei* 134, freilich neben *Dio* Canz. Prot. 134 *meu, mei*.

2) ę zu *i* nur scheinbar in -*iddu* (Diminutivsuffix neben -*eddu*):
G. *oncilidi* XIV, *vucidda* XXXVIII, *čiuriddi* XXXVIII; *aliddi* CLV, *muviliddi* CVIII, *uñiddi* (die Nägelchen), *giumiddi* kleine Troddel CXXIII, *ussidda* die Knöchelchen. In andern Texten: *cavuliddu, scarsuliddu* (von scarsus, engl.), *nucidda, murtidda* (v. μῦρτος Av. C. 128), *piciriddu* (klein), *minutiddu, schituéeidda, fruntidda, nasiddu* etc.

Diese Form ist aber nicht aus *eddu, ieddu, ieddu* entstanden, wie in Caltanisetta (*apertu, apiertu, apirtu*). Denn die Form 1) kommt nicht bloss im Diphthongirungsgebiet vor, sondern in ganz Sicilien, neben *eddu*. 2) Wir finden *i* auch vor *a*, was deutlich zeigt, dass es nicht aus Diphthongirung hervorgegangen, (cfr. oben in Caltanisetta *vickj*u aber *veckj*a).

-*iddu* ist vielmehr aus dem vulgärlat. Suffix -ILLUS regelrecht hervorgegangen. Wie lat. -ELLUS neben ILLUS vorkamen (cfr. Diez II 365 ff.: AGNELLUS, CULTELLUS, SACCELLUS, FABELLA, CEREBELLUM; PAEDILLUS, LAPILLUS, FURCILLA, POCILLUM) so auch im Sicilianischen *eddu* und *iddu*.

3) ę zu *a* vor *r, n* in:
sarvu 1. sg. prs. Pa. I 221, *sarvi* Pb. I 412, *sarva* Pb. I 152, 12, 23 aus *sarvári*, da unbetont *e* + *r* = *a*,

cfr. § 7 b, SERVARE, *márcatu* (ausdrücklich so betont).
Pb. III 302, 303 Casteltermini aus *marcátu* MERCATO
'ntanta INTENTAT Pa. II 449.
Castellamare del Golfo aus *'ntantari*, da unbetont
e + n = an cfr. § 7 b *β*.
Suffixtausch erfolgt bei *paćianza* PATIENTIA.
4) о zu *u*:
a. In einigen gelehrten Wörtern: *elemusini* C. 66 neben
C. 18 *elemosina*, C. 66 *limosini*;
si gluria für *gloria* führt H. an Ri. 329; doch findet
sich in meiner Ausgabe überhaupt keine Seite 329.
Par. erwähnt die Form nicht. C. 15 und sonst stets
gloria.
Sturia, Noto Pb. I 33, 82, 205 von P. speciell für
Noto bemerkt. Sonst haben die gelehrten Wörter
oriu, oria: *memoria, vittoria, priatoriu*;
β. LŎNGUS — gewöhnlich, regelmässig — *longu*. Doch
C. 58, Pb. I 418, Palermo, Pb. III 206 Caltanisetta, S. 4 Messina, *lungu;* was italianisirend ist, (in
den grösseren Städten gerade begreiflich);
γ. frunti ist nicht, wie H. p. 39 annimmt, eine Ausnahme, obgleich es sp. frente heisst. Wie Gröber,
Wölfflins Arch. II p. 426 zeigt, liegt *ō* zu Grunde.
δ. Energischer Diphthongirung unterlag das aus dem
Innern der Insel bezeugte:
pua POST Pb. II 283 ff.; III 61, 84, 151, 302, 310,
354; IV 7, 74, 77, 160, 221 und *vua* (VOI 2. sing.
Prs. Ind. Pb. IV 8, 240, 241. POST — po — púo und
da sie. kein Wort auf o endigt, o durch a ersetzt;
bu' aus *vua* = voi 2. s. Pr. Ind. von volere in S.
Cataldo zeigt ebenfalls Diphthongirung.

5) о = a sporadisch in der Anrede, in Folge der mit
der Häufigkeit des Gebrauches sich einstellenden Lässigkeit
der Lautbildung: *nannu, nanna* (Grossvater, Grossmutter),
vassa neben gewöhnlich *vossia, vussia, vassia* VOSTRA SIGNO-
RIA belegt in Texten von Vallelunga, Montevago,
Cianciana.

§ 3. Vulgärlateinische geschlossene Vocale
ę und ǫ.

I. ę sowohl primär als secundär aus class. lat. i,
wird sicilianisch = i.

Beispiele: *catina, cannili, fiči* FECI, *fidili, munita, divi,
criśiri, prindiri, vinniri, vinu, chinu* PLENUS, *puddicinu, rina*
ARENA, *vina* VENA.

-isu, isa (aus -ENSUS, ENSA): *appisu* APPENSUS; *difisu,
imprisa, intisu, offisu, suspisu;* -isi (-ENSEM): *Alcamisi, Catanisi,
Missinisi, Francisi, marchisi, burgisi;* -izza (ITIA): *alligrizza,
autizza* von ALTUS, *billizza, ricchizzi, grandizza, firmizza,
tristizza* etc.

ē ist geblieben:
α) In wegen der Bedeutung und Form gelehrten
Wörtern:
wegen der Bedeutung: *eredi* HEREDEM C. 14, *estremu*
EXTREMUS, *sirenu* SERENUS C. 81, *secretu* C. 26, R. 5.
cullega, debitu, pianeta PLANETA; *prufeta, catela* CAUTELA,
pueta, sinčeru, Maddalena, peju R. 17. — Wegen der Behandlung des p + i: *plenu* C. 65, F. 57, *plena* R. 94
(latinisirte Formen der alten Texte; neusic. *chinu);
empiu* IMPIUS.
β) In, Wörtern, die dem mittelitalienischen entnommen sind:
lena ital. ALENA (nicht von lat. anhela); *Verǵini* VER-
GINE (christlicher Begriff); *medesimu* MEDESIMO; *velénu*
VELENO (ital. wegen l); *balestra* (nicht vom lat. wie
H. will, BALESTRA ital. Begriff modern); *peǵǵiu* von
ital. PEGGIO; *nettu* ital. NETTO (nitidus hätte höchstens
nitiu — nizzu ergeben).[1]
Einige Wörter[2] hatten früher regelrecht das vulgärlat.
č zu i entwickelt, haben aber im Laufe der Zeit die italienische Form angenommen. Bei einigen ist die alte Form
in einigen Gegenden noch erhalten:

---

[1] Gerade dieselben Ausnahmen finden sich in den süditalienischen
Dialecten cfr. Tabelle.
[2] Die Ansichten H.'s über diesen Punkt hat Mussafia be-
sprochen in dem in der Einleitung erwähnten Artikel, cfr. p. 2.

lat. MINUS jetzt = *menu*, altsic. *minu* Fb. 103 R. 14;
jetzt nur in Syrakus V. 909, sonst *menu* cfr. Pb. II 33,
145, 332; Pb. III 207, 244, 307, *armenu* ALMENO Pb. I
258, 347 III 9.

terrenu ital. terreno; jetzt noch in Modica und Ragusa *tirrinu* erhalten. Pc. IV 111, II 42, Pb. I 298.

veru (ital. vero), gewöhnlich wie ẹ behandelt, daher in
Capaci und Resuttano diphthongirt: Pb. III 2, IV 76, III
289; aber altsic. *viru* R. 59, 52; *dimmiru* == da vero in
Caltanisetta Pap. p. 170.

fermu an ital. fermo angeglichen. Pb. III 201, b II
389, a II 252 nach d'Ovidio: «*I reflessi romanzi . . . Zs.
f. r. Ph. VIII 91 ff.*» soll *firmu* im Innern der Insel noch
als archaische Form vorkommen.

trenta (nach ital. TRENTA); früher regelrecht von TRI-
GINTA — trinta cfr. d'Ovidio: *I reflessi romanzi Zs. R. Ph.
VIII 91*. Er stützt sich auf Scobar, der ausser *trenta* auch
a trinta, attrinta, ogni trinta anführt.

re (nach ital. RE). In QP. p. 7 Av. I. findet sich
rigi = reges (g = j zu lesen cfr. Conson.). — Ebenso
wie in Sicilien der König aus der Fremde stammte, kann
auch das Wort aus der Fremde genommen sein, resp. an
das fremde Wort angeglichen worden sein.

Zur Annahme einer Entlehnung dieser Wörter aus dem
Ital. stimmt eine Bemerkung Av.'s p. 153 I., der *tessi* 2 s.
Pr. Ind. von *tissari* eine «forma neologica» nennt, wie *jetti,
assetti, metti* (von jettare, sedere, mittere), die altsic. wie
jetzt noch in Noto regelrecht *jitti, assitti, mitti* hiessen.

γ) Vom franz. kommt *vencia* VENGER, vom span. MECHA
— *mettiu* (myxa? Lampendocht).

δ) Ob *tercu, terchi, terca, tercanu* von ĊERCARE (suchen);
resca Kräthe (ital. ARESTA, lat. ARISTA); *cuetu, cujetu* (QUIETUS,
ital. QUIETO) als dem ital. entlehnt zu deuten sind, ist nicht
sicher.

ɛ) *tettu* hat lautanalogisch zu *lettu, pettu* wohl ẹ angenommen.

ζ) Ueber die neusic. Formen *mia, tia*, aus altsic. mi,
ti (cfr. Par. p. 39 von me, te) und über triu (aus tres),
accussiu (so, also), *dia* (di) in gewissen Mundarten cfr.
unbetonte Vocale § 8 III.

Besonders zu bemerken sind:

1) ERUNT — *eru* 3. pl. Perf., keine Ausnahme da e offen ist, cfr. W. Meyer Zs. R. Ph. IX p. 228 vlglat. VENDERUNT, span. vendiero. Die vereinzelten Formen -*iru* in S. Cataldo Pb. III 337, Casteltermini Pb. II 95, Caltanisetta, Rocca Valdina Pb. II 210 sind nur aus *ie* entstanden.

2) Die 1. Pl. Ind. Pr. Fut. der Verba auf *ere* ist altsic. regelrecht -imu EMUS, R. *vulimu, darrimu* 136, *dolimu, potimu* 144, *vengirimu* 118, *sinu* 116 (analogisch zu den andern Verben), *divimu* 119, C. *havimu* 40, *sinu* 44, Pb. 62 *havimu, vulimu* 100, *sarrinu, vulimu* Fb. 7, *prighirimu.* — Die wenigen Formen auf *e* sind italianisirend: *farremu* Pb. 7; *accordiremo* C. 44.

Neusicil. ist -*emu* das gewöhnliche: *avemu, jemu, mittemu, faccmu, vulemu, finemu,* daher auch diphthongirt *vuliemu, aviemu, siemu* Pb. I 183, *aviemu* Pb. III 136. Resutanno *faciemu, aviemu.*

W. Meyer, Z. R. Ph. IX. Bd. p. 228 vermuthet, die 1. Pl. habe hier ihr *e* von der 3. bezogen im Perf.

Er sagt: «*Ebenso haben wir in 4. (= 1. p. Pl.) -emu, das bei der directen Beziehung, in der in den starken Verben 4 zu 6 (3. p. Pl.) im Gegensatz zu 5 (2. p. Pl.) steht, sein e wohl von 6 bezogen hat. Da nun bei der Vermischung von II und III sich das alte 4 II von 4. Praes. unterschied, so wurde dieses und gleichzeitig damit auch 6. hinüber genommen*».

Für einige Gegenden werden Doppelformen angegeben: Caltanisetta Pb. III 205, 207 ff., i neben e aus ie. — In Buccheri Pb. II 127 und andern Orten bei Noto, in Messina Pa. II 126, 127, 128 ist die alte Form *imu* erhalten. (In Messina aber ausser diesen Stellen stets *emu.*)

3) Das Imperfectum der Verba auf -*ere,* -*ire* lautet sicilianisch in der 1. und 3. P. -*ia* im grössten Theile der Insel:

Altsic. -ia C. 30 *potia,* C. 41 *cridia,* C. 37 *suliamu,* Pb. 55 ff.: *havia, venia, fachia* Cod. Sciel. *facchia* neben *esplindea.*

Neusic.: In Messina stets ia, in der 2. sing. -ivi: «*tu ti cridivi, ke non aju valuri*» Sch.

Milo: *tinia, vulia, dicia* V. 1130; Raffadali 1202

ciancia, sintia. Palazzolo: *paria, curria* V. 1237. Corleone V. 1007 *vinia, avia, battia.* Ribera V. 633 *avia, tinia.* Lipari: *tinia, avia.* Adernò: *ciancia, vinia, ardia.* Sehr häufig aber finden sich Doppelformen in denselben Texten:

Palermo: Nach Pb. I CCXVI sind die Formen auf *eva* beinahe so häufig als die auf *-ia: ripiteva, fineva* Pa. I 253; V. 499 *aveva;* V. 689 *crideva, avevanu* neben *avia, facia, suffria, facianu* bei Pap., aber *avevanu* im weniger volksthümlichen Text. Prof. Salinas schreibt mir, dass in Palermo conjugirt werde: *sintia, sintevi, sintea* oder *sinteva, sintevamu, sinteavu, sintianu.*

Termini V. 1509 *sapia — pareva.*

Milazzo, wie mir berichtet wurde, -ia, aber Pa. I 270 *faceva.*

Gualtieri Sicaminò, *diciunu* aber *facivanu, aviva* Pap.

Aci Reale: V. 1194 *tinia,* 1096 *avia,* 1702 *durmia, spargia,* aber Pb. II 323 *cridevinu, avevinu* Pb. I 287. 323. V. 482 *aveva,* V. 1702 *vulevi,* V. 964 *cianceva, vuleva.*

Catania: V. 1127 *durmia, avia,* aber V. 1951 *tineva,* dabei die Formen *t'hava* 685 V. 2764 *ava* = habebam.

Lentini: V. 1958 *tradeva,* 1965 *tinevi* neben *vinia.*

Mineo: V. 1656 *puteva, chiancevanu,* 1660 *puteva* neben *sintia* 1119, *vulia* 1134.

Mangano: Pb. I 252, 258 *vulevinu,* Pb. II 323 *videvinu* neben sonstigen häufigen Formen auf -ia.

Siracusa: V. 1140 *vidia,* V. 896 *apria,* V. 1641 *sapia,* 1693 *dicia,* aber Pap. zweimal *faceva, facevunu, suffreva, avevunu* V. 296, *vuleva* zweimal, und wie mir berichtet wird: *sinteva, sintevutu, sinteva, sintevumu, sinteuvu, sintevunu.*

Noto: *facia, avia,* neben *facievunu* Pb. CCXVI: *finevunu, vulevanu* und nach Av.: *tenia, -eutu, -ia, -eumu, -cuvu, -eunu,* im sing. auch manchmal *tineva, faceva.*

Modica: *vulia, avia, facianu* neben *avievnu, purmievitu, avievitu.*

Rosolini: *avia* neben *avevi* V. 538, *mittevi, vulevanu* V. 1788.

Girgenti, wie mir von dorther berichtet wird, neben *ia* auch *iva.*

Casteltermini: Pb. IV. 7 *avievanu,* Pa. I 295 *ridevi*

neben den sonst üblichen -ia Formen: *piacianu*, *facia*, *facianu*, *putia*, *tinia*.

Vallelunga: Pap. neben *suffria*, *avia*, *facia* auch *avieva*, *putieva* Pb. I 401 ff. neben *avia*, *dicia*, *vulia* auch *arrispunneva*, *diceva*, *pareva*, *vuleva*. Pb. II 197 neben *sintia*, *dicia* auch *dicieva*.

Alimena: Pap. je zweimal *avia*, *facia*, aber Pb. IV 258 *sulieva*, *riunieva*, *pirdieva*, *pussidieva*, *liggieva*, Pb. III 237 *parieva*.

Castelbuono: *tineva*, *diceva* V. 531; V. 1616 *faciva*, *avia*, *sapia*, *n'avia*.

Bloss *eva* findet sich in Augusta cfr. Pap. *faceva*, *vuleva*.

In Geraci: Pb. II 307 *avievanu*, *facievanu*, *putieva*, *avieva*.

iva in S. Cataldo: Pb. III 333 *jiva*, *vidiva*, *arrispun-niva*, *diciva*, *aviva*, *chianciva*.

In Caltanisetta kommen neben *jiva*, *chianciva*, *viniva* auch *avia*, *vulia*, *dicia* vor. Pap. *aviia*, *avija*. Mir wird nur von -iva berichtet.

Wenn die Texte, in denen die Doppelformen auftreten, nicht volksthümlich wären, so könnte man *eva* als litterarische Form ohne weiteres zurückweisen. Aber 1) geben sich die Texte als volksthümlich; 2) tritt *eva* und seltener *iva* gerade in kleinen, vom ital. Einfluss am wenigsten berührten Ortschaften auf, wie S. Cataldo, Geraci.

Auch eine mundartliche Abgrenzung zwischen *eva* und *ia* ist nicht vorzunehmen. Im selben Gebiete kommen bald diese, bald jene Formen vor.

Nach meiner Ansicht ist jedoch das Imperfect a n u n d f ü r s i c h als Tempus in Sicilien nicht volksthümlich. Diesen Verdacht erregte insbesondere die vorwiegende Wiedergabe des ĒBAM und IĒBAM durch -*eva* statt *iva*. Auch wiederholte Nachfrage bestätigte diese Vermuthung. Auch von gebildeten Personen, die ich betreffs dieser Formen ausfragte, wurden stets beide Tempora der Vergangenheit durch einander geworfen, oder ich bekam nur Perfectformen zu hören. Als 2. s. zu sintia wurde mir stets *sintisti* bezeichnet. Eine Cataneserin gab mir als das in Catania gebräuchliche Imperfect an: *sintii*, *sintisti*, *sintiu*, *sinteramu*,

- 38 -

sintistaru, sinteru. Sogar wenn ich in meinen Beispielen die
relative Vergangenheit recht betonte, schwankten die Ant-
worten.

So glaube ich denn, dass das Sicilianische zwar das
Imperfect in *ia* aus dem lat. **-eam* (s. III. Theil) besessen
haben mag, dasselbe aber im grössten Theile der Insel auf-
zugeben begonnen hat, und dass das Impf. insbesondere
in den ungebildeten Ortschaften im Innern der Insel gar
nicht mehr vorhanden, sondern erst wieder aus der ital.
Verkehrs- und Schriftsprache als *eva* oder *iva* aufgenommen
worden ist. Auf einer Verschmelzung der litterarischen
Endung mit der einheimischen beruhen sichtlich: *avi-evitu*
etc. in Modica, *avi-ev-anu* Casteltermini, *dici-eva* neben *dicia*
und *diceva* Vallelunga; *liggi-eva* Alimena u. a. In Geraci
scheint diese Mischform allein vorhanden zu sein (s. o.).
Der ital. Verkehrssprache entnommene Zeitwörter wie *leggeva*
u. a. konnten diese Mischform hervorrufen und einbürgern.

II. **Vulgärlat. o. primär und secundär aus u entwickelt
erscheint sicilianisch als u.**

Beispiele: *coruna, suli, vuci, uri, prura, curcu* COLLOCO,
dunu, spusu.

Aus secundärem o: *cruci, cuda, jugu, giuvini* etc. -OSUS
-*usu: acitusu, amurusu, kjaviusu* PLUVIOSUM Pc. III 13; *furiusu
gilusu, famusu, udiusu, vilinusu (vininosa* neben *vininusa* im
alten Texte Fb. III 75 ist italianisirende Schreibung).

-OREM -*uri. ambaxaturi, amuri, anuri* (honorem), *culuri,
cunfissuri, dutturi, duluri, erruri, lavuri, majuri, minuri, retturi,
signuri.*

Fa. III p. 7 *benefactori* neben *benefacturi* p. 55 ff.,
dolori Fb. 67 neben *duluri, doluri* R. 121, *procuratori* neben
conquitasturi sind italianisirende Schreibung in den alten
Texten.

-ONEM == *uni,* sehr häufig im sicil., um die Vergrösse-
rung, Vermehrung auszudrücken; *añuni* ANGONEM Ci 21;
santu diantan-uni (diantani =: diavolo [synonym] cfr. frz.
diantre) *'mbriacuni* Ci. 220 von UBRIACO; *ñurantuni* Ci. 298
IGNORANTE; *vickjuni* VETUL-ONEM Ci. 299; *scapituni* Ci. 316
ital. SCAPITO — grosser Verlust; *lacirtuni* Ci. 316 von lacerta

Eidechse; *rubbuni* Ci. 329 von ROBBA, Priestertalar; *abbiluni* von HABILIS Ci. 335 u. s. w.; *baruni*, *cravuni* CARBONEM, *patruni*, *bastuni* etc.

Ebenso ɪ-ónem zu *uni* (resp. iuni) in volksthümlichen Wörtern:

canzuni das Lied, *masuni* Fb. 55, 60 MANSIONEM, *minkjuni* Ci. 148 Tölpel, *fratackjuni* Ci. 214 (= frate paffuto, carnacciuto); *raggiuni*, öfters *raxuni (x = s)* Q. Pr. *rasuni* Canz. Prot. RATIONEM; *fluxiuni* Q. Pr. 141, *occaxuni* R. 142 neben *accaćuni*, *caćuni* OCCASIONEM; *staxiuni*, *staćuni*; *prixuni* PREHENSIONEM; *spiuni*, *pavigliuni* u. a.

Bei gelehrten Wörtern bleibt *ioni*: *passioni*, *suggizzioni*, *nazioni*, *privinzioni*, *divisioni*, *quistioni*, *opinioni*, *osservazioni*, *affizioni*, *tentazioni*, *ammirazioni*, *allusioni* etc.

H. meint, dass im altsic. *ioni* regelrecht zu *iuni* und erst im Laufe der Zeit durch den «Einfluss des n» zu *ioni* im Neusic. geworden sei. Er stützt diese Ansicht auf den Text Fb. 91—112, wo sich finden:

ammuniciuni 101, *annunciaciuni* 100, *ascensiuni* 100, *collaciuni* 104, *comuniuni* 98, *confessiuni* 91, *congregaciuni* 105, *constituciuni* 91, *declaraciuni* 91, *divociuni* 99, *excomunnicaciuni* 96, *illusiuni* 100, *liciuni* und *licciuni* 94. 101, *murmuraciuni* 92, *possessiuni* 103, *professiuni* 91, *religiuni* 94 und *riprinsiuni* 98. 106.

Dabei beachtet H. aber nicht, dass derselbe Text auch *-ioni* schreibt: *costitucioni* 91, 98, 105, 108, 109; *professioni* 91, *salutacioni* 95, *comunioni* 99, *confessioni* 110, *assumptioni* 100, *purificacioni* 100, *collacioni*, *licioni* 102, *ordinacioni* 109, *occupacioni* 110.

Ferner beruft sich H. auf die Q. Pr., wo die Reime vorkommen: 27 *baruni*, *condittioni*, *mincioni*, *raxuni*. 28 *duluri*, *valuni*, *garzuni*, *mintioni*. 50 *singnuri*, *dispensattioni*, *pirsuni*, *stacioni*. Hier übersieht er, dass in QP. überhaupt nie reine Reime vorkommen, sondern nur Assonanzen:

10 *dilettu*, *cupertu*, *ruvettu*, *fazzetti*;
19 *imprimaturi*, *culuri*, *caniaculuri*, *muntuni*;
36 *parlari*, *fari*, *stari*, *vali*;
43 *tessi*, *dissi*, *spissi*, *fissi*;
44 *falla*, *balla*, *vagla*, *cagla*;

49 *pla*ca, *as*paga, *sa*ga, *ri*traja;
51 *benedi*ttu, *primi*atu, *sa*luti, *dip*natu.
Ausserdem hat H. nicht bemerkt, dass in allen
andern alten Texten *-ioni* besteht:
Cod. Scicl.: *passioni, devotioni;*
APr.: *condittioni, mintioni, dispensationi;*
V. B. C.: *compassioni, consolacioni, visitacioni, oracioni,*
temptacioni, benedicioni, confessioni, communioni;
C.: *fornicazioni, ambitioni* 13, *beneditioni* 14 etc.;
R. 115 *intentioni, destrutioni, benediccioni* etc.
Fa. 109 ff. *deliberationi, intentioni, detractioni, passioni,*
resurrectioni. Fa. 77 ff. *consulacioni, sigestioni, glorificacioni.*
Fb. III 7 *orationi, passioni, confessioni.* Fb. 59 ff. *perfectioni,*
tribulationi, corruptioni etc.

Die wenigen Beispiele gelehrter Wörter auf *-iuni*, die
H. anführt, beruhen auf Angleichung an die volksthümlichen auf *-uni*.

ọ ist sonst geblieben:

α) In wegen des Begriffs gelehrten Wörtern:
ordini, frora Pa. II 190 (1 = r FLORA), *dota, firoci, tonica,*
mora, donu, riposu, testimoniu, votu etc.

β) In italienischen Lehnwörtern: *virgoña* Scham,
Schande, daraus *vrioña,* Pc. I 238, 335; II 61, aus vergogna
it., nicht verecundia lat. das sic. verecuñia hätte heissen
müssen; *mostru* ital. MOSTRO Ungeheuer neben *mustrari* zeigen
(wohl Begriff?); *conti,* der Graf (ital. contc); *prontu* (pronto);
contra gegen; *loru,* Fb. 66, sehr selten, da sic. dafür iḍḍi
gebräuchlich ist; *loru* nur in alten Texten, *luru* nur einmal
Fa. 109 ff. neben *loru. ponti,* Brücke (ital. ponte, denn ö
liegt zu Grunde trotz des span. puente, cfr. Gröber W. Arch.
II 426); *avoliu* Elfenbein (ital. avolio; übrigens auch lat.
eböreus cfr. W. Arch. II p. 276, aber doch ital. wegen
des l); *mogghi,* seltene Nebenform zu *mugghieri* aus ital.
moglie.

An das Ital. erst im Laufe der Zeit angeglichen
ist die jetzt allein übliche Form *Roma,* wofür altsic. noch
regelrecht *Ruma* vorkam A. R. 63. Ebenso heisst es jetzt
Alagona, Aragona, an das spanische angeglichen, früher
regelrecht *Alaguna* Fa. 1090, 1092.

Av. meint p. 170, dass noch sehr viele Wörter, die

wie «dunu, ripusu, tistimuniu, vutu im altsic. mit u lauteten, jetzt o haben. Doch gibt er keine Belege.

γ) In besonderen Fällen: 1) *kjoviri*, *kjovi*, subst. *kjova*, *kjogga* (regnen, Regen), PLUĒRE *plǫvere* Grundform *plǫvia* cfr. Förster: Zs. f. R. Ph. III, auch Schuchardt, Zs. f. R. Ph. IV p. 113 *gobbo* GUBBUS; *colobra* COLUBRA; *nozze* NUPTIAS, *nobili*, *mobili*. Ueber *nomu* cfr. Romania X 397. *forma* Pa. II 98, Pa. I 215; Pb. III 318 neben *furma*, der regelrechten Form, da ō zu Grunde liegt, cfr. Romania Bd. X p. 57.

2) *priolu* Fa. 131, Fb. 92, 94 neben *priulu* Fb. 92 aus PRIOREM «*colui, che ne' magistrati o corpi municipali tiene il primo luogo*» aus ital. *priori* unter Angleichung an das Suffix -OLU. Jetzt nur *priolu* gebraucht cfr. Tr., daneben *priuri*.

3) Pronomen TUUS, SUUS — *tóu, sóu (to' so')* mit vlg. lat. o, wie ital. *tuoi, suoi* aus *to-i so-i* für *tui sui*.

4) *jornu* DIURNUS, sonst volksthümlich gebildet (nur einmal C. 53 jurno) erklärt Mussafia a. a. O. treffend aus Analogie zu *notti.*

5) Schwierigkeiten bieten: *a*) Suffix UCULUM -*ockju*: *cunockja* Pc. II 100, 120 Spinnrocken; *finockju* Pc. I 170, II 433 Fenchel; *finoĉĉu* A. 280; *pidockju* Pb. II 293, c I 145 u. a. PEDUCULUM Laus; *jinockju, dinockju* GENUCULUM Knie, *m'addinockju* 1. sg. prs. Pa. I 448 ich knie.

β) *foru* FUERUNT mit ǫ: während Singular *fù* FUIT, nur vereinzelt vorkommt. Fa. 67 cfr. *fommu* neben *fumu* Condit. *fora, fori, fora, foramu, foravu, foranu* neben *sarria*.

Bemerkung: Im Innern der Insel wird u aus o auch diphthongirt: *vuoci* VOCEM Pb. III 333, *suoli* Pb. III 334, *uonzi* ital. ONCIE Pb. III 331, *finuocki* Pc. IV 215.

§. 4. Vulgärlat. Vocalextreme I und U.

I. Langes (vulgärlat.) i bleibt sicil.

Nur im Innern der Insel wird der Vocal oft erweitert: In S. Cataldo: *miskienu*, Pb. III 333 neben *miskinu* Pb. III 334; *pittettu* APPETITUM Pb. III 333.

In Caltanisetta findet sich oft *u* vor *i*: cfr. Pap. *duicu* DICU; *dduittu* DICTUS. *vuluiri, curruivu, faĉuissiru.*

Mir wird berichtet, dass i dabei gedehnt ausgesprochen werde.
In Militello, val di Noto soll nach V. 156 i = ë sein.
fëgghiu, *consëgghiu* FILIUS, CONSILIUM.

Auch die Extremvocale scheinen so im Innern der Insel eine Erweiterung, Dehnung oder Diphthongirung zu erfahren. Pitrè berichtet dasselbe Pap. 338 von der Khalesa: «Si ha una protratta vocalisazione, come: *Si raccuunta ca a tiempi di lu priimu Re di Ciipru, dduoppu ca Guffrieri i Bughiuuuni»* etc.

Zu Form *dia* = dies, das, wie H. sagt, im Texte: *Historia nova di l'Amanti fidili e disgratiatu e lu chiantu della sua morti ed. Mayda. 1588. Palermo p. 29*, sich findet, cfr. dia W. Arch. vulgärlat. Subst. — Ueber *dia* in den Namen der Tage cfr. Unbetonte Vocale, Epithese.

II. Vulgärlat. Ü bleibt sic. U.

nuddu, ultimu, fù FUIT, *suñu* SUM, *nudu* NUDUS.

-UTICUS *-uzzu* (Kosesuffix): *pituzzu, manuzzi, piciridduzzu, vuccuzza, vucidduzza, kjavuzza, labruzza* etc.

-utu Participendung, häufig für RTU eingesetzt: *partutu, murutu, succidutu* Pb. III 242, *sintutu* Pb. III 237, *tradutu* Pb. II 309, Av. 138, *finuta* Pb. IV 5, *curuta* FLORITA G. LXVII etc.

Ausnahme: vulgärlat. GRÜEM (cfr. Wölfl. Archiv II 441) — sic. *groi* Kranich. *grua* nur gebraucht im übertragenen Sinne = Krahn.

Im Innern der Insel wird auch Ü erweitert zu uo: *nuoddu* neben *nuddu; uortimu* ULTIMUS, *nuodu* NUDUS, *cruodu* CRUDUS, *suoñu* SUM, *suosu* neben *susu* SURSUM. In Bronte, Paternò für catan. *runkja* (Frosch) — *ruonkja*, wie mir von Catanesern bezeugt wird.

§ 5. Die Diphthonge AE und OE.

I. AE, OE (schon vulgärlat. c) ist sicil. als ç behandelt. *cecu, celu, fenu, letu, pena, preda, mesta, pentiri* POENITERE; diphthongirt in denselben Bedingungen wie ç.

ç (aus AE) wird wie primäres e im Hiat zu i in volksthümlichen Wörtern:

Arriu (Cefalù Pa. II 461 HEBRAEUS), *Judiu* (Resutanno, Chiaramonti Pa. II 368, Pc. I 185), *li Judia* (Resutanno Pa. II 352, 451).

In gelehrten Wörtern bleibt ç: *fariseu* Ri. 384, *machabeu* Q Pr. 24, *Matheu* C. 83 F. 1090, *Zebedeu*. Gelehrt behandelt finden sich auch neben den obigen volksthümlichen Formen: *Ebreu*, *Ebrei* Pa. I 335, II 355, *Abbrè* und *Abbrei* Pa. II 366, 368, 372, 373, *judeu* Pb. III 46, *judei, jurei* Q Pr. 29, Pa. II 50, 360.

II. *au* scheint geblieben zu sein in volksthümlichen Wörtern: *tauru* der Stier, *addauru* Lorbeer, *lausu* Lob (das von H. erwähnte *čauru* von FLAGRARE hat secundäres au, cfr. Conson.). Sekundär ist *au* sehr häufig: cfr. a + l + Cons. = *au* (autu); a + v + u = *au* (taula); a + g + u = *au* (austu), daher ein dem Sicilianen geläufiger Laut:

au ist zu ǫ geworden in italianisirenden Wörtern: *toru* neben volksthümlichem *tauru* ausdrücklich von Tr. als italianisirend verzeichnet; *lodi* neben volksthümlichem *lausu; lodu* Pa. II 250, 356; *godiri* Pa. II 310, *godu, godi* ital. GODERE A. 303. Pa. I 216, II 313, *oru, trisoru, poviru* (denn volksthümlich hätte p [PAUPEREM] bleiben müssen), *cosa.*

Geblieben ist *au* auch in den wohl gelehrten Wörtern: *fraudi* Ri. 574; *laudi* V. 355. Ri. 574 = *quell' ora canonica dopo il matutino; laudabbili; plausu, plaustru; gaudiu* C. 30 Ri *gauyu* C. 80 V. 377. Pr. 16 u. a., nach Tr.: *«allegrezza interiore placida e secondo ragione, e ha un senso quasi religioso.»*

Besondere Fälle:

guàdiri (gaudiri) Resutanno, Erice Pa. II 455 b II 382, *puviru* in Noto Pb. I 299, II 98. 100, III 338 statt *poviru* s. o. *cusi* C. 69 CAUSAE ganz vereinzelt neben zahllosen *cosi*.

Anmerkung. Auch sardisch und südital. scheint *au* volksthümlich zu sein; o italianisirend; Sardisch: *laru, trau* Ochs, neben *cosa, gosu* GAUDIUM, *oru, poveru*. Südital. cfr. Tabelle.

CAPITEL II: UNBETONTE VOCALE.

Es möge die Bemerkung vorausgeschickt werden, dass in Folge der überaus starken Betonung der Accentsilben im Sicilianischen die unbetonten Silben sehr undeutlich gesprochen werden, eine Erscheinung, die Jedem, der den Dialect zuerst hört, sofort und zwar um so mehr auffällt, als die italienische Schriftsprache ebenso wie die mittelitalienischen Dialecte auch in unbetonter Silbe sehr deutlich articuliren. Daher ist sowohl Ausfall als Veränderung der unbetonten Laute im Sicil. sehr häufig.

§ 6. Lautausfall.

I. Aphärese. Die Aphärese wird oft dadurch veranlasst, dass das nur vocalisch auslautende Wörter besitzende Sicilianisch dem Hiat abgeneigt ist. Beim Zusammentreffen anlautender Vocale mit auslautenden wird daher der erstere beseitigt.

a) *i.* 1) In einzelnen Wörtern: hystericus — *stericu,* hirundinem — *rinnina,* hibernus — *vernu,* ignorantem — *ñurant-uni* C. 298, *illuminationem — la luminazioni,* istum *stu,* Hispania — *Spaña,* Ignatius — *Ñaziu.*

Vor Nasalen, meist Verbindungen mit in. *α)* Bei Substantiven: *pari 'ntricazioni* Ci. 144, *ccà è lu 'mmarazzu* imbarazzo Ci 123, *si 'ntra lu 'ntricamentu; 'mbriacu è cu lu dici, 'mbriacu siti vui; su' 'nnučenti, 'sti ñurantuni* Ci 298, *e pri sti tali 'mprisi* Ci. 299; *'nvernu* Pb. I 408.

β) Bei Verben: *'ncarcari* incalcare; *'ndillari, n'kjanari; 'nduvinari, 'ngrispari* incrispare; *'nčammari* inflammare, *'nsumnari* insomniare; *'ntenniri* intendere; *'mbistialutu* imbestialito; *'mpinciri* inpingere.

γ) In formelhaft gewordenen präpositionalen Verbindungen: *'ncasa* IN CASA; *'ncanćiu* IN CAMBIO; *'ncarni e 'nnossa* IN CARNE ED IN OSSA; *'ncoddu* IN COLLO; *'nfaćći* IN FACIE; *'nfunnu* IN FUNDO; *'njocu* IN JOCO; *'nsumma* IN SUMMA; *'mmanu* IN MANU; *'mmirazza* IN BRACHIIS; *'mmenza* IN MEDIO; *'mmeritati* IN VERITATE; *'mmucca* IN BUCCA; *'mpeltu* IN PETTO; *'nquantitati* IN QUANTITATI.

b) *c*: EREMITORIUM — *rimitoriu;*

EREMITA — *romita;* estatem — *stati;*

EXAMEN — *ćamu;* eccelenza — *ććlenza;*

EPISCOPUS — *piscupi* Fa. 119;

ἐλεημοσύνη — *limosina.*

c) *o*: ORIGANUM VULGARE *riganu* Fb. 69;

HORLOGIUM — *rologiu, raloġġiu;*

HOMICIDARIUS — *micidari* QPr. 141 18; *la sorti 'miciɣara* Pa. I 324;

HOSPITALE — *spitali;* OMBRINALIS — *burnali* Ci 316.

d) *u*: UMBILICUS — *villicu* (aus *'mbilicu, bilicu* — *vilicu*).

e) *a* unterliegt der Aphärese nur, wenn es mit Auslaut a zusammenkommt, da der Dialect sonst grosse Vorliebe für *a* Anlaut hat (cfr. Prothese):

1) bei Verben, welche mit *a* anlauten und mit der Präposition *a* zusammentreffen: *affirari — a'ffirari; a'bullari, a 'rrigghiri* etc.

2) Bei mit a anlautenden Femininis, die mit dem Artikel la zusammentreffen;

LA ALENA — *la 'lena;* LA ARABESCA — *la 'rabisca;* LA ARESTA — *la 'resta;* LA ARENA — *la 'rena;* LA AXILLA — *la śilla;* LA AVENA — *la jina;* LA ALLEMAGNA — *la Lamagna* C. 13

und durch Verwechslung des ersten La mit dem Artikel: *la Magna* 564 V. Pa. I 216; ebenso *Apulia* zu *Pulia, Puglia* cfr. afrz. Pouille.

Anmerkung; Wo der Hiat nicht in Betracht kommt, tritt die Aphärese nicht ein.

So nicht am Anfang des Satzes:

unu mi ćianci = uno mi piange it. *una ar' una* = una ad una it., aber *comu 'naranciu* = come un' arancio it.

Ci. 41 In*fernu 'ntra dda vita,*

aber gleich fortfahrend im selben Verse:

.. *e 'n autru 'nfernu ccà*
una vota, am Anfang einer Erzählung, aber: *a cummari
avia 'na gallina.* Sch.
Ebenso auch häufig wegen des Versmasses: Ci. 100:
e k'avi ad essiri stu grán 'nnimáli neben *ki cosa nira, gránni
ánnimali;* Pa. I 256: *senza 'ntinna* aber Sch. 4 *lunga kjù di
'n antinna di vašellu* etc.
Anmerkung II. Stärkere Aphärese, die sich oft auf
ganze Silben erstreckt, erleiden stehende Anreden und, wie
auch anderwärts, die Vornamen:
SIGNURI wird zu *gnuri;* SIGNOR SI == *ñursi;* SIGNOR NÒ
— *ñurnò* Ci. 162; *lu mè 'ñuri* == IL MIO SIGNORE Ci. 166.
Viele Eigennamenbeispiele gibt schon W. an p. 15:
NICOLA — *Cola;* DOROTHEA — *Ddia;* PHILADELFUS — *Ddèrfu;*
LUDOVICU — *Ddùvicu;* STEPHANIA — *Fania;* SERAFINA —
Fina; SEBASTIANO -- *Bastianu*, davon *Janu;* ALEXANDER —
Lišandru, Lišannaru; ANTONIUS — *'Ntoni;* ANTONINUS —
Ninu; THOMASEUS — *Masi;* FILOMENA — *Mina;* LEONARDUS
— *Nardu;* ELEONORA — *Nora;*
nach Cannizzaro's Mittheilungen:
FORTUNATO — *Natu;* CATARINA — *Ina;* EUGENIA — *Genia;*
ROSARIO — *Saru;* GIAMBATTISTA — *Titta;* GAETANO — *Itanu,
Tanu,* EMANUELE *Neli;* GIOVANNI *Vanni, Nanni;*
COSTANTINU — *Tinu;* ELISA O LUISA — *Lisa;* MARGHERITA
— *Rita;* AGRIPPINA — *Pina.*
Mit bemerkenswerthen lautlichen Veränderungen und
Hinzufügungen:
GIUSEPPE — *Peppe,* P*epè, Pippinu* statt S*eppe;*
LUIGI — *Gigi;* LUIGIA — *Gigia;*
FEDERICO E FILIPPO — *Fifì;*
ANTONIO — *'Ntoni* und SALVATORE — *Totò;*
DOMENICO — *Minicu, Micu, Mimì;* DOMENICA -- *Minica,
Mica, Mimì;*
FRANCESCO — *Cicciu, Cecè;* STANISLÀO — *Lalao, Lolò;*
GIROLÀMU -- *Mommu.*
Oft bleibt von dem ganzen Namen nur ein durch
Diminutiv und Vezzegiativo erweiterter Bruchtheil: GIUSEPPE
— *Pé*ppe — *Peppi*ḍḍu, *Piddu, Puddu.*
VINCENZU — *Vinzenzúlu, Vinzenzúzzu, Vincenzúḍḍu —
'Nzulu, 'Nzuddu, 'Nzuzzu, Ciuzzu, Ciudḍu;*

MARIA — *Mariúzza* — *Uzza;*
AGATA — *Agatúzza* — *Tuzza,* *Agatiúdda* — *Tudda;*
PLACIDO — *Placitéddu* — *Teddu;*
IGNAZIO — *Gnaziúddu* — *Zuddu;*
STEFANO — *Stefanéddu* — *Neddu.*

II. Ausfall inlautender Vocale: 1) Syncope erfolgt selten und zwar nur:

α) Bei in der Sprache sonst verbunden auftretenden Konsonanten:

dettru für *dettìru* DEDERUNT, Pa. II 325;
mittri für *mittìri* Pb. III 335;
mettri für *mettìri* Pb. I 87, 88;
satru für *satùru* Pb. I 137;
vittru für *vittìru* VIDERUNT;

da sonst tr, freilich = ṭ cfr. § 17 b β ausgesprochen auch vorkommt. Ebenso:

cruna Pb. I 147, 251, II 202 CORONA, da *cr* sonst vorkommt;

priculu Pa. II 234, 424, b III 208 PERICULUM; *priculìamu* Pa. II 474; *priculusu* Ri. 428;

saprita SAPURITA Pb. I 137, 187;

surci SORICEM neben *surici;*

purci POLICEM etc. ;

β) oder in andern Fällen im Umlaut hinter vocalisch schliessenden Wörtern:

'mraculu nur nach Vocalen: *quali 'mraculu, lu 'mraculu* Pa. II 238, b III 41 aber: *un miraculu,* da *mr* nur nach Vokalen möglich ist. Ebenso *spranza, la spranza, chè spranza* aber *non speranza; scravagghiu; lu scravagghiu* aber *un' scaravagghiu* u. s. w.

Doch sind alle diese Fälle vereinzelt. Ganz selten finden sich die von H. angeführten (p. 53) Fut. und Cond. Formen mit syncopirtem i:

murrà 3. s. fut. V. 356 für *murirà;*
avrà „ Pa. II 331 für *avirà;*
parria 3. s. Cond. Fa. 152, 153 für *parira;*
parriamu 3. pl. Cond. Fa. 152 für *paririamu;*
duvriamu 1. pl. Cond. Pa. II 202 für *duviriamu.*

Mundartlich sind die Formen des Infinitivs mit syncopirtem i, für Mangano und Salaparuta, belegt:

purtarlu, avirlu cfr. W.

Italianisirend in C. 20 *confessarsi;* C. 72: *ammaytrarsi.*

2) Synalöphe: unter Aufhebung des Hiats: alte und neue Fälle:

DE ABANTE — *davanti;* DE-UBI — *duvi;* BASiUM — *vasu;* JU(V)ENCUS — *jencu.*

Bei Anreden oft ganze Silben verschleift:

ZIU PEPPU — *zu Peppu;* SIGNORA — *ñura* — *ña;* VOSTRA ECCELENZA — *vošenza;* VOSTRA SIGNORIA — *vossia;* sonst HOROLOGIUM *rologgiu* — *roggiu.*

Bei Eigennamen:

SAN LEONARDU — *Sàn Lunardu* V. 2401; STANISLAO — *Lalao* — *Lolò;* EMANUELE — *Neli;* FANIU — *Fanu;* MiniCU — *Micu;* SARiu — *Saru;* Letterio — *Lio;* LetteriA — *Lia;* GiovaN MATEU — *Giattèu.*

Nur wenn ein Consonant ausgefallen ist, bleibt der dadurch hervorgerufene Hiat:

oi HODIE *raia* RADIA; wo d ausgefallen ist; *paisi* PAGENSE; *affatiarisi* FATIGARE; *proiri* PORRIGERE; *castiari* CASTIGARE; *reula* REGULA; *friiri* FRIGERE; *riiddu* REGILLUS; *fuiri* FUGERE; *rua* RUGA; *fraula* FRAGOLA; *saitta* SAGITTA, da g ausgefallen ist; *faidda* FAVILLA; *faula* FABULA, FAVULA; *taula* TABULA, TAVULA; *pauni* PAVONEM, da v ausgefallen ist.

Doch findet sich der Hiat bei *i* auch oft beseitigt, indem aus dem *i* ein *j* erwächst:

dijavulu DIAVULU V. 2511; *mijatu* BEATU V. 2789; *spiju* SPIO V. 2817; *crijatu* V. 3038; Pap. Caltanisetta: *consuluazzijoni;* Castrogiovanni: *pirdirrija, avija, risurvijù, darrija;* Novara: *proprija, guistizija, pacienzija.*

III. Abfall auslautender Vocale: Allgemein sicilianisch kommt ein solcher nur bei der Proklise vor:

a st'ura — A ISTA ORA; *me' frate* — MEU FRATE; *lo pati* — TUO PADRE aber *u pati miu; kista è soru mia; Quantu ti* puo' *rrassari, rrassiticci* Av. 305; *a stu* so' *pudditru;* aber: *pri l'affari soi; cu la me' 'manti* neben *cu l'amanti mia.*

Mundartlich findet sich nur noch für sonst *-au* -AVIT, á in Girgenti, Caltanisetta, Canicattì, Caltagirone, Gangi: *purtà, firmà.* Italianisirend oder gelehrt ist *-ò: purtò* in Milazzo, z. Th. in Palermo und Umgegend.

Anmerkung: *unu*, unbestimmtes Pronomen, verliert *u* auch vor anlautenden Consonanten: *un' strumentu*, *un' misi*, *un' beḍḍu;* aber es ist auch nichts mehr als ein einfacher *n*-Vorschlag, wie bei *'ntressu*, *'ncasa* etc. Sobald *unu* betont wird, bleibt *n*: *unu nnị ristau mortu*, aber gleich darauf: *e un' au̧u firutu*.

§ 7. Lautveränderung.

I. Allgemeine Veränderungen.

a) Ohne Einfluss von Consonanten:

α. A bleibt *a*: *rosa, beḍḍa, cós*a; *makinari, samuzzu, umanitati* etc.

β. Weder nachtoniges noch vortoniges *e* und *o* werden zu einem reinen *i* und *u*, sondern zu einem Zwischenlaut, den man am besten als offenes *i* und *u* bezeichnet. Ich wende dafür an: *ị* und *u̧*.

Schon Böhmer machte *Roman. Studien III Heft 10 b. 165* darauf aufmerksam. Seine Beispiele entnahm er dem Munde Pitrès, der ihm ein Palermitaner Märchen in der ihm im Kreise seiner Freunde gebräuchlichen Aussprache vorlas. Zweierlei *i* in *ịiṣị* DICIT, *viị̧ị* = VIDE ital., *aviṛị* HABERE; *partịtị* PARTITIS, *avitị*, etc.

Ebenso beim *u*: *unu̧, subbitu̧, menu̧, gnu̧rsi, Ru̧manị, tu̧rnarị, 'nnu̧mananị partiu̧.*

Doch ist, fügt Böhmer hinzu, diese Aussprache nicht allgemein üblich. Santangelo aus Palermo, dem er ebenfalls zuhörte, sprach fast nur *i*.und *u̧*. Ebenso spräche Salomone Marino in seiner Heimat Borgetto nur *u̧* und *ị*. In Messina hörte ich sowohl im gewöhnlichen Gespräche als auch beim Sammeln meiner Texte ausgesprochenes *u̧* und *ị*. Ich war oft im Zweifel, ob ich nicht geradezu *o* und *e* schreiben sollte. Bei vielen Leuten ist der Laut auch so unklar, dass er einem französischen *e* muet nahe zu kommen scheint. Viele süditalienischen Dialecte haben ein solches *e*.

Diesen Beobachtungen entsprechend zeigen die Texte, die den Dialect unbefangen wiedergeben, ein Schwanken zwischen *e* und *i*, *o* und *u*.

1) Nachtoniges *o* und *u*: In den Cicalate: *ghiorn*o
Ci. 298; *subit*o *foc*u Ci. 436; *ddu lelibri avvucat*o Ci. 18;
*un*o *o jorn*u, *ci n'è un*o *chi è vecchi*u; *non far*i *a lu to'*
*solit*o, *a lu to' stiss*u *dann*o Ci. 146; *avenn*u *pinitrat*o; *ogn'*
*ann*o Ci. 333; *suttess*o Ci. 357 etc.

In einem in Messina erscheinenden Volksblatte «le
Maschere» Januar 1886, mit sicilianischen Dialogen, liest
man: *chi è 'mpiegat*o *'nto Municipi*o; einige Zeilen weiter
*Municipi*u; *sugn*u *pirsuas*o *e a Duminica 'u spenn*u *un' sodd*u;
etwas weiter: *mastr*u *Jachin*u, *vi salut*o; *Fulipp*o *vi salut*o.

Bei Papanti: *tant*o (Aci Reale); *infin' a du mument*o
(Minco); *sparlavan*o (Mazara); *fatian*o (Trapani); *avian*o
(Catania); *ognun*o (Gualtieri-Sicaminò); *u mod*o (Novara).

Aber auch in Texten, die conventionell schreiben, läuft
die Schreibung mit *o* bisweilen unter:

Pb. I Vallelunga: *figl*u *mi*o; *lu cor*i *mi*o, Pa. I 235;
*lu mi*o 242; Pa. I 271 *curuzz*u *mi*o; *mi*o sehr häufig für
*mi*u Pa. I 322, 323, 326, 335, 342 u. s. w. — G. LXXV
*l'or*u *e l'argent*o; *man*o G. LXXVIII G. reimend mit *man*u,
*a urnar*u ADORNARUNT, *chiar*u.

Am auffallendsten sind in dieser Beziehung die alten
Texte. Damals existirte noch keine conventionelle sicilianische Schriftsprache, sodass der Schreiber nicht wusste,
wie er diesen unbestimmten Laut ausdrücken sollte.

In den Cod. Sciel. ist die Schreibung auf *o* die bei
weitem gewöhnlichere: *cum un*o *mani*u *exercit*u; *omn*u *l*o
*popul*o, *quill*u *barbar*u, *in l*o *dict*u *loc*u, *per un*o *jorn*o, *exer-*
*cit*o, *pavent*o, *un*o *ecchidi*o, *l*o *camp*o, *cum immens*o *numir*o
u. s. w. — Auf 76 Fälle auf *o* finden sich nur 19 auf *u*.

In C, Crs, Cr findet sich, wie H. ausgerechnet hat,
cfr. p. 49, unter 76. resp. 50, resp. 84 Fällen auf *o* nur
17, resp. 11, resp. 10 auf *u*. — In den Schriften späteren
Ursprungs, Canz. Prot., QPr., J., R., V. B. C., A. R. sind
die Fälle mit *u* schon viel häufiger als in den obigen. So
scheint sich allmählich *o* zu *u* entwickelt zu haben.

2) Vortoniges *o* und *u* zeigen auch Schwanken:
Ci. 123 *scoddatil*u neben *scurdast*i. *proposit*u, *or tulan*o Ci.
298; *obbo*è und *obu*è Ci. 316; *violent*u und *viulent*u; *contass*i
und *cuntass*i.

In C., resp. Crs., resp. Cr. unter 15, resp. 24, resp.

24 Fällen mit vortonigem *o*, nur 1, resp. 1, resp. 4 Fälle, wo *o* zu *u* verwandelt ist. In J. und R. dagegen von je 13 Fällen nur noch 1 vortoniges *o*.

3) **Nachtoniges *e* und *i*:** Das Schwanken zwischen *e* und *i* ist nicht so häufig, wie zwischen *o* und *u*. Die Sprache scheint sich eher für *i* entschieden zu haben als für *u*.

In neueren Texten *e* für *i*: Le Maschere: *chi bolit*i *dire, siti fosse contento?* — Pap. Gualteri Sicaminò: *suppurtare.*

In C., Cr., Crs., auf 1, resp. 5, resp. 9 Fällen mit *e*, 58 resp. 43, resp. 21 Fälle mit *i*. In J. unter 38 Fällen nur ein einziger mit *e*, in R. unter 42 kein einziger. In den Cod. Scicl. nur *fughire, more, preche, dente.*

4) **Vortoniges *e* und *i*:** Vortonig ist das Schwanken zwischen *e* und *i* grösser als nachtonig. Die Sprache hat sich eher zur Erhöhung des nachtonigen *e* zu *i* als des vortonigen entschieden.

Ci. *teatru* und *tiatru; presenti allegria* neben *viniti, pirsuni* neben *mascherati; timirariu* neben *calendariu; virità* neben *verita; veramenti* neben *surprinnenti; sentiriti, sentiremu; teniravi* neben *sintiti; biniditu, viniti, siditi; segritariu* Ci. 337 neben *sigritariu* Tr. *ritturi* neben *retturi* Ci. 356, 357 u. s. w. In C. auf 20 Fälle mit *e*, 4 mit *i*; in Cr. auf 26 *e*, 6 *i*, in Crs. auf 31 *e*, 1 *i*. Hingegen in J. und R. auf je 3 Fälle mit *e*, 5 resp. 10 mit *i*. Also auch hier nähern sich J. und R. dem Neusicilianischen.

γ) *au* = *ǫ*, einem Laut zwischen *a* und *o*, aus *au* verkürzt.

In den Texten wird er theils durch *a*, theils durch *o* wiedergegeben:

aricchi AURICULAE Pa. II 410, b I 292, *aricchia* Vallelunga Pb. I 185 neben *oricchia* Salaparuta, Resutanno Pa. I 371, II 368, *oricchi* Palermo Pb. I 338, *aceddu* AVICELLUS Pa. I 205, 327, 342, II 166, 167, b I 149, 155, 323, III 93 neben *oceddu;* LAUDARE — *ladannu* Pb. IV 210, *ladatu* Casteltermini Pb. III 301, 302, 303 neben *lodarlu.* Resuttano Pa. II 451, *lodari* Pa. I 306; *lodamu* Pa. II 45, 46 etc.

Da dieselben Mundarten, dieselben Texte, ja derselbe

Satz (so z. B. III 93 *aćeddu* und *oćeddu*) beide Formen haben, ist die Annahme ausgeschlossen, dass die Form auf *o* vom ital. käme; aus UCELLO hätte übrigens nie das den *u*-Laut bevorzugende Sicilianisch *oćeddu* gezogen.

Formen wie *otaru* alTARU Alimena Pa. I 431, *otari* Castrogiovanni Palermo Pa. I 401, II 49, Camporeale Pa. II 193 zeigen noch deutlicher, dass *o* nicht vom ital. kommt, da ja ital. *al* nicht *au = o*, *altaru* nie *autaru*, *otaru* ergibt.

Italienisch ist dagegen *u* vom ital. *o* aus *au: puvirtati, puvireddu, puvireddi*; *udiri* vom ital. UDIRE, nicht von AUDIRE, C. 16 *udendo*; *pusari, repusari*.

Vulgärlat. schon *au* zu *a* in: *Agustinu* Fb. 62, Pa. II 49; *Agustu* R. 138, 193, Pa. I 413, II 432.

Es ist anzunehmen, dass dieser Zwischenlaut mit der Zeit im Anlaute *a* werden wird, da sie. eine so grosse Vorliebe für Anlaut *a* hat. Bloss *a* finden wir in *ascutari* AUSCULTARE, *ascuta, ascutati*, cfr. Wölfflins Arch. I 244.

Altsicilianisch finden wir noch *au* geschrieben: *audachi* C. 53, *audendu* C. 31, *audirimu* Fa. 151, *Augustu* C. 87, Cr. 184, u. a., *aumentandu* V. 358, *aurichi* C. 45, 46, *auricci* Pb. II 99, *autunnu* Ri. 534, *cautamenti* C. 33, *laudandu* C. 42, *auceddu* Ri. 312, 532, *autaru* Pb. 100 u. s. w.

¹ Doch ist danach das Alter des aus vortonigem *au* entwickelten Lautes nicht zu bestimmen. Denn die alten Texte zeigen hier wie sonst Vorliebe für die etymologische Schreibung; auch kommen Doppelformen vor, wie *Augustu* und *Agustu* (cfr. o.); und es erscheinen umgekehrte Schreibungen wie *aulivi* für *olivi* C. 78, *auchidiri* Ci. 12 R. 6, *auchiso* C. 15 *aucidiano* R. 56 für *uccidere*, die andeuten, dass schon damals kein unbetontes *au* mehr rein ausgesprochen wurde.

b) Unter Einfluss von Consonanten.

α. Vor oder nach *r* wird der unbetonte Vocal *e, i, o* im Inlaut und Anlaut zu *a*.

Viele Texte scheinen dieser Regel zu widersprechen, indem sie den unbetonten Vocal nicht zu *a* verwandelt zeigen; hierbei haben die Schreiber jedoch nur das leichtere Verständniss des Lesers im Auge. Bei Tr. liest man oft den etymologischen unbetonten Vocal in Wörtern, die ich mit *a* gehört und auch so in meinen Texten wiedergebe.

Beispiele: 1) Unbetonter Vocal $+ r = a + r$:

e) Anlautend: ERRANTEM — *arranti* Sch. 36.

ERROREM — *arruri* A. 256, 279, Pa. II 465 it.

hERISERA — *arsira*.

hEREDEM — *aredi* Pb. IV 64. Palermo.

CREMITA — *arimita* Pa. II 462 Cefalù

ERASMUS — *Arasimu* Pb. II 254 Cianciana.

Inlautend: SCELERATI — *sularati* Pa. I 302.

VECHIERELLO — *veckjareddu* Ci. 384 Alterchen.

BATTERIA — *battaria*.

PRATERIA — *prataria*.

CAVALERIA — *cavallaria* Pa. I 218.

ZUCHERO — *zuccaru* Ci. 162 davon *inzuccarata*.

NUMERUS — *numaro* Amico del Popolo.

MISERA — *misara* Pap. Casteltermini.

CADAVER — *catavari* Pb. 1 178.

χολερα — *colara* Pb. I 226.

LIBERI — *livari* Pa. I 192 Casteltermini.

VOMEREM — *vommara* Pc. III 78.

v. CARCER — *carzaratu, carzareri, scarzarari* Pb. I 194 Polizzi.

VICERE — *viciarè* Pa. II 764 Palermo.

MASSERIA — *massaria* Av. Intr. p. 162 A. R.

INFANTERIA — *'nfantaria* Pa. II 836.

ARTIGLERIA — *artigghjaria* V. 2421.

JUNIPERUS — *jiniparu*.

it. RAPER-INO — *rappar-eddu*.

LUCIFERUM — *Lucifaru* Pa. II 296.

CERBERUM — *Cerbaru*.

TIBEREM — *Tibaru*.

VENEREM — *Vennari*.

CASTELTERMI ⎱ — *Castartermi* Pb. III 150
CASTERTERMINI ⎰ davon *castarterminisi*.

ar. ALBERQUQ — *varcocu* (Aprikose).

EX-ERCITIUM — *sarciziu* Pa. I 466 Salaparuta.

SERVARE — *sarvari* Pa. I 225.

i) TIRANTINI — *tarantini* Sch. 36.

von BIRBANTI — *barbant-olu* Sch. 28.

Siracusa — *Saragusa* Q. Tr. 17 Sarausa V. und sonst.

Piramide — *paramiti* Pyramide Tr.

v. Mirabilis — *maraviñari* (Noto).

Membrum durch memb*i*rum — *mémmaru.*

Fut. v. essere sic. *sarò.* Altsic. noch geschrieben *sirrò* R. 9, *serrò* C. 29, *sirrà* R. 38, *serrà* R. 19, *serriti* R. 12, *serrannu* R. 33, wohl aber *a* gesprochen, da neben den *i*-Formen auch: *sarrà* R. 38, *sarrimu* R 68 vorkommt.

o) portogallo — *partuallu* Tr.

Hectorem *Ettari.*

Christoforo — *Cristofaru.*

2) *r* + Unbetonter Vokal = *r* + *a*:

v. rePRESENTARE — ra*prisintannu.*

PreTIALIS — *prazziali.*

PreDELLA — *pradella.*

FoResTIERI — *forasteri.*

HoroLOGIUM — *ralogiu* Pa. I 229, b. I 245, c. IV 217.

ParOCHUS — *paracu.*

β) Vor *n* wird der unbetonte Vocal *e, i, o, u* im An-laut und Inlaut zu *a*:

Beispiele: 1) *e* + *n* = *a* + *n*:

TenTATOREM — *tanlaturi* Pa. II 234.

SPLenDOREM — *sbrannuri* V. 1140 Siracusa.

SPLenDENTEM — *sbrannenti* Pb. II 86.

RE EX-SPLenDENTEM — *risbrannenti* Pa. II 373, 376.

v. DenARIUM — *danareddi* Sch. 37, cfr. it. danaro.

MezzOG'IORNO — *menzu jornu,* — *manzujornu.*

enTRARI — an*trari* Pb. I 40, 347.

VOLenTIERE — *vulanteri* Pb. I 145 Casteltermini.

v. juvenis — *giuvani* Sch. 36, Pa. I 274 vgl. it. giovane.

gelehrt: ALIenARE — *allianari.*

2) *i* + *n* = *a* + *n*:

v. inCONTRARE — an*contra* 3. sg. pr. Pb. IV 159.

inUTILIS — an*utili* Noto A. 264, Pa. II 84.

v. SPAMPinARE — *spampanau* Sch. 3.

PAMPini — *pampaneddi.*

inFERMITÀ —: Fa. 119 findet sich das Wort *lanferta di*

lu corpu. di Giov. bemerkt «*questa voce non s'intende così come scritta*, *ma dovrebbe dire*» «a lanfermità», *cioè* «alla infermità del corpo» *cfr. afrz.* enfertè.

3) $o + n = a + n$:

HONOREM — an*uri* Pa. II 395, Pb. 187, A. 194, 208.

DESHONORATUS — *disanurata* Pb. II 377.

HONESTATEM — an*istà* H. 135, honesta — *anesta* A. 267.

v. COGNOSCERE — cann*usiri* Cr. *canusciu* 3. sg. Pa. II 194 can*usiru* 3. pl. perf. Pb. II 86, *canusutu* Pa. I 336, II 406; *ricanusenza* Pb. IV 234, 235 Marsala.

4) $u + n = a + n$:

UNITO — an*utu* V. 732 Mineo.

Bei $n +$ unbet. Vocal $= n + a$ dürfte Angleichung vorliegen:

1) An die Wörter auf acu: frz. (?) TUNIQUE — *tónaca*; CANÓNICUS — *canonacu*;

2) ANISUM — *ánasu*, volksetymologisch zu nasu?

3) *carnalivari* Ci. 132 neben *carnaluvari*, das noch volksthümlicher gestaltet ist cfr. γ., dürfte von CARNALIS abgeleitet werden.

γ) Vor oder nach einer Labialis, besonders den tönenden *m, v, f, b* wird der unbetonte Vocal *a, e, i* zu *u*:

Beispiele: 1) Unbetonte + Lab. = u + Lab.:

a) CANNABIS — cann*uvu* Av. 305.

CARABINI — car*ubuni*.

DIAMANTE — d*umanti*.

e) v. LEVARE — l*uvari* Av. 304.

DEMANE — d*umani*.

DEBERE — d*uviri*.

EREMITA — r*umita* Pa. II 439, 441; rum*itedda* Pa. II 441.

REMANERE — r*umaniri* V. 375; r*umasi* Fb. 56.

i) CARNALIVARI — carnal*uvari* (Carneval).

v. DIMANDARE — d*umanna* Pa. I 263.

ADSIMILIARE — m'ass*umigghja* Sch. 4; ass*umigghjassi* Pb. I 34.

ULTIMUS — *urtumu* A. 258, 298.

ANIVRICARI — ann*uvricari*.

Altsic. neben DIVIMU R. 15, *divia* C. 6, *divissero* C. 20, auch d*uvia* C. 67.

Labialis $+$ Unbetonter Vocal $=$ Lab. $+$ *u:*

a) BARITTA — *buritta.*

e) SVEGLIARE — *sbugghjari* V. 663.

ADMeNTOVARE — *ammuntari* Pb. II 274.

FeRTILIS $+$ ITIA — *furtulizi* C. 33.

MeNSURARE — *musurari* A. 161, 280; *musuri* Pb. I 305.

PULVeREM — *pruvuli.*

OBeDIENTEM — *'bbudienti* Pa. II 353, 373.

DISOBeDIENTEM — *subudienti* Pa. II 346.

i) SUBITUS — *subutu* A. 163, 165, 275.

SIMILIS — *simuli* Pb. II 390.

NUBILA — *nuvula* Ri. 311, 434, 544, 584, Pa. II 334.

VITELLUS — *vutieddu* Pb. IV 216.

PHILIPPUS — *Fulippu* Pa. II 139.

FIRRIARI — *furria, furriari.*

Suffix -ABILIS, -IBILIS — *avuli, abuli, ibuli, ama*buli Ci.
124; *abbomina*buli[1]; *signiribuli, incumpara*buli; *sinsibuli* Ci.
378; *adura*buli; *'nnumira*buli; *pussibuli; tirribuli; misaribuli;
'nvisibuli; debbuli, affabuli, 'nsupera*buli.

Mundartlich findet sich in Caltanisetta, S. Cataldo,
Noto, Modica die erste Person Perf. Ind. a*vi* — a*vu* PUR-
TAVI — *purtavu*; AMAVI — *amavu.* Auch *ivu* für *ivi* in
Girgenti, Ciancian, Caltanisetta, Casteltermini.

II. Sporadische Veränderungen.

a) Uebergang zu *a.*

α) Bevorzugung des Indifferenzlautes *a*: Aus der
Thatsache, dass unter den mit unbetontem Vocal anlautenden Wörtern fast nur solche mit *a* sich finden[2], und aus
der Häufigkeit der Anwendung des Präfixes *a* (cfr. § 8 I)
erklären sich folgende Fälle von Ersetzung eines Anlaut-
vokals durch *a*:

o
u $-$ a. Vor Labialen:

---

[1] Daneben aus dem ital. entnommen: *abbominevuli* Ci. 341.

[2] Bei Tr. finden sich auf 16 Folioseiten für e volksthümlich
nur estati, doch findet sich auch stati dafür. i im Anlaut erleidet fast
immer Aphärese; o ist nicht volksthümlich, da o unbetont $=$ u sein
muss; u haben sehr wenige Wörter; a haben sie fast alle dafür.

b) OBOEDIENTIA — *abbiṛienza* A. 237 — *a*bbadienza Pb. II
189, III 230.

OBOEDIENTEM — ab*biṛienti* A. 315. Pa. II 178.

OBEDISCIT — *a*bbe*diši* 3. sg. prs. Pb. IV 225.

v. OBSEQUI — as*sequii* Pb. II 140, III 237.

OBSERVARE — as*sirvart* Pb. I 40.

OBJECTUM — *agghiettu.*

f) v. OFFENDERE — af*fenniri* Pa. II 459; af*fenni* Pa. II 344,
b. I 87; a*ffisu* A. 261, 276, Pa. II 164, 464, b. I
83; a*ffisa* Av. 264 Pap. Caltanisetta, Castrogiovanni.

v. OFFERE — a*ffrutu* Pa. II 376.

OFFICIUM — a*ffitiu* Fa. 131.

m) MALUS HUMOR — *malamuri.*

Vor Gutturalen:

c) OCCUPATUS — ac*cupatu* Pb. II 311 Geraci.

OCCASIONEM — ac*casioni* R. 129; ac*casuni.*

HOC ANNUM — a*guannu* Pa. I 310, b. I 406, III 135,
289, 389.

g) OGNUNO — a*ñunu* Pa. II 453.

Vor Dentalen:

ODOREM — a*duri* V. 501 Aci.

Vor Liquiden:

OLEASTER — a*gghjaṣṭu;* OLIVA — a*liva* Pa. II 71.

v. OLIUM — a*gghialoru* Oelgefäss Pb. 79 und sonst.

$\frac{e}{i}$ — a: Vor Labialen:

b) *H*EBRAEUS — *Abbrè*, *Abbrei* Pa. II 366, 372; *Arriu* 461.

EBUREUS — *avoliu.*

m) EMENDARE — a*mindari* Fb. 101.

IMMENSUS — a*mmensu* A. 144, 156, 159, 189.

IMMOLANT — a*mmolanu* Pb. IV 216.

f) EFFIGIES — a*ffiġġi* Pa. II 233.

Vor Gutturalen:

c) EXERCITUS — a*serčitu.*

EXSISTUNT — a*sistinu.*

qu) AEQUALIS — a*guali* Pa. I 320, II 239, b. I 47, II 38,
c. II 340.

Vor Dentalen:

t) ETERNUS — a*ternu* A. 160, 196, 169, Pb. IV 176.

ETERNA — a*terna* A. 248; *'n* a*ternu* A. 247.

n) INVITARE — am*mit*ari 221, Pb. I 106, 207, II 393, III 161, IV 2226.

INVITO — am*mit*u Pb. II 127, IV 227.

β) Lautübertragung findet sich auch in der Declination, wo bei vielen Wörtern der Plural auf *a* und nicht auf *i* lautet:

*li mur*a Pa. I 257, 256 die Mauern; *li vostri mor*a MORES; *su labruz*za (Lippchen); *suspir*a V. 1308 plur. von SUSPIRO; *ov*a, *ricott*a pl. Pa. I 263; *l'ossa me'* Pa. I 277; *tri jorn*a Pa. I 278 TRES DIURNI; *corn*a Pl. von CORNU Pa. I 307; *costume* — *costum*a C. 75; *barun*a, *cardinal*a, *convitur*a Pa. I 318. *scursun*a Pa. I 344; *sudur*a SUDORES, *li libbr*a LIBRI.

γ) Besondere Fälle. 1) Angleichung des unbetonten Vocals an das betonte *a* oder an ein benachbartes unbetontes *a* scheint stattgefunden zu haben bei:

CÁLICE — *cálad*iu Russuttano Pb. III 41;

ADREGULÁRE — *arricalá*ri Pa. II 146;

PIETÀ — *piat*à, *piat*usu, *piat*ati Pb. II 214, 87;

JESUS + MARÍA — *Ghiesammar*ia A. 305.

Dunkel bleiben mir: *filosaf*i Pb. II 46, Fb. 59, 60. *sapulcru* (Pap. Casteltermini) neben *sipurcru* (Castellamare del Golfo), *sapurtur*a A. 247, 248 neben *scportur*a Pa. II 166, b. III 239. *strolacu* ASTROLOGUS wird wohl Angleichung an Wörter auf *-acu* sein (*monacu*, cfr. oben *canonacu*, *ton*aca).

b) Uebergang zu *i* in vereinzelten Fällen:

α) Auf Angleichung an den betonten Vocal scheinen folgende Fälle zu beruhen: *kintin*u CONTÍNUS Pa. II 125, 127 Messina; *ficili, ficilari, ficilazioni* (Flinte, FUCILE) Pb. II 239 und Pb. IV 8 ff.

β) Präfixangleichung in: pri*mun*i PULMONES Pa. II 419. — *Riven*na RAVENNA C. 60. di*ttur*i für dutturi Pb. II 122, 123 Buccheri, (vielleicht auch Angleichung an *diri*, dicere) ri*signol*u Ri. 592, 534 (Präfix ri?).

γ) Suffixangleichung in: *mon*ica für *mon*aca Catania 1903 V.; *stom*icu für *stom*acu A. 298, 305 Noto, Termini Pb. II 392 statt des sonstigen *stom*ucu, wo Lab. + a = Lab. + u wird.

ð) Angleichung an die *i*-Conjugation finden wir auf

der Südostküste für die 3. Plur. Pr. Ind. cfr. H. p. 8 Av. C.
Pb. I, W. *duninu* Pb. II 125; *tirinu* Pb. I 343 in Buccheri
und Aci Reale.

V. 625 in Novara: *trovinu*; *aminu* an *sentinu*, *vidinu*
angeglichen:
Ebenso beim Impf. Ind. *abbalavinu* Pb. II 127; *davinu*
Pb. II 125; *pigghiavinu* 127; *prijavinu* 126, *abitavinu* Pb. II
286; *chiamavinu* Pb. II 323, *sanavinu* Pb. I 347; *stavinu*
Pb. IV 175; *cridevinu* Pb. II 323; *avevinu* Pb. II 287,
323, *erinu* Pb. II 283; *purtavinu* Pb. I 257, *videvinu* Pb.
I 255, *vulevinu* Pb. I 252, 258, *erinu* Pb. I 252, 260;
Pb. IV 164. Alle diese Formen finden sich an der Ost-
küste, in Aci Reale, Mangano, am Etna.

ε) Angleichung an das Adjectiv auf *-i*, wie *precedenti*,
presenti, und an die Participia auf *-enti* finden wir bei *cun-
tenti* ital. CONTENTO Pa. I 319, 273, 276; Av. 295, 591,
298; V. 898, 1269, ebenso *scuntenti* Pa. I 343.

ζ) *arbiru* Pa. II 89, b. II 218 statt des gewöhnlichen
arvulu, Baum, ist die sicilianisirte italienische Form *albero*.
(l zu r cfr. Cons.)

η) *gnirnò* = signor*nò* erklärt sich aus der Häufigkeit
des Gebrauches dieser verneinenden Wendung. [1]

ϑ) Dunkel bleiben mir folgende Fälle: *finirali* Pb. III
118, IV 5 für *funerali* (etwa finis beeinflussend?); *conse-
guinitati* C. 29 für *consanguinitati*, freilich gelehrt (nach
sequi?); *dulirata* Pap. Pollina für *dulurata*; *marmira* Av. 214
für *marmora*.

In folgenden Fällen ist, wie unter ϑ, Einfluss der *i*-
Conj. zu erkennen:
purtirò, *mangirò* nach *sintirò* gebildet, *vingiramu* C. 18,
R. 67, *paghirimu*, *participirimu*, *addimandirimu*, *mandiriamu*
neben *mandarimu* Fa. 152. Doch sind alle diese Fälle
vereinzelt, und können auf ungenauer Schreibung beruhen.

c) Uebergang zu *u*.

α) Ein vorhergehendes *qu* hat den Uebergang zu *u*
vermittelt bei: *custuri* QUAESTOREM, *custioni* QUAESTIONEM
(Amico del Popolo); *acula* AQUILA.

---

[1] *niautri* Pb. II 381 und *ni atri* Pb. I 3, III 104 und sonst, für
nui autri, wohl auch aus der Häufigkeit des Gebrauches zu erklären,
oder Angleichung an das Endungs-i (?).

β) Angleichung: 1) an den vorhergehenden *u*-Laut: DISUTILIS — *disúttuli*; URDINARI — *úrdinari*; RUSALIA — *Rúsulla*.

2) An den folgenden *u*-Laut: Bei Verbalformen wird die vorletzte Silbe an die Endungssilbe angeglichen; hauptsächlich in der Mundart von Noto. Impf. Ind.: AMAVIMUS — *amávunu*, *amaunu* AMAVANU, *davunu* Pb. I 32, *campavunu* Pb. I 100, *filavunu* Pb. II 85, *guardavunu* Pb. I 300; *jucavunu* Pb. I 103, *tiravunu* Av. 287. 2. Conj.: *avievunu* Pb. I 301; *durmievunu* Pb. I 300; *facievunu* Pb. III 339; *jevunu* Pb. I 104; *sapievunu* Pb. I 103; *timevunu* Pb. II 99; *vulievunu* Pb. I 104.

Bei essere: *erumu* ERAMUS Av. 299; *erunu* ERANO it. Impf. Conj.: *avissumu* Av. 238, *avissuru* Av. 218; *fussuru* Av. 218; *curissuru* Av. 162; *dicissuru* Av. 162.

3. Pl. Perf. Ind. *misuru* MISERUNT C. 55, V. 377 Cian ciana Pb. II 135; *rimasuru* Fa. 264; *vinnuru* ital. VENDERONO Polizzi Pb. I 191; *vitturu* Av. 302; *vittunu* Pb. II 210. Rocca Valdina VIDERUNT.

In Noto ist die 3. Pl. aller Tempora *unu*: *ámunu*, *amaunu*, *amárunu*, *amássunu*, *amarriunu*; *sentunu*, *sintiunu*, *sintissuru*, *sintirriunu*.

Angleichung an die angefügten Pronomina: An *tu* in der 2. S.: *amavutu*, *aveutu* Av. 236, 256; *crifeutu* Av. 239, 256; *curreutu* Av. 258; *arrispuncutu* Av. 256; *sirveutu* Av. 256; *arricurdassutu* Av. 255; *avissutu* Av. 269, 274; *fussutu* Av. 262; *facissutu* Av. 278; *vulissutu* Av. 256.

An *vu* in der 2. Pl.: *amáuvu* (*amaviwu* aus AMABATIS); *-issuvu* -ISSITIS-VOS.

An *lu*: *facitulu* 2 Pl. Imper. + Pron. Av. 227, 295 Palermo Pb. II 20; *ghiuficatulu* — JUDICATE ILLUM 2. pl. Imper. + Pron. Av. 164, 187, *maritatulu* Av. 223; *mictirulu* V. 376; *tenulu* TIENELO Av. 257.

3) In Salaparuta, Noto, Aci findet sich für AVETE — *atu* 2. Pl. Ind. Ps. V. 1932 (*avutu?*).

4) Besondere Fälle: *sóggiuru* Bucheri Pb. II 127 aus SOCERUM; *arruspunniri* V. RESPONDERE, *angulu* ANGELO Pa. II 469.

d) In San Cataldo und Caltanisetta drängt sich *u* vor
a in unbetonter Silbe ein:
α) Nach Labialen: pu*aradisu* Pa. I 202, *pualazzu* Pb.
III 333, 336; *muandassiru* Pb. III 335; *puartari*, *fuaciuissiru*
Pap. p. 169, 170 Caltanisetta.
β) Vor Labialen: *scuarparu* Pb. III 333, 334, 335;
cuapitali Pb. III 333, *truomuntana* aus *tra-truamuntana*.
γ) Endlich noch bei *divintuanu*, wo *u* aus dem betonten
divintúari stammt (cfr. § 1) und *cunzuluazzijoni*, wo voran-
gehendes *u* vielleicht massgebend ist.

§ 8. Lautzuwachs.

I. Prothese.

Die im Sicilianischen äusserst häufige *a*-Prothese erklärt sich:
1) Aus dem Promiscuegebrauch des Verbum
primitivum und des mit ad erweiterten Verbums.
Das Sicilianische besitzt 2 Klassen mit *a* anlautender
Verba:
a) solche, bei denen der *a*-Vorschlag (ad) den Begriff
des Primitivs so nüancirt, dass er das Beginnen einer Handlung oder eines Zustandes bezeichnet:
Handlung: *apprisintari* Tr. «far donativo con rispetto»
«è quasi un principio del donare, non l'atto compiuto»,
dagegen *prisintari* = dari, porgere.
addurmiširi einschläfern, *dormiri* schlafen.
abbañari eintauchen, *bañari* baden.
allumari Licht machen, *lumi* Licht.
allungari verlängern, *lungu* lang.
abbassari far andar in basso.
abbidirisi = avvedersi venir a conoscimento d'una cosa, dagegen *vidiri* sehn.
abbunari — far buono.
addulurari — dar dolore, *allattari* — dar latte.
Zustand: *abbabbiri* = divenir babbu.
arrabbiari — divenir rabbioso.
agghjurnari farsi giorno.
Zustand und Handlung zugleich bezeichnen:

ammavricari
anniuricari
anniricari } schwarz werden und schwarz machen.
annigrari

abbiankjari weiss werden und weiss machen.

b) Solche, bei denen der einst vorhandene begriffliche Unterschied so verwischt ist, dass die präfigirte Form im Sinne des Primitivs gebraucht wird.

Den Uebergang von der vorigen zu dieser Klasse vermittelten wohl Verba, die schon an und für sich den Beginn einer Handlung oder eines Zustandes bezeichneten und *a* bloss zur Verstärkung des Begriffs erhielten. So: *addiveniri, addiventari* werden = *diveniri, diventari*; *accuminzari* beginnen.

Bald aber verschwand so sehr die nüancirende Kraft des *a*, dass wir bei Tr. dem Primitiv gleich gestellt finden: *abballari* tanzen = *ballari*; *abbastari* genug sein = *bastari*; *abbramari* (desiderare ardamente) = *bramari*; *abbrucciari* = *brucciari*; *addisiari* = *disiari*; *ammancari* = *mancari*; *assapiri* = *sapiri*; *assidiari*; *assistimari*; *assupliri*; *assurcari* furchen; *attediari*; *attruvari*; *attrupicari* stolpern, *attuccari*; *atturtusari*; *addannari* DAMNARE; *addimannari* DOMANDARE; *amminassari* (it. minaciare); *abbadari* = *badari*.

Die Participia verhalten sich naturgemäss wie die Verba. De Greg.'s Bemerkung (p. 4) «negli aggetivi (doch als Participia zu verstehn, wie seine Beispiele zeigen) a prostetico dà alla forma una certa significazione di simiglianza» ist mit unserer obigen Behauptung, die Verba mit *a* bezeichneten einen Zustand, wohl vereinbar: *abbastasatu* = di portamenti o costumi da fachino. *abbatistatu* = di mussolina; *abbifaratu* = di mal colore; *abbiccarinatu* = con viso e costume di vecchio; *abbiddanatu* (villana it. di modi e forme rustiche); *abbastiunatu* bastonato, robusto.

Aus Analogie zu den Verben der 2. Classe erhalten den *a*-Vorschlag ohne fühlbare Begriffsverschiebung:

a) Substantiva:

z. B. *addimanneri* aufdringlicher Bittsteller, *addimannuri*; *addimannita* (domanda); *addisiaturi* DISIDERATORE; *abballu* BALLO; *addainu* Dammhirsch; *accuminzata*, *accuminzamentu*, *accumenzatura; agghiru* GHIRO lat. GLIS; *aggiuccu* GIUCCA frz. JUC; *allauru* (Lorbeer, LAURUS).

b) Adjectiva:
accecu Mineo V. 772 = CECO; *annudu* = NUDO; *adesi* DESES; *abbuon'è* = BONUM EST Pb. IV 159.

c) Partikeln:
accussì = COSI; *ammatula* Ci. 125 (μάτην?): *azzoè* = CIÒÈ; *abbinchè* BENCHÈ; *assutierra; ajeri* = HERI Pa. I 276; *apprima* = PRIMA.

Fühlbar ist nur noch der Begriff des *a* bei: *appininu* = a basso, *abbastanza* (a bastanza), während *abbasta* = *basta* ist.

2) Aus dem vor *r*-Anlaut lautphysiologisch entstehenden *a*-Vorschlag:

a) Verba, nach Tr. gleich dem Primitivum:
ar-ricuntrari, ar-riturnari, ar-r,stari, ar-rubbari, ar--rincresciri, ar-rinesciri, ar-rinfurzari, ar-rìsbigghjari REEX-VIGILARE, *ar-rinuvari, ar-ripizzari, t'ar-ringraziu* TE RINGRA-ZIO etc.

b) Substantiva: *arrincgatu* Renegat, *arriposu* von *riposari*, die Ruhe, davon *arripusata, arriparu* RIPARO, *arri-sautu* risalto, *arrisettu* risetto, *arripezzu* (it. rappezzo, einge-setztes Stück), *arrimazzatu* (percossa in Terra), *arracamu* (it. ricamo), *arritaglia* (it. ritaglio).

3) Aus der Verschmelzung des Artikels *la, 'a* mit femin. Substantiven:
aggenti Pa. I 313, 318, Av. 122, 133, C. O. Pr. 11 u. a. (la gente); *assacata* Av. 53 (la sacata — sacade); *ad-dante* (pelle di daino); *addanazioni* (la da . . .); *addannati* (la dannità); *amenta* (la mentha); *amminazza* (it. minaccia); *amurella* (it. morella); *aruta* (ruta, ῥυτή); *abbili* (von bilis Galle) Pb. III 225; *accura* (la cura); *addimura* (la dimura); *abbalata* (la ballata); *agghiara* (la ghiara Tr.) etc.

i-Prothese kommt nicht vor. Denn bloss graphisch zur Bezeichnung einer besonderen Aussprache des *j*, sind folgende Beispiele aus dem Amico del popolo: *l'dju* ij*tatu* (für jitatu), *annu a* ij*ri* (-jiri), *ca* ij*tassiru* (*ji*tassiru); *finisinu a* ij*puni* (jippuni), *quinnici* ij*orna*.

II. Epenthese.

a) *i*-Epenthese.

α) Zwischen Consonanten, um das Zusammentreffen zweier Consonanten zu verhüten.

1) Muta + *r*:

Zwischen Gutturalen und *r*: *aghiru* ital. AGRO Pb. III 124, c. III 337; *aghira* Pc. I 146; *aghiri* pl. Pc. II 216; *alleghiri* Adj. pl. ALLEGRI it. Pa. I 192; *alleghira* Pa. IV 236, Pc. II 7; *maghiru* Pc. II 329, III 85, IV 130: *maghira* Pb. I 312, c. II 83, IV 102; *maghiri* Pc. I 238 v. MAGRO *tighiri* Pc. I 131, *tighiru* V. 1592 TIGRE; *viriga* it. VERGA Pb. II 389: *saghira* Pap. Mazara SAGRO.

Zwischen Labialen und *r*: *Nuvembiru* Pb. III 134; *Sittim*miru SETTEMBRE; *ummira* UMBRA neben *Sittemru* und *ummra* belegt Pc. I 63, Pb. IV 101 ; *ammira* AMBRA; *supira* Pb. II 123 lt. SUPRA; *'mmirazza* IN BRACHIIS Alimena Pa. I 288; *ceriva* CERVA Pb. I 394, IV Gl., Noto; *Ottuviru* OTTOBRE Pc. I 46, 55; *aspiru* ASPRO; *'nfirinata* Pa. II 453 'NFRENATA.

Zwischen Dentalen und *r*: *mannira* MANDRA.

2) Muta + *l*:

l und Gutturale: *a la 'nghilisa* A L'INGLESE Bompietro Pa. I 215; *Inghiliterra* (Palermo, Casteltermini).

Zwischen Labialen und *l*: *tileccia* niederl. FLITS, mhd. VLIZ; *Sulivestro* Pc. II 105 SILVESTRO.

Zwischen *l* und Dentalen: *salinitru* SALNITRO.

3) *s* + *m* bei gelehrten Wörtern:

fantasima Pb. II 177 Palermo; *lasima* ASMA; *cataprasima* καταπλάσμα; *spasimu* σπασμός; *laconisimu*.

Anmerkung I: Keine Epenthese, sondern Bildung des Adverb's durch Anhängung des *-mente* an den Vocalauslaut des Adjectiv's finden wir in: *princhipali-menti, manuali-menti, corporali-menti, simili-menti* Fb. 102; *maiuri-menti; orribili-menti* Fa. 110; *liali-menti* etc.

Anmerkung II: Nicht epenthetisch, sondern verbalbildend ist das zwischen Vocalen beim Verbum auf *-ari* sehr häufig auftretende *i*: [1]

---

[1] cfr. Arch. glott. II p. 151: «un particolare, dove fonologia e morfologia si confondono in special modo, è la derivazione verbale per -iare, nella quale coincidono la base -icare e la base -iare».

musikiassi Pa. I 256; *trizziassi*; *'nturcuniari*; *tummuliari* TOMBOLARE; *passiai* Av. 303; *firriari*; *tarriari*; *passiari* V. 6; *vastuniari* V. 771 Mineo; *piniari* V. 1298; *campaniari* (sonar le campane); *accordiu* Pa. II 135; *sdilluviari* Pa. II 164; *patruniau* Pap. Borgetto; *arrispittiau* Pap. Augusta; *priculiari* PERICULARI; *pazziari*; *pulizziari*; *cuadiari* RISCALDARE etc.

b) *a*-Epenthese nur einmal belegt vor *r*: *Cipari* = Cyprus, Monte S. Giuliano (Provinz Trapani) Pap. Doch kann hier ursprünglich *i* eingeschoben worden sein, das durch den Einfluss des *r a* wurde.

c) Epenthese des *u*: Bei *guranu* für grano Pb. I 350, II 75, 293, IV 256; Erice II 3; *augumentu* Crs. 209 AUGMENTUM; durch den Gutturalen hervorgerufen. Bei *caludu* CALDO Pap. Gangi, statt des gewöhnlichen *caudu* dürfte falsche Analogisirung vorliegen: Der Mann aus dem Volk will das feinere italienische Wort caldo gebrauchen, dabei schwebt ihm aber das ihm vertrautere *cáudu* vor, und er vermischt die beiden Formen *cáudu* und *caldu* zu *cáludu*.

III. Epithese.

Das Sicilianische hat eine starke Abneigung gegen voci tronche. Die im Italienischen so zahlreich vertretenen Substantiva auf *-à*, *-ù* finden sich in volksthümlicher Sprache nicht; an ihrer Stelle Formen auf *-ati*, *-uti*: *virtuti*, *antichitati*, *pietati* Pa. I 233; *putistati* Pa. I 226, *cummuditati* 243, *'nquantitati* Pa. I 304, *caritati* 286, *nitissitati*, *arriditati* EREDITÀ, *vuluntati* Pa. I 266. Es werden sogar neue Substantiva durch die Anhängung der Endung -ati geschaffen: *addanati* Pa. I 246 von lat. DAMNARE = morte eterna, *nuttati* Pa. I 243 aus notti. Die Sprache kennt keine Präsentia mit 1. Pers. auf *ò*, wie ital. *ho, so*; dafür hat man *aju, sacciu*. Die 3. Person S. Perf. der a-Verba lautet *-áu*, mit sehr stark betontem *a* und leise nachklingendem *u*, als zwei Vocale getrennt, sehr hörbar, nicht wie ital. *-ò*.

Wo den Lautgesetzten nach oder dem Ursprung des Wortes nach eine voce tronca sich bilden würde, hilft sich der Dialect, um sie zu vermeiden, durch die Epithese.

1) Italienische Lehnwörter, durch Epithese sicilianisirt.

a) *rè*, der König (Lehnwort cfr. § 3 I e zu i) findet

5

sich volksthümlich oft als *reni* cfr. Pap. Caltanisetta Pa.
I 342.

β) Die Namen der Wochentage finden sich in Castel-
·termini mit epithetischem *a* Pb. III 302: *Lunidia, Martidia,
Mercuridia, Juvidia* etc.

γ) Die zuweilen auftretenden 3. Pers. S. Perf. der *-a*-
Verba auf *-ò*, die aus dem ital. herrühren, verändert das
Volk durch Epithese. In Milazzo und auf den liparischen
Inseln sind die *o*-Formen (wohl wegen der Nähe Italiens)
am meisten verbreitet. Dafür aber volksthümlich: *purtó-i,
circó-i* in Milazzo, *purtó-ni, circó-ni*; in Capo Milazzo: *purtú-a, circúa* (wohl *purtò, purtú, purtú-a*) cfr. Pb. I Con-
tributo.

δ) Neben dem volksthümlich gebildeten Futur — *pur-
tir-agghiu* PORTARE-HABEO und dem italianisirenden sonst gebräuchlichen *purtir-ò* PORTAR-HO finden sich in Noto die
italienischen Formen durch Epithese des *agghiu* sicilianisirt
als *purtir-ogghiu, dar-ógghiu* etc. (cfr. § 1 3).

2) Volksthümlich entwickelte Formen verlangen,
wenn sie voci tronche zu werden drohen, Epithese:

α) Verbum essere: SUM — *sugnu*; 3. Person EST in
2 Formen erhalten: Alte Form EST — *esti, jesti* (auch in
Messina cfr. meine Texte).[1] Junge Form: *è* — zu *èdi* Gra-
vina V. 2821; Rosolini V. 538, 1265; zu *èni* V. 1174
Termini, Vallelunga Pb. I 136, V. Rosolini 2891; zu *èvi*
in Novara; zu *èghi* in Pollina.

FUIT 3. p. Perf. gewöhnlich *fù*, aber neben *fù-i* Pa.
I 292 auch *fù-ni* Pap. Caltanisetta; *fù-i* in alten Texten:
AR. p. 163 str. 24, str. 169, 337, Stor. Pop. pp. 12—18. 73.

β) Verba der *a*-Conjugation.

1) Präsens 1. P. S. von STARE lautet volksthümlich
nicht *sto*, sondern analogisch zu *aju, staju* V. 503 Aci, Rosolini, Spaccaforno etc.

2) Die 3. Pers. Sing. Ind. Pr. von STARE, findet sich
statt *stà* STAT als *stapi* cfr. Av. Intr. cfr. damit và VADIT —
vani, fà FACIT — fani.[2]

---

[1] Nach W. 34 soll *est* in Montevago, Trapani, Alcamo belegt
sein. Doch wohl nur vor vocalischem Anlaut? Sonst wäre es nach
meiner Ansicht unmöglich.
[2] Ein *sa* für sapit gibt es sie. gar nicht, dafür *sape*. Ebenso

3) Im Innern der Insel lautet die 3. P. S. Ind. Perf. nicht *áu*, sondern *à;* Caltanisetta *-annà;* Girgenti *purtà;* Vallelunga *pussissà, pensà, agghicà;* Casteltermini *'mpussissà, pinsà;* Canicatti *accuminzà, addivintà* cfr. Pap. Dafür findet sich aber sehr oft *-àni* cfr. Pap. Caltanisetta *pinsà-ni, divintuà-ni.*

γ) Pronomen und Zahlwort.

1) Altsic. war regelrecht lat. ME, TE — *mi, ti* geworden; neusic. Epithese: *mi-a, ti-a.* Dass dies *a* epithetisch ist und nicht aus anderer Ursache hervorgegangen, zeigen andere an mi, ti angehängte Epithesen: Caltanisetta Pap. *ti-ni, mi-ni* = *ti-a, mi-a,* Castrogiovanni Pap. *ti-ja, mi-ja* (freilich hier kann *j* auch aus *ia* zur Vermeidung des Hiat entstanden sein).

2) Im Innern der Insel findet sich EGO auch als *ji-a, jhi*ni, *ij-*a (cfr. Cons. näheres), cfr. Pap. Castrogiovanni, Caltanisetta.

3) das epithetische *a* ist so häufig, dass es sogar statt anderer unbetonten Auslautsconsonanten auftritt: Castrogiovanni *Dij*a für *Diju* aus *Diu* cfr. Pap. In Lipari *signuri mi*a für *miu,* auch in Casteltermini.

4) *sei* sechs in Caltanisetta Pap. zu *si-ni;* tres oft als *tri-*u, *novanta-tri*u im Innern der Insel (Casteltermini).

δ) Adverbia, Conjunctionen: PLUS — *kjù* — *kjùi* Pa. I 267, 226, 237 u. s. w.; così — *accussì* — *accussi*u Casteltermini; *ccà* — *ccà*-ni; *là* — *ddà, dda*-i Pa. I 326; pirciò — *pirciò*-ni; si (wenn) — *sini, si*ddu V. 759; poi — *pù-*a cfr. (unter o).

kein *à* (habet), sondern *àve.* — Die in Novara gebräuchlichen Inf.-riclamà, *passà* (riclamari, passari) cfr. Pap. sind, wie der Dialect von Novara überhaupt, nicht rein sicilianisch.

ZWEITER THEIL.

CONSONANTISMUS.

—

CAPITEL I. LABIALE.

§ 9. p.

a) Vor und zwischen Vocalen.

a) Anlaut: *p* wird gewöhnlich beibehalten: *palazzu,*
pighiari, palummi (palumbe) etc., doch wird es, in Messina
wenigstens, weder aspirirt ausgesprochen wie das deutsche
p noch als eigentliche tonlose Muta, sondern es ist ein
Zwischenlaut zwischen *p* und *b*, ein *p* mit schwachem
Lippenverschluss.[1] In Messina hörte ich sehr oft geradezu
b. In meinen Texten: Sch. 16 b*uddia* == *puttia* Bude;
b*idicuddu* Sch. 37 == *pidicuddu* kleiner Putzen; *scuči*-b*edocckju*
Sch. 35 == p*edocckju* Läuseauftrenner; b*isola* hörte ich für
p*isola* Fensterbrüstung (cfr. Tr. wo *buzzola* neben *pisola*
vorkommt). In Noto ist *p* als *b* auch vorhanden, cfr. Av.
b*alluni* PALLONE; *bachinu* PACHINO.

Allgemein sicilianisch ist *buttana* neben *puttana* (Hure)
und alle Ableitungen des Wortes cfr. Tr.

β) Inlaut: *p* bleibt, doch auch in der weicheren Aussprache: *capu, lapa* (APIS + 1 proth.); *pipi* PIPER; *ripa, sa-*
piri etc.

Die von W. angeführten Fälle *cubu, cubula* deuten auf
die weichere Aussprache. Gelehrt und vereinzelt ist *cubi-*

—   ——

[1] Diese Thatsache lässt sich leicht begreifen, wenn man bedenkt,
dass jedes Wort im sic. auf einen Vocal endigt, daher jedes anlautende
p im Satze intervocalisch ist. Vgl. auch p. 109.

tisia Fa. 114 (convoitise), jetzt nicht vorhanden, vielleicht beeinflusst von prov. COREITEZA.

Italianisirend ist *ricoverari* neben *ricuperari*, der volksthümlichen Form; *riciviri*, während die alten Texte noch *recipiri* C. 20, Fb. 9, 57, *richiputi* Fa. 144 *richiputu*, 145 *rechipendu*, R. 4 *richipia* haben. *poviru* (auch o ital. cfr. Voc.).

Französisch ist *pavigghiuni* PAVILLON. (Ueber Verdoppelung des *p* cfr. Anhang § 24.)

b) In Verbindung mit Consonanten.

α) *p + r* bleibt: *sopra, saprò, crapa; lebbru, lebbra* sind italienisch neben den volksthümlichen Formen *lepru, lepra* cfr. Tr.

β) Assimilation an den folgenden Consonanten: *pt = tt: ruptum — ruttu; baptizare — battiare.*

Schon altsicilianisch *tt*. Denn neben den sehr häufigen Formen auf *pt: exeptu* Fb. 57, *scriptu, corruptioni* 90, *septima, scripturi, septi* finden wir *tt: setti* Fa. 119, *corruttu* Fb. 60, *accattaro* C. 53, *sotto* Fa. 116, *suttu* Fa. 120. Auch umgekehrte Schreibung (*ct = tt*): *sictanta* R. 1, *sucta* R. 9, Fb. 69 (= settanta, sutta cfr. Guttur.).

ps = ss: issu IPSUM, *chissu* ECCUM IPSUM. Gelehrt sind ps*almodia* Fb. 101, ps*alteriu*.

γ) Beeinflussung durch Liquide oder Nasale: *spl = sbl* sporadisch: SPLENDOREM — s*blennuri; risblenniri, sblancari* von PALAM.

mp = mb mundartlich in Casteltermini: *csembiu* EXEMPLUM; *cumblimientu* COMPLIMENTUM; *cumbitu* COMPLETO; *'mbristari* Pb. IV Gloss. *'mbiñari* IMPIGNARI.

Anmerkung I. Sporadisch s*p — sc* cfr. Av. J. p. 152, 183 *spantarisi* (von spaventare) erschrecken (noch altsic. so, sard. auch *ispantu, ispantusu;* catal. *espant, espantar;* castigl. *espantu, espantoso*) ist jetzt *scantarisi.*

Ebenso *scuttuzu* DISPETTOSO; *rascari* RASPARE; *schirmintari* SPERIMENTARE; *parascolu* παρισπορά; *scuma* SPUMA.

Ebenso s*p — st: spelliri — ESPELER; distelli* Q. Pr, 38, Av. *astittari* EXPECTARE; nach Av. *jastima* BLASPHEMARE, ein Fall von weiter Verbreitung s. Diez, Et Wt. I biasimo.

Anmerkung II. Altsic. ist die Einschiebung des *p*

an berechtigter und unberechtigter Stelle häufig: *dampnu*
DAMNUM; *kriptiani* CHRISTIANI Cod. Sicl. 131; *dapnatu* Q.
Pr. p. 156, *solepnitate* (di Giov. I Fa. 35); eine Nach-
ahmung lat. Schreibart (vgl. *colompna, dampnar* Arch. 2 p.
100).

c) In Verbindung mit *l* und Hiat *i*.

$$\alpha)\ \left.\begin{array}{c} pl \\ pi \end{array}\right\} = kj^1 \text{ in volksthümlichen Wörtern im gemein-}$$
sicil. Dialect.

Beispiele:

PLAGA — *kjaga;* PLUS — *kjù;*

PLANUS — *kjanu;* PLUMBUM *kjummu.*

πλατύς — *kjattu;* PLUERE — *kjoviri.*

PLANTA — *kjanta;* PLANTARE — *kjantari.*

PLATEA — *kjazza;* PLANGERE — *kjangiri.*

PLENUS — *kjinu* — *kinu.*

PLANELLARIUS — *kjanidddaru* Pantoffelfabrikant.

IMPLERE — *inkiri* — *inkirisi* Ci 433, *inkiu* Pb. IV 215.

POPULUS Pappel — *plopus* — *kjuppu.*

IM|PLOMBARE — *inkjummari.*

AD|PLANARI — *ackjanari.*

ACCAPIARE — *accakjari*, durch Metathesis *ackjaccari;*

CUP'LA — *cuckja.*

Auch altsicilianisch *kj*; denn, neben pl*enu* Fb. 57,
pluvii F. 60, *plui* Fb. 55, 108, *plangendu* Fb. 56, *placza*
Fb. 92, *plachiria* Fb. 97, *compluta* Fa. 120, findet man
schon: *kjui, kjui* p. 164, A. R. str. 27, 81, 375; ch*ano* C. 23
(altsic. ch = kj), ch*angendo* C. 52, ch*ui* R. 38, 79; A. R.
str. 162 chi*angia,* chi*nu* plenus V. B. C. cfr. Av. J. p. 174 2.

$$\beta)\ \left.\begin{array}{c} pl \\ pi \end{array}\right\} = \acute{c}.$$

1) Mundartlich, im Gebiete von Noto und Modica, cfr.
Av., G., P. etc.:

IMPIAGATO — *ćiajatu* V. 496.

PLAGA — *ćiaga;* PLUERE — *ćioviri.*

PLUMBUM — *ćiummu;* PLANTARE — *ćiantari.*

---

¹ Wir schreiben *kj* im Anschluss an Av. Intr.; wenn verstärkt:
ckj. Die meisten Herausgeber sie. Texte geben den Laut durch chi
+ V wieder.

PLUS — *ĉiù*; PLANUS — *ĉianu*.

PLENUS — *ĉinu*.

Unrichtig ist W.'s Bemerkung, dass auch in Catania und Sciacca $\left.\begin{array}{c}pl \\ pi\end{array}\right\}$ zu *ĉ* werde.

plus — *eckiù* Catania V. 1123, 1141, 1213, 1240, 1272; Sciacca V. 910.

ADplANAT — *ackjana* V. 1147, 1152, 1238, 1282, PLUIT kj*ovi* V. 1282.

2) Allgemein sicilianisch in einzelnen Wörtern (in Folge dialectischer Mischung?):

ĉianĉiri PLANGERE neben *kjangiri*, auch in Gegenden, wo *pi = ckj* ist. So in Messina Pa. I 321, Sch. 4, Ci. 330 etc., in Catania, Vallelunga, S. Catarina, Alimena, Pollina, Gangi, Caltanisetta, Caltagirone, Aci V. 71, Mineo V. 487.

3) Inlautend *pi* in den wenigen Beispielen, die die Mundart mit *pi* besitzt, zu *ĉ* in:

APIUM — *aĉĉia* == Sellerie; SEPIA — *siĉĉia* Tintenfisch.

CAPTIARE — *caĉĉari* wird italienisch sein, da *pti* nach sic. Lautgesetze *tti = zz*, also cazzari geben müsste.

SAPIO u. Comp. — *saĉĉiu*, schon altsic. *sachu* C. 66, *sachati* C. 28, R. 23; SAPIENTEM — *saĉĉenti* Ci. 352, davon *saĉĉintellu, saĉĉintickju, saĉĉintuni, saĉĉintaria* affectirtes Wissen.

γ) *pl* bleibt in italienischen Lehnwörtern:

pi*alla* Hobel; piu*tra* (aus Metath. v. peltro).

piu*ma* Feder; pic*là, piatusu.*

pia*stra* eine Münze; *impiastru* IMPLASTRO.

*tem*piu Tempel; *esem*piu Beispiel.

*dup*piu doppelt.

Man vergleiche die verschiedenen Behandlungen der Gruppen *pl, pi* in Wörtern gleichen Stammes je nach Volksthümlichkeit oder Gelehrtheit des Begriffes.

Volksthümlich:	Gelehrt:
kj*anta*, die Pflanze.	pi*anta*, Grundlage des Gebäudes, Plan des Hauses.
kj*anĉiri*, weinen.	pi*angenti*, gewisse Mausoleumsstatuen und Trauerweiden so genannt.

Volksthümlich:	Gelehrt:
kj*anu*, eben, ein Theil des Schiffes so bezeichnet.	pi*anu*, Plan, Stockwerk.
	pi*ano-forti*, Klavier.
kj*atta*, eine besondere Barke.	pi*atta*, Platte.
	pi*attu*, Teller.

Anmerkung: Merkwürdiger Weise hat das volksthümliche Wort PLACET — pi*aći* und nicht *kjaći*. Bloss bei Ciullo d'Alcamo *kiaci*:

Si tu ci fossi mortu, ben mi kiaci.

G.'s Erklärung *ćiaći* hätte zu schlecht gelautet, könnte höchstens für Modica gelten, wo *pi* = *ći*, aber auch dort hat man *ćiaućiri* aus PLANGERE. — Auch neapolitan. *pi*acere statt *chi*aćere, sogar genues. statt *ć* — pia*ž*e p. 124 Arch. glott. II; also wohl der ital. Verkehrssprache entnommen.

δ) *pl* in schon italienisch gelehrten Wörtern und Fremdwörtern.

Italienisch gelehrte Wörter:	Fremdwörter:
placari und Ableitungen.	*placca*, frz. PLAQUE.
placabbili.	*pleǵǵiu*, Pfand, nach Av.
placamentu.	vom engl. PLEDGE, Pfand.
placidu, placidamentu.	Davon *pliǵǵiari*, als Pfand
placidizzu.	geben.
platanu.	*pleddi*, englisch PLAID.
platina, Platin.	*placardu*, frz. PLACARD.
plebbi, Plebs.	*plagas*, Latinismus, gebraucht
planeti Ci. 342.	in der Phrase *dirinne*
cumplimentu.	*plagas* — ital. *dirne*
cuntimplari.	*corna*.
applausu, applaudiri.	

ε) Besonderheiten:

1) *scogghiu* lat. scopulus, der Fels, muss auf das ital. scoglio zurückgeführt werden; lat. hätte *scockju* ergeben müssen.

2) *pl* = *pr*, cfr. darüber § 22 a β.

§ 10. b.

a) Vor und zwischen Vocalen.

α. Anlaut.

1) b — v in volksthümlichen Wörtern: *vucca* der Mund, *vasari* BASIARE, *vattiari* BAPTIZARE, *vastasu* von βαστάζιιν, die Stütze, der Lastträger, dann gemeiner Kerl), *viviri* BIBERE, *varva* der Bart etc.

2) *b* bleibt.

a) In entlehnten Wörtern:

balafria Schramme; *balaustra* Blüthe des Granatbaumes. *balaustra* frz. BALUSTRE; *baldachinu*; *balena* Wallfisch; *balestra* Armbrust; *baliatu* ital. BALIATO uffizio nel quale si ha la balia; *baritonu* Baryton; *baroccu* barock; *barometru*. *bagilleri* BACHELIER; *bajunetta* Bajonette; *bannera* Banner; *barrera* Barrière; *baruni* Baron; *barbaru*; *barricari* it. sbarrare; *barracca*; *basiliscu*; *bastardu*; *battaria* Batterie; *battaghiuni*; *bagatella* etc.

bambinu sic. nur unter der Bedeutung, das Kind Jesu. Knabe sic. = ragazzu, piciriḍḍu.

battiri und nicht *vattiri*, da sic. volksthümlich für schlagen nicht dieses Wort, sondern *vastunari* gebräuchlich ist.

Man vergleiche Wörter gleichen Stammes, die je nach dem Begriffe volksthümliche oder gelehrte Behandlung des *b* zeigen:

Volksthümlich:	Gelehrt:
vancu, Bank zum Sitzen.	*bancu*, die Bank (la banque) *bankjeri*, Banquier.
vattiari, taufen.	*battisimu*, *battisteriu*.
varca, Barke.	*barcu* (specie di bastimento Tr.), auch eine Blume.
vusata, escremento bovino.	*busata*, la quantità di maglie tenute da un ferro di calze.
vurru, Butter, aber Tr.: «ma s'intende quello d'infima qualità e stantio».	*butiru*, Butter (Butter ist überhaupt selten in Sicilien. Kühe gibt es wenige. — Man kocht mit Oel).

b) In fremden Wörtern.

bagaseri cat. BAGASSER cfr. Labernia dizz. catal. castill.
basca (deliquio, smania) cat. cast. BASCA.
birba (vita vagabonda) cat. BRIBA.
buggacca Jagdtasche cat. BUTXACCA.
butafarri (budello, pieno di carne) lat. BOTIFARRA.
bagasa (arab. oder span. öffentliche Dirne).

Bemerkenswerth ist es, dass die Wörter, die auf ein germanisches Etymon zurückgehen, *b* beibehalten haben. Es ist wohl kaum anzunehmen, dass ein härteres deutsches *b* die Ursache davon sei, da diese Wörter nach meiner Ansicht durch das Italienische hindurch in den Dialect gedrungen sind. Die Herrschaft der Hohenstaufen in Sicilien kann keinen sprachlichen Einfluss ausgeübt haben; die Deutschen waren dazu viel zu sehr italianisirt (cfr. Fr. II). Es wird wohl auch hier Entlehnung aus der ital. Verkehrssprache Ursache des Verbleibens von *b* sein.

botta (ahd. bôzen, stossen), Stoss ital. BOTTA.
badari (vielleicht ahd. baddôn, beitôn) it. BADARE.
boria (Diez: vielleicht burjan, emporheben) Prahlsucht it. BORIA.
benna (ahd. bindan) it. BENDA.
balcuni, barcuni (ahd. balko) it. BALCONE.
buggia (Diez: bôsa, Posse, bosôn) it. BUGIA.
badda Kugel (Diez, vielleicht ahd. oder βάλλειν) it. BALLO.
babbu sciocco di grosso ingegno BABBO, *ballari* it. BALLARE unsicherer Abstammung.

c) Mundartlich bleibt *b* in Messina.

Meine Texte haben bloss *b* (cfr. Anhang). Ci. hat auch *b*: *li primi barbi* 377; *certa basa* 378; *quattru botti* 144; *bastunaki* 145; *'na bippitta* 145; *la burza* 333; *dissi birbanti* 333; *di barbajanni* 334 u. s. w.

Grund ist wohl Einfluss des ital. in der Italien am nächsten gelegenen Stadt mit so viel Verkehrsbeziehungen zum Festland.

Selten findet man in Ci. *v* für *b*: *la vucca* 376, 375; *ciudda vuccuzza; stuppu la vucca* 388; *un' vastasuni* 384 neben *bucca* 353, 376 etc.

In diesen Fällen wohl Beeinflussung durch die von Palermo ausgehende conventionelle sicilianische Schriftsprache.

Anmerkung: Eigenthümlich ist das durchgehende Verbleiben des *b* in so volksthümlichen und täglich unzählige Mal gebrauchten Wörtern wie: *bonu*, *bene*; *beḍḍu*, *beḍḍa*, und Ableitungen, *basta* genug. Sollte auch in diesen Wörtern Angleichung an die gebildete Sprache angenommen werden dürfen? Oder wäre nicht eher der Umstand zu beachten, dass alle vier Wörter ihrer Bedeutung nach Wörter des Affects sind und meist im Affect gesprochen werden? Die kräftigere Expiration, die nöthig ist, um Affectswörter mit vermehrter Lautheit zu Gehör zu bringen, vermochte auch wohl den Labialen im Anlaut zu ergreifen und zum Verbleiben zu veranlassen. Vergegenwärtigt man sich die Emphase, mit der der Sicilianer sein *beḍḍu*[1] ausruft oder sein *bonu* ausspricht, die Energie, mit welcher er *basta* gebietet, so erscheint es einem als wohl begreiflich, dass der energischere Laut *b* statt des flüchtigeren, weicheren *v* in diesen Wörtern beibehalten wird.

Altsic. führt Par. *b* zu *v* nur an in: *Vulgari* C. 62 neben *Bulgari* C. 61.

β) Inlaut.

1) *b* = *v* in volksthümlichen Wörtern:

BIBERE — *viviri*; HABET — *ave*; HABEMUS — *avemu*.

HABETIS — *aviti*; HABEBAM — *avia*.

HABERE HABEO — *avirò*; HABERE — *aviri*.

DEBEO — *divu*; *divi*, *duvemu*, *duvia* etc.

ARBOREM — *arvulu* (mit Suffixvertauschung, die messinesischen Formen *arbiru*, *arburu* sind italianisirend).

FEBRIS — *frevi*; FEBRUARIUS — FRIVARU.

OTTOBRE — *Ottuviru*; ROBUR — *ruvulu*;

VON SUBER — *suvaru*; TABERNA — *taverna*.

nach *r*: BARBA — *varva*, HERBA — *erva*, *orva*, ORBUS — *orvu*

in einigen Wörtern castilianischen Ursprungs:

cavesa Av. 72, Ci. 355 span. CABEZA.

tuvera Av. 83 cast. TOBERA (Rohr am Blasebalg, von *toba* Stiel der Wegdistel cfr. Seckendorff).

cravunera — CARBONERA.

---

[1] Auch wegen des Affects wird *beḍḍa* häufig diphthongirt, trotz des nachtonigen a cfr. § 2.

Das zu *v* gewordene *b* geht in *u* auf, wenn nach *b* *u* steht:

TABULA — *ta*v*u*la, *táula;*
FABULA — *fa*v*u*la, *fáula;*
DIABOLUS — *dia*v*u*lu, *diáulu;*
NEBULA — *ne*v*u*la, *neula* (pasta sottilissima, Backwerk);
NUBULA — *nu*v*u*la, *nuula* (Wolke), wie die zahlreichen Diminutiva zeigen, die volksthümliche Form, neben *negghja* Wolke, cfr. p. 119, der aus dem it. nebbia entlehnten.

Anmerkung: habes — *ai* statt *avi*, analogisch nach der 1. Person *aju.*

2) *b* bleibt und wird sogar verdoppelt in gelehrten Wörtern. Es scheint als ob die Sprache die besondere Mühe, die ihr der ungewöhnliche Laut in gelehrten Wörtern bereitet, durch diese Verdoppelung wiederspiegelte:

NOBILIS — *nob*b*i*li; *robb*a, c*ibbu, gabbella, debbuli, sabbatu, pabbulu, proïbbiri, probbu, probbabbili, probbitati, libberari, parabbula* (cfr. vom selben Stamme paraula, parola, palora), *possibbuli, cubbula;* vor *r: labbra, libbru, palpebbra.*[1]

Ueber die Gründe des *bb* nach a in Wörtern wie *abbuliri, abbunari, abbacu, abbuddari, abbucari,* nach *re* und *ri* (*ribbrezzu*), nach *su* (*subbámu, subbitu*), *pre* und *pro* cfr. § 24.

3) Besondere Entwickelungen.

a) *b* zu *p*.

α) Av. führt einige nach ihm «catalanischem Ursprung» angehörige Wörter, die b zu p verwandeln. (Bei Labernia dizz. catal. cast. finden sich diese Wörter.) Aber:
supratuttu (Av. 82) kommt eher vom ital. SOPRATUTTO als catal. SOBRETOT; *soprataulu* (immediatamente dopo tavola) eher von SOPRA TAVOLA als catal. SOBRETAULA; *suprasartu* (paura repentina) eher von SUPRA SALTUS als cat. SOBRESALT.

---

[1] Greg.'s Ansicht p. 29, es werde vor Vocalen *b* stets verdoppelt, erweist sich als irrig, durch Vergleichung unserer obigen Beispiele *b = v* und kann also nur von diesen gelehrten Wörtern gelten,

Ebenso *accapari* cher von CAPO als von cat. ACABAR, *capimentu* Av. 72, eher von CAPIRE (bei Tr. ausdrücklich so erklärt) als von cat. CABIMENT. — Ausserdem nach Av. 77 *'ntipari* (ital. stivare, feststopfen) von cast. ENTIBAR.

Aber 1) wäre es wunderbar, wenn cast. *b*, das ja wie *v* lautet, *p* ergäbe; 2) kommt ital. (cfr. Diez) *stivare* von STIPARE. Also hängt auch wohl sic. mit dem Stamm direct zusammen.

β) In *cinapriu* κιναββαςις Zinnober, cinabro ital. Wohl gelehrtes Wort.

γ) Vor Hiat *u* nach dem Ton: HABUi — *áppi*; HABUI- MUS — *áppimu*; HABUERUNT — *áppiru*; BIBUIT — *víppi* (vippitu); aber vor dem Ton dagegen HABUISTI — *avésti*, HABUISTIS — *avístivu*; HABUISSEM — *avíssi*.

b) *b = m.*

α) *cannamu* neben *cannavu* Hanf CANNABIS ital. *canape.*

β) *smicciari* Ci. 335, *smicciatu* blinzeln, von SBICCIARE, bircio cfr. Diez brehan?

γ) *smorcu* nach Av. p. 190 altfrz. BORC bastardo. (Bei Godefroy zwar kein *borc*, wohl aber *bourch, bourcq, bourc, bourg, bourt, bort, bord* in derselben Bedeutung).

δ) *munciuvi* Ci. 361 ital. benzoè, belgiuino, t. bot. STIRAX BENZOIN. (Einfluss der 2. Nasalen *n* auf *b* zu *m*?)

Von Av. falsch abgeleitet sind:

ε) *disamuratu* Av. 73 (insipido) von acat. DESSABORAT, richtig Tr.: DISAMORATO == che non ha nè affetto nè amore, detto di comestibili, potabili.

ζ) *strammula* Kreisel, nach Av. στρόβος, nach Tr. richtig στρομβός.

c) *b = f rifaudu* it. ribaldo ahd. rhiba.

b) In Verbindung mit Consonanten.

α) *br = vr*, volksthümlich:

BRACHIUM — *vrazzu*, dagegen gelehrt *bracceri, bracciali* Hofcavalier, Armharnisch; *vrazzeddu* bracetto, *vrazzutu* di buone e forti braccia, *vrazzata* == bracciata, *vracottu* it. BRACOTTO, *vraca* (calzoni corti) it. BRACHE davon *vracalaru* (dappoco, buon a nulla), *vracalista* (per ingiuria, seccatore, sofistico); COLUBRUM — *culuvria*, aber gelehrt *labbra, libbru, palpebbra.*

β) Assimilation.

bp — pp: SUBPRIOREM — *suppriolu*; SUBPONERE — *supponiri*. SUBPORTARE — *suppurtari*; DE AB PAUCO *dappocu*.
bt — tt: SUBT*tu* — *suttu, sutta.*
mb — mm: TROMBA — *trumma*; GAMBA — *gamma*. SUCCUMBERE — *succummiri*; TAMBÛR — *tammuru* Ci. 145; COMBATTERE — *cummattiri*; frz. TOMBER — *tummari*; ar. ZIMBILA — *zimmili*. CATACUMBA — *catacumma* etc.
br — rr: SUBROGARE — *surrogari*; SUBRISUS — *surrisu.*

c) In Verbindung mit l und Hiat i.

1) $b + \left.\begin{array}{l} l \\ \text{Hiat } i \end{array}\right\} = j$ in volksthümlichen Wörtern:
(die Entwickelung wohl *bl, bj, gghj, ghj, j*):
HABEO — *aju*; HABEAM — *aja, ajamu, ajati, ajanu*, DEBEAT — *dijasi* Fb. 92, eine altsicil. Form, die den *j*-Laut sichert in Fa. 130, *digianu, digia* Fb. 9, *digianu* Fa. 135, Fa. 139 *hagia.* Sonst auch altsic. *aju* C. 36, *ayu* R. 7, *aya* R. 44, R. 78 *aja*; *aiati* C. 36, *ajati* C. 78, R. 47 neben der Schreibung *agianu.*

$\left.\begin{array}{l} bl \\ bi \end{array}\right\}$ ist im Anlaut auch *j*: BLASPHEMARE — *jastimari*;

BIANCO — auf der Ostküste j*ancu.*
Messina cfr. meine Texte «*la janca manu*», Milazzo, Lipari Ustica, Catania, Aci, V. 540, 588, Linguaglossa am Etna (Nordseite) V. 1414, Mineo, Caltagirone, Siracus V. 977, 668.
Gegen Rosolini zu, Schwanken: *jancu* V. 1265, neben bi*ancu* V. 813. ˙In den Mundarten der Südostspitze *bi* beibehalten: Chiaramonti XX LX G. *bbianca*, Modica p. 638, Vittoria XXXVII, Giarratana V. 508, in Noto freilich auch hier *ghj* cfr. 4. An der Nord- und Westküste *bi*, ebenso im Innern: Cefalù V. 570, Partinicò V. 844, 1303, Ficarazzi, Palermo V. 709, Borgetto, Monreale V. 859, Camporeale, Mazzara, Alimena, Corleone V. 1626, 1627. Nur Sciacca soll nach Pitrè *j* haben.

bi*unnu* findet sich auch da, wo *jancu* vorkommt. Das Wort ist eben, wie die blonde Haarfarbe, fremd in Sicilien. — Betrachtet man *biancu* nur als Bezeichnung der weissen Hautfarbe, wie es in den Volksliedern unzählige Mal vorkommt, so fällt einem auf, dass im griechischen Osten der Begriff volksthümlich und das Wort volksthümlich gebildet ist, dagegen im sarazenischen Westen das Wort als fremdes behandelt wird.

2) *bl*, *bi* bleibt in fremden Wörtern.

bl: *blandiari* BLANDIRI; *blandura* — gentilezza; *blattaria*, erba simile al verbasco; *bloccu* Blocus, *blonna* frz. BLONDE, nach Tr. ein seltenes Seidengewebe; *blù* frz. BLEU; *blousa* frz. BLOUSE; *prublema* — PROBLEMA.

bi aus *bl* schon in alten Texten. Belegt durch Fb. 72, 73 *bianca* neben *blankizza*, *blancu* C. 36, *blanchizzi* C. 21. *biasimari*, *biastima* Fa. 110.

biacca, materia bianca, che serve per colore ai pittori. *biada*, tutte le semente come grano, orzo.

rabbia RABIES, vereinzelt, davon *rabbiusu*, *arrabbiatu* *tabbia*, ar. THABIA cfr. Av. 48 bastione, muro di pietro; *dubbiu*, DUBIUM Aci V. 482.

3) *b* + *i*-Element zu *ǵ*.

α) Allgemein in sicilianisirten italienischen Wörtern: RABIES — *raǵǵia* neben *rabbia*, *arraǵǵiatu* V. 425. GABBIA Käfig zu *jaǵǵia*, *gaǵǵia*. CAMBIARE durch *cangiari*, dann wegen *n* zu *č*: *canci* Aci V. 742 cfr. p. 155, aber auch volksthümlich gebildet: *cammiatu* V. 721, *cania culuri* für cambia culuri Q. Pr. 142.

β) Mundartlich im Modicagebiet *ǵ*: *aǵǵiu*, auch dort das Fut. *canteroǵǵiu*, *saróǵǵiu*; G. p. XV *raggia*, *niggia* = ital. nibbio, uccello di rapina.

4) *b* + *i*-Element = *glj*, wohl noch die Durchgangsstufe zwischen *bj* und *j*, erhalten:

α) in Noto: HABEO — *agghju*; RABIES *ragghia* etc. β) in it. *affibbiari* — *affigghiari*, it. NEBBIA + *negghja* cfr. p. 113 nach W. *nigghiu* aus *MIBLIUS, vgl. Wölfflins Arch. IV 131.

γ) Im Anlaut nach besonderen Wörtern, cfr. Anhang § 24.

5) *bl* = *br* cfr. darüber § 22 β 4.

6) Besondere Entwickelungen:

α) *b* fällt aus in *loccu* von Block.

β) *beatus* ausser zu *biatu* V. 76 von Aci, Pietraperzia
V. 78, 1243 V., gewöhnlich zu *miatu* cfr. Av. 138.

«*Miatu cu varda ssi billizzi toi!*»

§ 11. f.

a) In Verbindung mit Vocalen:

α) Anlaut: *f* bleibt gewöhnlich; *fermu, fuiri, ferru,
felisi, fari* etc.
Vereinzelt *f* — *b* in *burcittata* Pb. 313 Palermo.

β) Inlaut: *f* bleibt gewöhnlich; nur vereinzelt: *f* zu *b*
in *carabba* (arab. GERÂF, it. CARAFFA); *f* verdoppelt im Inlaut *gaffa*, Hängeeisen nach Av. 74 cat. oder cast. GAFA.
riffa Art Lottospiel nach Av. 79 von cat. oder cast. RIFA.

b) In Verbindung mit Consonanten:

1) *nf* mundartlich in Casteltermini durch *mf* zu *mb*:
INFAMEM — '*mbami;* INFERNUS — '*mbiernu;* INFILARI — '*mbi-
lari;* CONFUSIONEM — *combusioni;* INFIRMITATI — '*mbirmitati;*
CONFUSUS — *combusu.*

2) Scheinbar Schwund des *f* in *cunortu, cunortari* Capaci, Pap., Sch. 36, bestärken, das gewöhnlich von con-
fortari abgeleitet wird, aber eher auf CONHORTARI zurückgeführt werden dürfte.
Vereinzelt Pa. II 213 findet sich *adurcari* it. AFFORCARE.

c) In Verbindung mit *l* und Hiat *i.*

$\left.\begin{matrix} fl \\ fi \end{matrix}\right\}$ — *č*, einem Reibelaut, zwischen dem deutschen
«ch» in «mich, Gicht» und dem *s* (= deutsch sch) cfr.
Av. p. 5 J., de Greg. p. 18. Bei der Hervorbringung des
Lautes ist die Zunge mehr nach vorne gebogen und ge-
streckter als bei der Bildung von *s.* Sie legt sich aber
weniger eng an die Gaumenwand an, als bei der Bildung
von «ch».
Von der ungeheuer verschiedenen Schreibung dieses
Lautes darf nicht auf ebenso verschiedene Aussprache ge-
schlossen werden. Da im ital. Alphabet für den Laut kein

Zeichen existirte, wählte man die Zeichen für die verwandten Klänge. Das Altsic. setzte *x: xumara* FIUMARA, *xumi* C. 23 FLUMEN C. 35, C. 12 *xiumi* neben der allerdings viel häufigeren etymologischen Schreibung. Scobar gebraucht *y* (nach dem Spanischen) und *xh*, Aversa (1638 la notti di Palermu) *xhi* oder *xi*, Galeani (le muse siciliane 1645) *xhi: xhiumi, xhiuri* FLOREM. Tr. schreibt *ci*, nicht *sci* (cfr. p. x, *sciogghiri* werde anders ausgesprochen wie *čumi*), doch unterscheidet er nicht *či* und *či*. Die Schreibung *ci* ist die gewöhnliche in den Volksliedersammlungen. Einige freilich schreiben auch *sci*. Cannizzaro in seinen sicilianischen Gedichten *sh*. De Gregorio führt das Zeichen *ş* ein *«il ş dell' Ascoli, che sta tra il ş e la sibilante italiana s in sono, e perciò indica un suono vicinissimo seppure non identico al nostro, essendo d'altra parte, preferibile a qualunque segno nuovo, appunto perchè non nuovo».* Aber gerade da der Laut Ascoli's nur annähernd ist, und eben ein Laut zwischen *ş* und *s* und nicht *ş* und *«ch»* ist, halte ich es für besser ein neues Zeichen einzuführen, und nehme das von Avolio zuerst gebrauchte *č* an.

Beispiele:

FLAMMA — *čamma* V. Mineo 17, Aci 45, 2049 etc.

FLATUS — *čatu* V. Mineo 24, V. 573.

FLOREM — *čuri* V. 433, 485 etc.

FIANCO — *čancu*; EXFLANCATUS — *čancatu*.

FLORIDIA — *Čuriña* (Stadt bei Noto).

FLURIDIANA — *čuridiana* V. 1187 Syracus.

FIASCO — *čascu* Pa. II 1362.

MATAFFIONE — *matačuni*; GONFIARE — *gunčari*.

FLUMEN *čumi*; FIUMARA — *čumara*.

čauru, guter Geruch, ist vielleicht als Verbalsubstantiv von FLAGRARE düften, abzuleiten, cfr. Wölfflin's Archiv II p. 424, **FIAGRO — *čagro, gr* entwickelt manchmal *u: čauru*, wie NIGRUM — *niuru*.

Doch lautet die Entwickelung von *fl, fi* im Innern Siciliens nicht *č*, sondern *χ*, auch *j*, durch *hj* bezeichnet. Pitrè bemerkt a. I 197 Anm. 5, dass ihm aus Casteltermini Gaetano di Giovanni, *«lo storico di quel commune»* schriebe, ein einfaches *j* genüge nicht, um diesen Laut wiederzugeben. Ascoli Arch. I schreibt dafür *j*, Böhmer *χ* Bd. I p. 100

Rom. Studien: Vallelunga: χ*iatu,* χ*iumi,* χ*jauru* Pb. I 139 Casteltermini *jatu* FLATUS; Girgenti, Caltanisetta *jhavuru* für *č(i)auru.*
Fremde Wörter behalten auch sicil. *fl:*

flatulenzi Ci. 267.
flautu C. 346.
flagellu Ci. 374.
flotta, die Flotte.
flussioni.

flebili C. 316.
flutti C. 366.
flora V. 45, *floridu.*
flemma.
flussu fluidu.

flaccò — FLACON.

Man vergleiche volksthümliche oder gelehrte Behandlung des *fl* je nach dem Begriff in Wörtern gleichen Stammes:

Volksthümlich:

čaccari spalten, it. FIACCARE
(nach Diez von FLACCUS,
schlaff).
čaccatu gespalten, geborsten.
čaccu Spalte, Ritz.
čaccula die specielle Laterne, die zum Fischen
Nachts gebraucht wird.
čamma die Flamme.
čancu die Hüfte
aber: *čanchiari* — lahm
sein *EXFLANCARE und:
čancutu — che ha gran
fianchi.
čascu ein Gefäss aus terra
cotta mit langem Hals.
čatu der Athem, Hauch.
čatari athmen.

čumi, čumara von FLUERE.

Gelehrt:

fiaccu cfr. Tr. figürlich: gespalten = matt.

fiakizza Entkräftung.

fiaccula der Begriff der
Fackel überhaupt.

fiammiferi Zündhölzer.
fiancu in derselben Bedeutung.

fiascu Fiasco, Misserfolg.

flatu medicinisch: aria che
si genera negli intestini,
davon grave melancholia,
tristezza; (volksthümlich
piritu, in Messina).
fluttu, flussu, fluidu, flussioni.

§ 12. V.

a) **Vor und zwischen Vocalen.**

1) **Anlaut:** *v* bleibt gewöhnlich: *vai, ventu, veru,
vidiri.* Vor labialen Vocalen nimmt *v* einen sehr weichen

Laut an, schon eher ein englisches *w*. Daher wird es häufig mit dem folgenden lab. Vocal verschmolzen und nicht geschrieben:

VULPES — *urpi*, it. VORRIA — *urria*.

VOLPONE it. gibt *vurpuni*, *urpuni*, und da *u* vor *r* = *a*, *arpuni*.

Das deutsche *w* finden wir im grössten Theile Siciliens wiedergegeben durch *gu* wie im italienischen: *guerra*, *guidari*, *guisa*, *guastari*, *guarneri*; *guai goth.* VAI; *guardari* und die Ableitungen, *guadagnari* etc.

Da eine deutsche Einwanderung in Sicilien nicht stattfand, und von einer sprachlichen Beeinflussung in der Hohenstaufenzeit wohl kaum die Rede sein kann (cfr. oben p. 74), möchte ich diese Wörter auf italienischen Import zurückführen. Darauf deutet noch bestimmter hin *guidari* VITAN, das *t* zu *d* wie im Ital. verschoben zeigt. Das deutsche *w* kommt also schon als *gu* nach Sicilien.

Nicht dagegen spricht der Umstand, dass in Messina in einigen Texten neben *guerra* Sch. 16, Ci. 370 *guasta*, *guadagnau* Ci. 372, *guardari* Ci. 334, 344, 378, 382, 396, auch *vardari* bisweilen gefunden wird: Ci. 342 *ki vardanu*, 328 *vardati*, 347, 447, 328 *vardannu*, 432 *vardativi*, *vardi*, V. 98. Denn dieses *va* lautet *ua*, wie englisch *wa*, und ist auch hier aus *gua* erklärbar durch Schwund des *g* im Anlaut (cfr. g).[1]

In Noto, wo wir *v* auch haben: *vastari*, *verra*, *vardianu*, scheint das *gua* durch *ua* zu wirklichem lateinischem *v* geworden zu sein. Denn sonst würde nicht verstärkt dieser Laut *b* werden, sondern *gu*, cfr. *tri bardiani* (tri guardiani) *'un c'è ciù berra* (non c'è più guerra); (in Campobasso in diesem Fall gu: *chè gguerra*).

(Ueber die Verstärkung selbst cfr. § 24).

Scheinbar ist in einigen Wörtern gewisser Gegenden das lat. *v* zu *g* im Anlaut geworden:

Vor *u*: Neben *vutti* (vaso di legno cerchiato, ove si

---

[1] Man vergleiche damit d'Ovidio's Bemerkung über den Dialect von Campobasso (Arch. glott.): *Il* w *par continuarsi intatto: wari (guarire), werra (guerra), ma è illusione, ed esso passò per la trafila commune di gu, onde pel normale rileguo del g ritornò alla sembianza primera.* — a. a. O.: *w, suono, che tocca il w inglese.*

6*

— 84 —

tiene il vino) und *vuttaru*, Fabricant solcher Vasen, gu*tti* und gu*ttaru;* neben dem gewöhnlichen *mutteri* aus frz. boucher, Metzger, auch *gutteri.*

Vor *a:* VAGINA lat. — *guaina* vgl. = ital. guaina frz. gaîne, Diez W. I guaina, cast. VASERA (Tellerbrett, Kuchen- und Abtropfbank) — *gasena.*

VAJANA lat. (?) (nicht bei Ducange) — gu*ajana* (nach Tr. guacio nel quale nascono e crescono i granelli di legumi).

Die ersten Formen (*v* vor *u*) sind wohl aus dem vor *u* so häufigen Abfall der *v* und *g*-Prothese zu erklären: *butteri* — *mutteri* — *'ucceri* (wie *urpi* aus VULPES) — *gutteri.* Leider gibt Tr. nicht an, aus welcher Gegend er diese nur vereinzelt auftretenden Formen hat. Doch möchte ich sie als aus dem Innern der Insel stammend annehmen, da dort *g*-Prothese so häufig ist.

Bei *va* — *gua* wird wohl die Aussprache des *v* als *w* Ursache des Uebergangs sein. va — *ua* — dann *g*-Pro- these — *gua.*

2) Inlaut.

a) Vor labialen Vocalen fällt *v* volksthümlich aus:
CAVULU — *caulu;* PAVOREM — *paura.*
TARDIVUS — *tardiu;* RISTIVUS — *ristiu.*
PAVONEM — *pauni (paunazzu, paunazzeddu).*
FAVOREM — *fauri,* V. 815, 127.
ARRIVO — *arriu.*

β) Vor anderen Vocalen: FAVILLA — *faidda;* JUVENCUS — *jencu;* AVENA — *ajina;* PURTAVI — *purtai* (wenn *v* hier nicht secundär ist cfr. W. Meyer R. Z. 9. Bd. p. 223); GIOVANNI — *Giuanni.*

γ) Uebergang des *v* zu *g* scheint vorzuliegen in den alten Texten: Cod. Scicl. *ferguri* FERVOREM; *nugola* NUVOLA; Fb. 59 *pagura* PAVOREM — *faguri* FAVOREM; Scob. *faguriri* FAVORIRE.

Sonst ist es eine Eigenthümlichkeit des Innern der Insel: *pagu* PAVO; *purguli* PULVUREM; *Giuganni* GIOVANNI; *poghiru* POVERO; *giughini* JUVENEM; *faguri* FAVOREM; *ragatusu* RAVITOSUS.

Doch da diese Mundart auch sonst *g* einschiebt, *nu- gatri (nui atri,* wir andern), *ide-g-a,* ist es nicht nöthig *v* — *g* anzunehmen, sondern, da *v* häufig zum Abfall geneigt ist, Ausfall des *v* und *g*-Epenthese.

d) Epenthese des *v* nach und vor lab. Voc.:

1) Wie sonst im ital.: PLUERE — *kjoviri;* VIDUA — *viduva.*
2) Mundartlich in *cavudu* (caudu = caldo) Pb. IV Casteltermini, Glossar: *nivuru* aus *niuru* NIGRUM.
3) *nevula* leitet Av. von cat. *neula* ab und nimmt dann Epenthese an. Aber NEBULAS kommt im selben Sinne (specie di pasta sottile) im barbarischen Latein vor und ergibt regelrecht *nevula,* das als Nebenform das noch weiter entwickelte *neula* hat, cfr. p. 76.
4) Epenthese des *v* in *ančova* Sardelle von span. AN-CHOA (cfr. Tr., Av.).

b) In Verbindung mit Consonanten.

α) *n + v* durch *mv — mm:*

INVELENARE — *'mmilinari;* INVENTARE — *'mmintari.*
INVITRIARI — *'mmitriari;* INVIDIOSUS — *'mmiฺiosu.*
INVIDIA — — *'mmiฺia;* CONVENI — *cummeni.*
INVERSUS — *'mmérsu.*

Durch Einfluss eines *n* wohl zu erklären: *ammiu* AD-in--VIO; *dammiru* DE AB in VERO; *muccuni* aus in BUCCA, Bissen, Mundvoll. Freilich *minnita* aus VINDICTA Rache, ist dunkel. (MINARI drohen, von Einfluss?)

β) *s + v — s b:*

EX*VERECUNDIARE — *sbriuñari;* von VENA — *sbinari.*
EX*VENDERE — *sbinniri;*   „ VENTUS — *sbintuliari.*
AD*RE*EX*VIGILARE — *arrisbighiari;* V. VENTER — *sbintricari.*
EX*VIRGINARE — *sbirginari;*   von VOMER — *sbummicari.*
EX*VACANTARE — *sbacantari;*   „ VENCIA — *sbencia.*

γ) *d + v* durch *vv* zu *bb:*

ADVENIRE — avvenire — *abbiniri.*
ADVENTUS — avventu — *abbentu.*
ADVERSARI — avversari — *abbirsari.*

In Analogie hierzu mit Gemination bewirkt durch die apo-copirte voce tronca (cfr. § 24):

*ADVAPOR — avvampari — *abbampari.*

*ADVIDERE — avvidcre — *abbidirisi.*
*ADVICINARE — avvicinare — *abbicinari.*

Nach P. soll in Palermo neben *bb* oft auch *vv* gesprochen werden. Auch Tr. führt *vv* häufig an. Dies wird wohl die feinere Aussprache sein. Die Wörter, die *vv* bei Tr. haben, sind auch mehr oder weniger der Bedeutung nach gelehrt: *avvalurari* (dar valore), *avverbiu* ADVERBIUM; *avvisu, avvisari, avvucatu.* Ebenso gelehrt sind die von P. für Bisacquino angeführten Wörter mit *v* aus *dv: avirscriu, avirtenti, avirtenza, avucatu.*

δ) *r + v = bb* in *servari: sebbari*; in meinen Texten 14; *mi sabbu la risposta (sabbu* aus *sarvari,* cfr. unbetonte Vocale *e + r = ar*).

CAPITEL II: GUTTURALE UND PALATALE.

§ 13. c.

a) Vor und zwischen Vocalen.

I. $c + \begin{cases} a \\ o \\ u \end{cases}$

α) Anlaut: *c* lautet wegen vorangehenden Vocalauslautes weicher wie unser deutsches *k.* Es ist ein Laut zwischen *c* und *g,* der aber in den Texten als *c* wiedergegeben wird, cfr. p. 68. Doch hört man, in Messina wenigstens, *a gasa* für *casa, u gunsuli.* der Consul, *u gani,* der Hund. Daher die vielen Schwankungen zwischen *c* und *g*: *gamiddu* das Kameel, neben *camiddu.* *garaffa* (it. caraffa) neben *caraffa.* *garagolu* (eine Pflanze) neben *caragolu.* *gamella* neben *camella* (cfr. dazu Wölffl. Archiv II 433). *sgarlatu* neben *scarlatu,* scharlachfarbig.

Stehend ist *g* für *c* in: *galessi* (it. calesse, frz. calèche, slav. kolissa; *guvitu* (it. gomito) von CUBITUS. Ob *galofaru* (it. garofano) vom griech. καρυόφυλλον (*garofulu,* Metathesis *galofuru*, *u* zu *a* wegen *r galofaru*) oder vom schon vlglt. vorhandenen GAROFULUM (cfr. Wölffl. Arch. II 433) abzuleiten ist, bleibt mir unentschieden. *gunčiari* (gonfler, conflare) ist auf vulgärlat. GONFLARE (cfr. Wölffl. Arch. II 439) zurückzuführen, und nicht auf conflare.

Auf das frz. CAGE ist wohl *gaġġia* der Käfig zurückzuführen, und nicht auf vulgärlateinisch *gavea* (cfr. Wölffl. Arch. II 434), da *ġġ* im sic. nicht volksthümlich ist; auch nicht von ital. *gabbia* möglich. Für *ganciu*, *janciu* Hacken ist ebensogut ital. *gancio* als gr. *κάμπυλος* (campilo, camplo, campiu, cančiu, *pj* im Inlaut zu *č* häufig, statt des *pj* — *ckj*) vorauszusetzen.

Ital. ist *gamma*, *'amma* das Bein von GAMBA; doch wäre auch gr. *καμπή* (cfr. Diez I) annehmbar. Vulgärlat. *camba* ist nach Diez zweifelhaft.

Nur scheinbar ist der Uebergang des *c* zu *qu*, in Wörtern, die nach *ca* primäres oder secundäres, aus *l* entstandenes *u* haben, also *cau* — *cua*. Es ist vielmehr Attraction des *u* durch den Gutturalen; *qu* wird geschrieben, da *cua* ungewöhnlich:

CALDICARI — *quadiari*; von CALX — *quasetta*.
v. CALDA — *quadumi*;   *squasari*.
v. CALCERE — *quacisi* (Mastkorb);   *squasari*.
CALDARU — *quadara*;   *quasuna*.
CALCINA — *quacina*;   *quaciari*.

Gelehrte Wörter behalten *cal*: *calculu*, *calmari*, *calma*, *calvariu*, *calca* (moltitudine di gente), *calcidonia* (agata bianca).

Aus französischer Herkunft und nicht aus Palatalisirung des *c* vor *a* erklären sich:

čarmu CHARME; *čarmari* CHARMER; *pianča* PLANCHE; *perča* PERCHE; *perčari* PERCHER; *čiminia* CHEMI-NÉE; *scorčari* ÉCORCHER.

Sporadisches: 1) Einschiebung des *i* in: CAPPARIS — kia*ppara*; kia*ppari* (CAPPERI, esclam. Pasqualino); kiu*mpiri* (cumpiri COMPLERE); *tackiari* (tacher, span. tacar); *kiaccu* ital. cappio, vielleicht Metathesis, (cackiu — *kjaccu*).

2) *c* = *t* in *tabarè*, *tabbarè* Tr. Av. 86 (frz. CABARET); *tascu* frz. CASQUE (Angleichung an?)

3) Allein steht: fa*miari* (camiari sonst im sicil. üblich) in Vallelunga Pb. I 136 (riscaldare il forno). Es wird

HAMAM chald. als Etymon angegeben, aber arab. *h* zu *c* sonst: HABBHAZIZ (arab.) pianta originaria d'Africa — *cabbasisa;* hebr. (?) HAJORDAH — *cajorda.* Pa. II 116 *famiari* noch in Caltavuturo; *camiari* in Palermo, *ciamiari* in Trapani = scaldare il forno.

β) Inlaut.

Intervocalisch ist nach. dem Accent *c* geblieben, vor dem Accent zu *g* und weiter entwickelt. Man vergleiche:

c bleibt:	*c* zu *g* (und weiter entwickelt):
lócu.	*curpiári* *CULPICÁRE.
fócu.	*cummiári* *COMICÁRE.
iócu.	*scurtiári* *SCORTICÁRE.
pócu.	*carrigári* Fb. 63 CARRICÁRE.
súcu.	*rigurdári, rigúrdu.*
tartúca Schildkröte.	*riurdína* V. 1113, *arrigordi*
ficatu Leber.	V. 827 RICORDARI.
lattúca LACTUCA.	*pagándu* PACÁNDUM R. 69.
dícu.	*lagústa* LOCUSTA.
	Siragúsa, daraus *Saraúsa.*
	addugári, adducari ADLOCARE.
cfr. W. Arch. III. Bd. p. 525	*munjári* (vielleicht fremd, frz.) R. 70, 72, Fb. 92, doch möglich *manducare* — mandicare (aus Analogie), mandigare, mandijari. *vinjari* R. 25 wohl von frz. venger (über altsic. *j* cfr. unten, divinjandu R. 12, divinjari R. 15, 24 neben divingirimu).

Scheinbar widersprechen der Regel: *pregu* — PRECOR C. 78, R. 2, das wie *focu c* behalten sollte. Doch hat sich das Präsens an endungsbetonte Formen des Infinitivs angeglichen, wo regelrecht *pregári* steht; man findet weiter entwickelt: *prijatu* V. 671, 674, 665.

Umgekehrt erklären sich aus Angleichung an das Präsens: *affucari* ADFAUCARE Ci. 359, *asciucari* EXSUCARE, die *affuari* geben sollten, aber nach Präsens *affócu*, *asciúcu c* behalten.

cicala statt *cigala* CIGADA ist vielleicht gelehrt.

Ein vereinzeltes *diju* kommt in Novara vor, wo lombardischer Einfluss herrscht.

II. $c + \begin{cases} e \\ i \end{cases}$ geht in eine Stridula über, welche wie im italienischen gewöhnlich durch *c* wiedergegeben wird, in den wenigsten Fällen aber = *č* (tsch) ist. In Caltagirone, Catania, Acireale, Taormina wird es allerdings nach Pb. I CX CIII «scharf» ausgesprochen. In Castellamare dagegen, behauptet Pap., habe *či* den Laut *sci*, «wie in fast ganz Sicilien». Es muss aber von einem *sci* ein *či* wohl unterschieden werden. De Greg. tadelt es z. B. an Böhmer Roman. Studien Heft X, dass er *ɣiši* DICIT schreibt, statt *ɣiči*. De Greg. schreibt auch: *piči* PECE im Unterschied zu *piši* PISCIS, und *činniri* Asche, dagegen *šinniri* SCENDERE. Avolio spricht ebenfalls von dem häufigen *raddolcimento dello c*, und schreibt *čima, čivu, pači.*

Auch ich hörte in Messina meist *č, š*; sehr selten, meist nur nach Consonanten, *č*. Diese weichere Aussprache ist die Folge des vocalischen Auslautes.

Sogar *ǵ* für *č* findet sich; cfr. Tr.:

ǵirasa neben *čirasa*, *ǵiuleppu* für *čiuleppu*; *ǵiuncu* für *čiuncu*; *ǵileccu* für *čileccu* sp. CHALECO, *ǵiaramedda* für *čiaramedda*, *ǵingili* für *čincili*, *ǵiafagghiuni* für *čiaffagghiuni* CEFAGLIONE, *ǵibu* Vallelunga Pb. III 12 für *cibbu*. Schon altsic. *ǵitati* A. R. 246, bei Scobar häufig.

ǵinisi (polvere di carbone) span. CENIZA. Oft liest man: *Siǵilia, soǵǵietà; surǵi* neben dem allerdings üblicheren *surči* oder *suriči* SORICEM, *soggira, soggiru* neben *soceru, socera* Ci. 123; *damiǵella* neben *damicella* Ci. 329; *bagilleri* für *bacellieri* Tr. In Novara und Pozzo di Gotto soll nach Pitrè *ǵ* für *č* stehend sein. LUCERE — *lugiri*; DICIT — *digi*; FECIT — *figi*.

Tr.'s Ableitung: *ǵivili* schwach, von CIVILIS, «*weil die Leute aus besseren Ständen, die civiles, vom Volke als weniger stark angesehen werden*» dürfte zweifelhaft sein. Noch zweifelhafter ist aber Av.'s Ansicht, es käme von DEBILIS. Nur

cin cingeschobenes *i* (diebilis, djebilis) könnte die unvolks-
thümliche Form *givile* geben, denn volksthümlich wird *dj*
zu *j* (DIURNUS — *jornu*).

$c + \begin{cases} e \\ i \end{cases}$ im Hiat $= zz$, nicht wie ital. *ćć*:

BRACCHIUM — *brazzu;* BILANCIA — *bilanza, valanza.*
ACIARIUM — *azzaru;* ERICIUS — *rizzu.* FACIO — *fazzu;* it.
MUSTACIOLA — *mustazzola. faczati* R. 11, *fazati* R. 41, 45;
LANCEA — *lanza.* LACEUS (nicht laqueus) cfr. Wölfl. Archiv
III 274 — *lazzu;* AMBRACIARE — *abbrazzari* V. 674 Siracusa;
abrazzandu C. 30; SOLACIUM — *sullazzu;* SOLACIARE — *sul-
lazzari* V. 684.

GLACIES — *jazzu, jazzera, jazzettu, agghjazzari.*
ECCE HOC — *zzò, azzò, zò* (dagegen ital. ciò) C. 9, R. 27;
PER ECCE HOC — *pirzò* (percio).
FRANCIA — *Franza* R. 7; *Francza* R. 8, 46, neusic.
durch ital. Einfluss Francia.
UNCIAE — *unzi* R. 26, 42, *unczi* R. 9.

Suffix -ACEUS =: *azzu*, mit pejorativcm, geradezu ge-
hässigen Sinn. In den Canzoni di sdegno ungeheuer häufig.
Alles, was die geschmähte Geliebte besitzt, wird mit diesem
Suffix benannt:

fałciazza Pa. I 309, *spaḍḍazzi, šicazzu* 308; *calinuzzi*
Pa. I 280, *ğinlazzi* 228; *kjumazza* 248, *ramurazza* 301.
puvirazza 301, *jumintazza* alte Mähre; *buffazza, fachi-
nazzu* ctc.

Suffix -UCEUS = *uzzu*, das Kosesuffix, in den Canzuni
d'amuri sehr häufig:

manuzzi Pa. I 282; *cartuzza* Pa. I 270; *ğiujuzza* Pa. I
272; *kjavuzza* Pa. I 283; *sanguzzu* Pa. I 286; *labruzza,
pittuzzu* etc.

In gelehrten Wörtern wird dagegen *ci* zu *ći: fałći*
FACIES; *audacia, beneficiu, speciali* etc.

$c + \begin{cases} e \\ i \end{cases}$ hinter Cons. findet sich bisweilen als *z*, statt

als *ć*: CARCEREM — *carzara, carzarati,* altsic. C. 61; von
CALX: *calzaturi, calzuni, calzuneḍḍdi;* AMONCELLARE — *amun-
ziḍḍari;* MERCEDEM R. 8 *merzi* neben *merci* R. 15; DOMINI-
CELLAS — *donzelli* R. 93.

Auch als *s*: RECEPTUM; nach Vocal: *risettu* Pa. II 82,
neben messinesisch *riġettu*; v. CALX, *quasetta, quasari, quasitteri*.

Die Schwankungen der Aussprache des $c + \begin{cases} e \\ i \end{cases}$ und
der häufige Uebergang zu *z* scheinen darauf hinzuweisen,
dass der Laut *ć* sicil. nicht volksthümlich ist. *ć, ś* und *z*
sind die entsprechenden volksthümlichen Laute. *ć* wider-
strebt dem Sicilianer ebenso wie *ġ* (cfr. u.).

Altsicilianisch wird $c + c$, *i* wiedergegeben durch
ch: *chilati* Q. P. 8, 14; *vichinu* 24; *dichi* 36, 43; *luchi* A.
R. 81; *chilatu* 86; *chelli* 102, *audachi*. Scob. *chichiru, chella;*
Fb. 68 *chipulli; auchellu* 70; R. 1, C. 11 *chentu;* C. 36 *cruchi*,
C. 51 *dulchi, vinchiri, pachi*. Bloss C. hat neben *ch* auch
c: *celo* C. 19; *fici* 46, nur vereinzelt *c* in R. 23, *circa* R.
26, doch ist C. eine sehr junge Hd. und wie schon Par.
p. 18 sagt, *c* wohl Angleichung an den späteren Usus.

Av. I. 120 will beweisen, dass dieses *ch* der alten
Texte nicht das jetzige *c* gewesen sei, sondern ein Zwischenlaut zwischen *k* und *ć*, der Laut des rhätoromanischen *ć'*
(Ascoli, Arch. glott. I L XLVI). Auch die Römer hätten
ch geschrieben, als sie *ce, ci* schon mit Aspiration sprachen:
chenturiones, pache, Prischae.

Zwischenstufen von lat. *k* zu *ć* oder *ć* sind natürlich
vorhanden, doch halte ich die Gründe von Av. für unzu-
reichend, um jene Zwischenstufe noch für die uns erhaltenen
Texte anzunehmen.

Av. stützt sich *a*) auf einige Wörter p. 121:
«*ciropi*ca CIROPICEM; *kirkiri* CICERCULA; *mucari* MUCERE;
duppricu DUPLICEM; *kircu* CIRCUS», die ein «*Beweis der antica
fase primitiva* seien. *Sie hätten nämlich nie die Veränderungen
des ce, ci mitgemacht und seien weder zum ć' des alten Dialectes, noch zum ć des neuen geworden.»* Ich meine aber,
wenn diese Wörter nie *ć'* geworden sind, sind sie kein Beweis für das frühere Vorhandensein von *ć'*. Die Wörter
zeigen bloss ein Verbleiben des gutturalen *c*: 1) vor *a, u*:
aber *ciropica, duppricu* sind Angleichungen an die 1. und
2. Decl.; *mucari* ist aus mucus gebildet. 2) Vor *e, i* in
kirkiri nicht bei Tr., das nicht von *cicercula* kommen kann,
und *kircu*, das nach Tr. selten ist.

β) Auf der sagenhaften Erzählung, dass zur Zeit der Vesper die Sicilianer den Verdächtigen das Wort *ciciri*, damals *chichiri* geschrieben, aussprechen liessen und den tödteten, der *kikiri* aussprach. Nach der jetzigen Aussprache sei dieses unmöglich, denn wenn die Franzosen sich dem jetzigen *ćiciri* oder *čičiri* hätten nähern wollen, würden sie, so meint Av., *šiširi* oder *sisiri* gesagt haben, aber nie *kikiri*. Der von den Sicilianern geforderte Laut müsse also zwischen *ć* und *kj* gelegen haben, d. h. das Ascoli'sche *ć''* sein.

Die Erzählung ist hier nicht minder unsicher als der Beweis. Nach einer andern Fassung, die ich hörte, hätten nämlich die Franzosen *sisiri* gesagt. Aber selbst angenommen, A.'s Angabe sei dem Thatbestande entsprechend, (woher Av. die Anecdote hat, gibt er nicht an) so erklärt Av. nicht, wie dann die Sicilianer die altfranz. Wörter ausgesprochen hätten, die er mit *ch* geschrieben als altsic. anführt: cfr. Av. p. 54 ff.

CHARME — *charmu;* CHARMER — *charmari;* CHANTRE — *chantru;* CHAEIRE — *chera;* CHALUMELLE — *charamella;* CHEMINÉE — *cheminia;* BOUCHER — *bucheria;* BROCHE — *brocha;* PUCHOT — *pichottu.*

Die Franzosen sprachen in der 2. Hälfte des 13. Jahrhunderts *ch* = *š* (cfr. Joret: du C. p. 201), und diese Beispiele sind franz., nicht speciell normannisch, da normann. *c + a* bleibt im Küstenstrich (cfr. Joret. p. 249) oder = *tsch* ist, im Innern (cfr. Joret Gloss.). Hätten nun die Sicilianer damals *ch* = *kj* ausgesprochen (cfr. oben) oder ähnlich als *ć'*, so hätten sie doch das franz. *ch (= š)* nicht durch einen so unähnlichen Laut, sondern durch *š* wiedergegeben. Und das haben sie sogar in franz. Wörtern gethan, wie aus Av. p. 53 erhellt, wo wir das Wort *amuććari*, das er von frz. MUCHER ableitet, als altsic. *amuxari* und *amuchari* verzeichnet finden. *x* ist aber = *š* in den alten Texten = franz. *ch*, demnach ist *š* = sic. *ch* nach Av. selbst. Bezeichnete aber das *ch*-Zeichen einen *š*-Laut in diesen franz. Wörtern, so kann *ch* auch in den sic. Wörtern *š* oder *ć*, das altsic. nicht unterschieden wurde, bezeichnet haben. Man hätte also damals schon so gesprochen wie heute. Die Schreibung der franz. Wörter scheint mir beweiskräftiger zu sein, als Av.'s Anecdote.

b) In Verbindung mit Consonanten.

α) $c + r = gr$, in Fällen, wo der Accent nach *cr* folgt: *consegrári* C. 75, dagegen *sácru* C. 19, freilich auch *consacrari; sagrifízi* Ci. 267, *segritáriu* Ci. 337; *sgrignu,* daneben auch *scrignu* = ital. scriguo. In Palermo, Marsala, Mangano fällt *g* sogar aus, unter derselben Bedingung: *sirétu* SECRÉTUM; *saristía* SACRISTÍA; *sariflciu* SACRIFICIUM.

Vereinzelt: *simulduru* SIMULACRUM Av. J. 137 Cod. Sciel. Angleichung an lauru?

β) $c + n = nn$: TECNICU — *tennicu.*

γ) $c + t = tt$: FACTUM — *fattu;* octo — *ottu;* PECTUS — *pettu;* EXPECTARE — *aspittari.*

Altsicil. ebenfalls *tt;* wenn wir auch finden, *aspectatu* Fb. 58, *octu, defectu, fructi* etc. ist doch *tt* gesichert durch Schreibungen, in denen ohne Grund *c* eingeschoben wird: *nectu* NITIDUS; *admectiri* ADMITTERE; *mictila* METTILA; *menczu* MEZZU; *bacta* von BATTERE; *accactarilu* Fb. 58, *lanctura* ANTE-HORAM + 1. prothetico = nuper, *tucti* Fb. 58 TUTTI.

Ausserdem finden wir *tt*: Fa. 116 *tutti, resurettioni.*

Die Mundart von Novara hat für *ct* — *t: petu* PECTUS; *fatu* FACTUS.

δ) $c + s = ss$: *fissu* FIXUM; *lissa* LIXA; *lussu* LUXU; *tassari* TAXARE; *tessiri* TEXERE; *tessicu* TEXICUM; *esempiu* EXEMPLUM; *esperimentu* EXPERIMENTUM neben etymologischer Schreibung: *experimentu,* Fb. 69, *expritamenti.*

c) In Verbindung mit *l* + Voc.

α) *cl* volksthümlich zu *kj:*

CLAUDERE — *kjudiri;* CLERICUS — *kjiricu, kiricu;* CLAVUS — *kjovu;* CLAMARE — *kjamari;* CLAVETER (cat. Av. 75) — *kjavitteri;* OCULUS — *ockju;* CUNICULUS — *cunikju;* FENUCULUM — *finockju;* GENUCULUM — *jinockju;* INCLARESCERE — *'nkja-resiri;* ECCLESIA — *kjesa; cannuckjali* CANOCUL-ALIS.

β) *cl* mundartlich, in den Mundarten von Noto und Modica — zu *č:*

CLAMARE — *čamari;* CLAVUS — *čiovu;* MACULA — *mačča;* CLAUSA — *čosa;* SPECULUM — *spečču;* OCULUM — *očču.*

γ) *cl* bleibt in gelehrten Wörtern:

clandestinu; clarettu Clarett; *classi* Ci. 374; *clarinetta; claudicanti; clarificari; clamuri clammurusu* neben volks-thümlich *kjamari; clava, clavicula; clavigellu; claustru* Kloster (volksthümlich conventu), daneben *kjostru,* bloss der Hof des Klosters genannt.

δ) *cl* zu *cr* (darüber cfr. § 22 a).

Die Schreibung der altsicilianischen Texte bietet, wo sie nicht etymologisch verfährt, *ch.* CLAVIS — *chavi,* eben-so für *kj* aus *pi: chanu* aus PIANU, auch für *kj* aus *tl* (cfr. § 17 c) *vechu* aus VET(U)LUS. [1]

Da im altsic. gewöhnlich *ch = t* ist (*chima = tima,* s. oben), läge die Vermuthung nahe, dass damals *ch = t,* wie jetzt in Noto und Modica gesprochen wurde. Par. nimmt es für seine Texte C. und R. an und folgert daraus, dass sie aus der Gegend von Catania stammen, «*wo jetzt noch t gesprochen würde*». Letztere dem P. und W. ent-nommene Behauptung haben wir unter p. § 9 c) zurückge-wiesen. Par. könnte bloss annehmen, dass die Texte aus Noto und Umgegend stammen. Der Ursprung aus solchen Gegenden kann aber nicht für alle alten Texte angenommen werden. Es müsste also, da sie alle *ch* schreiben, früher in ganz Sicilien *ti* gesprochen worden sein. Daraus hätte sich aber schwerlich im grössten Theile Siciliens das jetzige dem *k* näher stehende *kj* entwickelt. Auch Av. hält *kj* aus *t* lautphysiologisch für unmöglich.

Nach meiner Ansicht ist *ch* schon wie jetzt, als *kj* aus-gesprochen worden. Av. erhebt zwar Einwendungen da-gegen. Er meint, die Tenuis Gutturalis + *e, i* wäre altsic. stets durch das Zeichen *kj* wiedergegeben worden, und nicht durch *ci.* Dem widersprechen aber folgende aus Av. selbst entnommene Beispiele:

Cod. Scicl. p. 130 *nun chi riuxiu, chi lo populo di Xicli si moxi tuctu.* Das erste *chi* ist allerdings = *ti,* das zweite aber = *che* QUOD. «Es gelang ihm nicht, denn das Volk von Scicli erhob sich ganz.

p. 131 *che,* 131 *chi li salvau* QUI; *li barchi di li in-*

---

[1] Im folgenden behandele ich aus praktischen Gründen die Ent-wickelung von *kj* aus *cl, pl* und *tl* zusammen.

fidili; Canz. Protonot.: *che mi fere plu* chi *altru amaduri* (mehr als). Ausserdem in R. 54 *Franchiski* neben 56 *Franchischi* (im selben Wort *chi* = *ć* und *k*); Fa. 126 *poteche* aus *apotheke.*

2) Selbst wenn die Gutturalis + *e*, *i* stets durch *k* wiedergegeben würde, wäre das kein Grund anzunehmen, dass *ch* im altsic. nicht = *ki* lautete. Aus der unzuverlässigen Schreibung der alten Texte ist kein sicherer Schluss auf die Aussprache zu ziehen. In dem sorgfältigsten Texte Q. Pr. findet man: *quistu* 22 neben *ki, quilli, ki* 46; *in quistu puntu* neben 47 *killu,* 50 *quilla vita.* Wenn *qui* = *ki,* so ist auch *chi* = *ki.*

3) Endlich findet sich in altsicilianischen Texten selbst *ki, kj* für *cl, pl, tl:* Fb. 59 *kjamau* CLAMAVIT; Fb. 99 *kiricu, kiriki* CLERICUS, CLERICI Fb. 111; Fa. 120 *inkinau* INCLINAVIT. A. R. schwankt: *ochi* neben *ocki* cfr. Av. p. 11: *aurick* neben *aurichi, incumbari* neben *inchumbari* IMPIOMBARE, *furtikellu* und *furticellu* VERTICULUM.

Ein Beweis gegen die Aussprache *ki* liegt also nicht vor und auch hier, meine ich, ist die Aussprache der alten Texte schon die jetzige gewesen. Av. dagegen denkt, es wäre damals *li* gesprochen worden. Die Entwickelung, wie er sie sich vorstellt, giebt er uns p. 119 in folgendem Schema:

$$
pl, fl, cl, tl \atop pj, bj, dj \left\{ {j\ (jaga, judiri, \atop plaga, claudere \atop im\ Innern)} \right. \left\{ {li \left\{ {kj\ (kjavi) \atop ć\ (ćavi)} \right. \atop {humi \atop (flumen)} \atop j \left\{ {ghj\ (ghjummu, plumbum, Syracus.) \atop ǵ\ (ǵita, ǵivili, beta, debilis).} \right.} \right.
$$

Wie verlockend es auch sein mag, die Entwickelung aller Consonanten + *l* oder Hiat *i* zu parallelisiren, so ist doch Av.'s Theorie nicht stichhaltig. Denn aus so verschiedenen Lauten, wie *pl* und *bl, cl* und *dl* kann nicht ein einziger Laut *j* entstehen, wenn er gleich nachher wieder

eine verschiedenartige Entwicklung verfolgen soll: *h, j.* Ist
der Unterschied zwischen *Media* + *l* und *Tenuis* + *l,* sogar *Labial fricativa* + *l,* geschwunden, so ist es undenkbar,
dass er gleich wieder auftaucht. — Sehen wir aber auch
vollständig ab von der nicht hierher gehörenden Entwicklung von *fl, bj, dj,* so ist schon allein die Entwicklung von
pl, pi, cl, tl nicht möglich. Selbst wenn *j* sich zuerst
daraus entwickelt hätte (die Formen *jaga, judiri* sind belegt
bei P. cfr. u.), so würde sich aus diesem *j* doch nie ein *h*
(nach p. 117 deutsches *ch* in lachen, moderngriech. *χ,*
Gorgia Aussprache, wie Ascoli XLV Arch. glott. I es beschreibt) gebildet haben, sondern höchstens ein *ghj* (cfr. *j*)
und daraus erst ein *kj.* Versteht aber Av. unter *h,* wie
nach p. 116 scheint, *kj* (*li* [*fichiu*]), p. 119 *li* (*fikju*), so
versteht man auch nicht eine directe Entwicklung von *j* zu
kj ohne die Zwischenstufe *ghj.* Wie es auch Av., der in
Bezug auf sein *h* sehr unklar ist, gemeint haben mag, jedenfalls ist seine Theorie unhaltbar.

Einfacher scheint folgende Erklärung: *cl* entwickelte
sich wie ital. zu *kj* (CLAVIS — *kjave*); *tl* ebenso wie ital.
zu *kj* (VETLUS — *vechio* = *vekju*); *pl* wird zuerst wie ital.
pi, dann aber folgt die *labiale Tenuis* + *i* dem Beispiele
der Gutturalen und Dentalen, und *pj* wird *kj.* Dies allgemein sicilianische *kj* kann sich mundartlich gut zu Noto's *č*
entwickeln. Was das *j* in *jaga* Pa. I 230, V. 922 (piaga)
Casteltermini, Caltanisetta, *juji* (chiudi) Pa. I 268[1] betrifft,
so könnte es eine Erweichung des anlautenden *kj* darstellen,
natürlich aber nur durch *ghj,* das auch vorkommt (vereinzelt
in Syracus: *ghjummu* für *kjummu* PLUMBUM, in Palermo
ghiummazzu, Tr. *ghiaccu* für *chiaccu*; vgl. die Erweichung
der Tenuis in die Media, cfr. *p—b, c—g* etc.). *ghj* zu *j*
ist aber ganz regelrecht: *g* + palat. voc. — *ghj.* — *j.*
(Eine Form *liaia* CAVEA, die Av. 117 zur Bekräftigung seiner
Ansicht anführt, gehört nicht hierher, da sie *c* + *a* und
nicht *cl* betrifft. Ich finde sie aber sonst nicht belegt.)
So würde sich dies Schema ergeben:

---

[1] Eine Erkundigung in Caltanisetta ergab allerdings das Resultat,
dass dort *chiaja* gesprochen wird. Ob es aber ganz volksthümlich ist?

ŧ in Noto, Modica

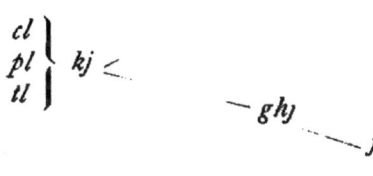

§ 14. qu.

a) Vor *a* bleibt *qu*:

qua*nnu*, qua*ntu*, qua*ttru*, qua*rtu*, qua*rauta*, squa*tra* (von quadratus), *aqua*. Der Laut *qua* sehr volksthümlich: cfr. *cau* = *qua* (unter c § 131). Onomatopoetisch sehr häufig gebraucht: *quaquaracquà* — Schrei der Wachteln; *quacquara* Pitrè: *così dicono i fanciulli ai corvi volanti, quando essi piegano troppo per poca forza dell' arco*. *quanquaru*, in der Redensart, *fari lu Don quanquaru* = *far il quanquan* herumpfuschen, sich in alles mischen. *quaquenchiaru* sagt man von einer einfältigen Person.

Manchmal wird *u* eliminirt oder mit *a* zu *o*: *cartabonu* (ital. quartabuono), *carchi* und *corchi* (cfr. § 1 a) für *qualchi* QUALISQUE, das auch vorkommt; *quarcunu* neben *corcunu* QUALISQUE UNUS.

b) Vor *o*, *u* ebenfalls, auch hier *u* mit *o*, *u* zu einem Vocal verschmolzen: *quotidianu* neben *cutidianu*; COQUUS zu *cocu* (cfr. it. cuoco).; LIQUOREM — *licuri* (gelehrt).

c) Vor *e*, *i* bleibt *qu* nur in gelehrten Wörtern:

vor *e*:	vor *i*:
querela.	*ossequiu* Ci. 376.
querelari.	*equipaggi*.
querennari lat. QUERENDUM	*quindena*.
= notare i difetti per correggerli.	*quisquigghiu*.
quesitu, *questuari*.	*quittari*.
questurinu.	*liquirizzia*.
consiquenza.	

Volksthümlich ist dagegen die Abwerfung des *u* in Gutturalen: QUINDECIM — *kinnici* neben *quindeci* Catania

7

V. 716, QUID — *kè* (*cúi* aber mit Betonung des *u* beruht auf CUI Dat., vgl. das frz. accusativische *qui* = afrz. *cúi*; *par qui* = afrz. *par cúi*); sp. QUINOLAS, ein Kartenspiel — *kinula*; QUETARE — *kitari*; (QUIETUS – *cújetu* ist Lehnwort cfr. it. *cheto*, frz. *coi* s. Horning, Rom. Zs. IX).

Seltener: Abwerfung des unbetonten *i* nach dem *u*: AQUILA — *acula*; SEQUITARE — *sicutari* (neben *sequitare*). Palatalisirt wird *q* in Folge früher Aufgabe des *u* (cfr. Wölfl. Archiv I p. 546 *cinque, cinquaginta* schon vulgärlat.), wenn das Wort zwei Gutturale enthält.

QUINQUE — *tinque*; QUINQUAGINTA — *tinquanta*; COQUERE — *cociri* (Arch. I 548 *cocere* vulgärlat.); QUERCUS — *tersa, celsa*, während *quercia* gelehrt ist.

§ 15. g.

a) Vor und zwischen Vocalen.

I. $g + \begin{cases} a \\ o \\ u \end{cases}$

α) Im Anlaut:

1) *g* bleibt im gewöhnlichen Dialect: *galuni, galuneddu* Borte, *guneḍḍa* Ci. 355 (ital. GONELLA), *gattu* die Katze, *gaḍḍina* die Henne, *godiri, gottu, governari* etc. Altsic. auch cfr. Par. Keine Ausnahme ist: Cod. Sciel. *ioia*, Canz. Prot. *ioi, intusamenti*[1], das vom franz. *joie* kommt.

2) In der Mundart von Palermo wird *g* abgestossen vor *a, o, u*: '*aḍḍu* GALLUS; '*aḍḍina*, '*alera* GALERA; '*amma* GAMBA etc. In Modica ebenfalls, doch hinterlässt es dort nach G. XII eine Art Gorgia-Aussprache: '*u* '*ustu*, '*a* '*urpi* (lu gustu, la gurpi, secundär *g* aus *v*, VOLPES) wie pisanisch, florentinisch *la* '*asa, mi* '*onoše*.

3) In den Mundarten von Messina, Milazzo, Aci, Noto, Sciacca, Casteltermini, Erice, wird *g + a, o, u* = *j: jaǧǧi*

---

[1] *i* für *ǧ* kommt altsic. auch sonst für frz. *ǧ*, ital. *ǧǧ* vor; nach Beispielen Av.'s *foria* (von frz. *forge*, neusic. *forǧa*), *seia* (afrs. *seige*, ns. *seǧǧia*), *buia* (afrz. *boulge*, doch weder bei Littrè noch Godefroy belegt, ns. *buǧǧa*); *tirraiu* (cat. *terratge*, ns. *tirraǧǧu*). — Doch sagt Av. nicht, woher er diese Formen hat.

Ci. 373 Messina; *jaddu* C. 148; *jaddinedda* Ci. 97; *janga*
Ci. 328 (Tr. GANGA); *jaggiuzza* V. 568 Aci; *justu* GUSTU
V. 247 Casteltermini; *jabbari* GABBARE, *jaddu*, *jancularu*
Noto; *jalera* Av. C. 125, Chiaramonte G. C. LXXII *jialeri*.

4) Sporadisch wird in gelehrten und fremden Wörtern
g = *c*: *cunfaluni* it. GONFALONE, ahd. gundfano, neben
gunfaluni (Angleichung an *con-?*), *calosa* neben *galosa* franz.
GALOCHE; *cabella* neben *gabella*, *cafuni* nach Tr. von ital.
GOFFONE. Nach Av. p. 9 in Noto «da wo es nicht zu *j*
wird». Da es aber in volksthümlichen Wörtern = *j* ist,
so ist diese Bemerkung keine Einschränkung unserer Regel.
cuvernu, *cuccidatu* (sic. *gucciddatu* von BUCELLA nach Tr. *b*
zu *v* zu *g*).

β) Inlaut.

1) Volksthümliche Entwickelung.

a) *g* nach *e*, *i* = *j*, schwindet dann, d. h. geht
in *e*, *i* auf.

Beispiele: *j* noch vorhanden: *prijamu* C. 459; *prjata*
Ci. 122 von PREGARE aus PRECARE; *m'anneju* V. 781 Mineo,
neju, *arrineju* von NEGARE V. 2839; *lijamu*, *lijari*.

In *i* aufgegangen, wie Av. aber ausdrücklich für Noto
bemerkt, oft noch wie *j* ausgesprochen: *priatoriu* PURGA-
TORIUM; *riala* Ci. 457 von RIGALARE, *riali* V. 607 Syracus
von REGALIS; *anniatu* Ci. 347 ANNEGATO, *gianti* GIGANTI,
castiari CASTIGARE; *affatiarisi*, *affiurari*, *liaturi*, *liati* V. 299,
425, 1001; *siu* SEGO V. 2472, *fiura* V. 1638 Syracus, 1175
liustru LIGUSTRU.

Am klarsten zeigt sich die Entwickelung an EGO —
eju V. 1229 Termini, V. 1343 Camporeale, dann *eu*, Caltagirone V. 1121, V. 839, Ribera 864, Boccadifalco V.
981, Terrassini V. 991, Camporeale V. 993 (cfr. mit obiger
Form *eju*, aus demselben Orte, was auf das Aufgehen des
j in den Palatalvocal hinweist) Carini V. 1042, 1417, Palermo 1161, Borgetto V. 544, Rosolini 813, Fb. III 4;
dann mit *j*-Prothese: *jeu* Salaparuta, Geraci, Cefalù V. 1073,
Pa. I 341, Termini V. 671, 1145, 1226, Palermo V. 689,
Marsala V. 1960; *ghieu* (*j* verstärkt) Marsala Pap.

Aus *jeu* *jiu*, wie *Deu* — *Diu*, *meu* — *miu* im

7*

Osten der Insel; im Innnern Vertauschung des Auslauts *u* mit Auslaut *a* (dort gebräuchlich, cfr. Beispiele unter den unbet. Voc.) *jia* Alimena V. 1346, Casteltermini V. 926; auch statt *a*, *ni* angehängt: *jhini* Caltanisetta Pap. — Die modernste in Messina gebräuchliche Form ist das aus *jiu* contrahirte *ju*, auch *iu* geschrieben, aber stets *ju* gesprochen, nicht wie ital. *io*. Auch in Syracus V. 1015, Catania V. 675 etc.

b) g $\begin{cases} \text{nach } a \text{ vor } u \\ \quad _{\shortmid\shortmid} \quad u \quad _{\shortmid\shortmid} \quad a \end{cases}$ schwindet, d. h. geht in *u* auf.

$a + g + u$:	$u + g + a$:
stráula STRAGULA.	*rúa* RUGA.
aústu AUGUSTUM.	*attnátu* ATTOGATO, elegant
fráula FRAGULA Ci. 359, V.	Pa. II 890 (quasi volesse
63.	dirsi con toga).
fáu FAGUS.	*adduari* ADLOCARE.
máu Pb. IV 332 MAGU.	
Raóna ARAGONA V. 1329.	
raú frz. RAGOÛT Av. 86.	

c) g nach *á*, vor *a* — *j*: PLAGA — *praja* Pa. II 136 neben *kjaja; ćiajatu* V. 496 Rosolini; *majasenu, majariu*, die Form *maa* ist keine Ausnahme, sondern Analogie zum Masculinum *máu*, ebenso *paari* (neben *pajari*) analogisch zu *páu* 1. Pers. Ind. Prs.; Ausnahme wäre nur *paúna* Pa. II 132 p.

2) In gelehrten Wörtern bleibt g: *paraguni* Ci. 333, *surrugata* Ci. 338, *arruganza* Ci. 338, *pregu* Ci. 266, Aci V. 422 in gelehrter Rede, *augustu* Ci. 316, Pa. II 432.

3) Sporadisch findet sich *c* für g in: *intricu* Ci. 135, *intricari, intricanti*, häufiger als *intrigari; vacabunnu* neben *vagabunnu, arca* neben *alga, arga*, it. ALGA t. bot. *'mpicari* nach Av. cat. APEGAR, leimen; *spicari* cat. DESAPEGAR, lösen; *surrucata* Av. 82 cat. SOTRAGADA (colpo forte che viene dall' alto); *stricari* it. *fregare*, reiben, nach Av. cat. ESTREGAR, doch findet sich das Wort bei Labernia nicht; *picata* nach Av. 78 von cast. *pegado* (impiastro teso sulla tela), dies Wort aber bei Seckendorf nicht; wohl aber von cat. PEGADET (cfr. Labernia) möglich. So hätten wir viermal cat. g vor *a* zu sic. *c*; *sicaru* Cigarre, geht wohl auf ital. zurück.

Anmerkung: Prothese des *g*, gebräuchlich im Innern der Insel, in S. Cataldo, Caltanisetta, Casteltermini, Santa Catarina, Geraci-Siculo, cfr. Pap. Caltanisetta: *g|una*; *scilirati g|umini non vignu ga la prisenza*; *g|acuminzuannu* Pb. IV 157 Casteltermini *li g|uricki* LE ORECCHIE, *g|asinu* Tr. Cataldo. In Palermo wird *g* bloss gebraucht nach betonten einsilbigen, mit ausgefallenem Auslautscons. (cfr. § 24): Pb. I 138: *quant' è gautu*, neben *quant' autu si'* 137 *quantu autu si* 138. — In manchen Wörtern verflüchtigt sich diese Prothese zu einem blossen Spiritus asper (gorgia) cfr. Pb. II 196.

Epenthese des *g* in Geraci beim Hiat *o: idega, nugatri*.

II. $g + \begin{cases} e \\ i \end{cases}$ — α) Volksthümlich zu *j*.

Anlautend: GENUCULUM — *jinockju* Knie; GENERUM — *jennaru*; GEMELLUS — *jemulu*; GYPSUM — *jissu*; GENISTA — *jenistra*; DIGITUS, durch Metathesis GIDITUS — *jiditu*; GIBBUS *jimmu*.

Inlautend: FUGERE — *fujiri, fui* V. 1616 (*j* in *i* aufgegangen); FRIGERE — *frijiri, früri*; LEGERE — *lejiri*; REGERE — *rejiri, ref'ri*; PORRIGERE — *projiri*; von SURGERE — *surüssi* V. 511.

Wo *j* mit *i* zusammenkommt, geht es in *i* auf: SARTAGINEM — *sartaina*, PROPAGINEM — *prubbaina* Pb. III 337 (neapolit. auch *propajena* — *propaina* — *propoena* cfr. Flechia: *nel 50. anniversario cattedratico di G. J. Ascoli 1886 Torino*); QUADRAGESIMA — *quaraisima*; PLACITELLA — Noto *ciaitedda*; SAGITTA — *saitta* (doch hier auch Ableitung aus ital. *saetta* möglich).

Altsicilianisch ist *g* zu *j* ebenfalls verwandelt, wenn auch die etymologische Schreibung mit *g* noch überwiegt: *sagitta* R. 67; *fugiri* C. 39; *admagistra* C. B.; *genti* Q. P. 5, 9; *fuginu* 41; *fugiri* etc. Aber Par. hat p. 20 schon neben *Rugeri* R. 87, 92, auch *Rujeri* R. 54, 87 (Graf Roger, Eroberer Siciliens). Ausserdem spricht für *g* — *j* im altsic. 1) die umgekehrte Schreibung *g* für *j* resp. *i* in A. R. 136: *sigi benvenutu* = che tu sia . . .

138: *fack sigi ben creatu*;

140, 171: *Vack sigi benedittu* (ck = ki)

V. B. C.: *sigi secretu, ben sigi tu venuto* für gewöhnliches *sii*.

Q. Pr. str. 7: «*li donni iscativvatti pir li burdella* giri (von *ire*, mit *j*-Prothese, jetzt sic. *jiri*).

Die Annahme, dass damals *g = ǵ* gelautet, ist abzuweisen, da *ǵ* nie jetziges *j* ergeben hätte. Unbegründet ist auch Av.'s Behauptung, *g* hätte *gghi* gelautet, zumal da jetzt noch in Noto für *g* + *e, i, ghj* sich findet: ARGENTUM — *arghientu* V. 558; LEGERE — *legghjiri, maghjistri, legghji*.[1] Man kann allerdings wohl die Zwischenstufe *gghj* zwischen *gi* und *ji* zulassen, die ja lautphysiologisch berechtigt ist, doch sind nach meiner Ansicht nicht genügende Gründe vorhanden, um dieselbe für unsere alten Texte noch anzunehmen. Sowohl die obigen Beispiele umgekehrter Schreibung, die ein *g = ghj* schon unmöglich erscheinen lassen und schon für *g = j* sprechen, als die von Av. angeführten Reime der 3. Str. Q. Pr.: *spii, brigi, ligi, rigi*, «*die gelesen werden müssten spig*hi, (*spieg*hi); *brig*hi. *lig*hi, *rig*hi» - warum *ghi*, wird nicht gesagt — sind hierfür nicht ausreichend; *ji* sollte man doch eher meinen, umsomehr da p. 136 Anm. 1 Av. *spii* aus PETERE + *s*-prothet. ableitet (*pidere ǵ* zu *i!, t* zu *d!*). Aber p. 10 hat er diese Ableitung vergessen und leitet *spii* von *spieghi* ab. SPIEGARE heisst aber nicht fragen, sondern erklären (*spii* von *spiari*, ital. *spiare* ist von ahd. SPEHON abzuleiten, cfr. frz. *épier*).

β) *g* + $\left\{ \begin{array}{l} e \\ i \end{array} \right.$ = *ǵ* in gelehrten und italianisirenden Wörtern:

ǵeometri Ci. 343.	*ǵemma* Ci. 176.
ǵeografu.	*ǵilatina*.
ǵeniu, ǵeniali Ci. 380.	*ǵenerazioni*.
ǵeniri Ci. 98.	*ǵilusia*.
ǵiallu.	*ǵestu*.
ǵiojellu.	*ǵirari*.

---

[1] Noto gibt allerdings auch primäres *j* durch *gghj* wieder (cfr. *j*), sodass man obige Formen so entstanden annehmen könnte: *argentum — arghientum — arjentu — arghjentu*, cfr. *j* zu *ghj* durch Verstärkung § 24.

germi.
caliggini, caligini Ci. 353.
indulgenti Ci. 335.
culeggiu Ci. 341.
priggiuni.

generali, gendarmi.
rigidu Ci. 333.
rigistrati Ci. 267.
virtiggini Ci. 353.

Das Sicilianische spricht sogar bei diesen gelehrten Wörtern *gg*; den ihnen ungewohnten Laut suchen sie gleichsam in Folge der Mühe bei der Einprägung fester einzusetzen (cfr. *bb* für *v* in gelehrten Wörtern). Man vergleiche aus gleichem Stamme:

Volksthümlich:
iinia = moltitudine, razza d'animali
greja, Heerde Schweine.

Gelehrt:
genia, übertragen = generazione vile, abietta.
greggi, die Heerde überhaupt.

Der specielle Begriff ist volksthümlich, der verallgemeinernde gelehrt gebildet.

MAGISTER — *maistru, mastru;*
v. GELU — *jilata* = gelo, ghiaccio cfr. frz. la gelée.
v. REGILLUS — *rüddu riuzzu.*

magistratu Ci. 334.
gelu, eccesso di freddo.

regina, rigginedda, reggina
V. Mineo 705.

γ) In Fremdwörtern:

apparaggari (aguagliari) altsic. *aparagiari* afrz. APARAGER.
burgu (cumulo) von afrz. MURGE Roq. cfr. Littrè: «*murger, terne provincial, monceau de pierres, En Brie et en basse Bourgogne merger*».
orgu frz. ORGE Gerste, it. *orzo*.
gebbia von arab. GEBBE = *gorgo*; DJEB bei Av. 44.
gurana, rospo, rana arab. DJERANA.
margu, terreno acquitrinoso arab. MARG' e MARDG'A nach Av. 45 (afrz. marage, deutsch marsch, Niederung, Weideland, Kluge, etym. Wörterb.).
'nfurmaggatu adj. = tediatu, disgustato von cat. ENFORMATJAT Labernia.
tiraggu — cat. TERRATGE, la rendita che si paga dal coltivatore al padrone della terra (cfr. p. 147 Anm.)

b) In Verbindung mit Consonanten.

α) *gl* — *ghj*: *ghjazzu* Tr. neben ital. *ghiacciu* erweicht zu *j*: *jazzu*, *jazzera*, *jazzettu*; *ghiommaru* Ci. 327 GLOMER; *ghiru* GLIRIS; *ghianna* GLANDEM. Gelehrt bleibt *gl*: *globi*, *globbu* Ci. 342, 366; *gloria*, gl*adiaturi*, gl*assè* GLACÉ; gl*uriedda* frz. GLORIETTE.

β) *g* + *r* bleibt im Anlaut in der Schriftsprache: *grillu*, *greja*, *grecu* V. 313, *granatu* Lentini V. 5, *gradu*, *grassu*; in gewöhnlicher Rede wird es ausgestossen. Wie geläufig dies ist, zeigt der Umstand, dass Tr. es für nöthig hält, viele mit *gr* anlautende Wörter unter *r* anzuführen: *'ranfa* GRANFA; *'ranni* GRANDI, *'rannula*, *'ranza* GRANZA; *'rastu* GRASTU, *'rastera*. In Messina auch cfr. Texte. In Alcamo, Borgo, Termini, Marsala, Noto, Modica: *'ruossu*, *'ruppu*, *'ratari*, *'ravusu*, Aci V. 655: *l'aroi* (fieli di gru), *a*-Prothese nach Abfall des *g* (über das *r* § 23).

γ) *g* + *r* schwindet im Inlaut, wohl durch *jr*, da sich noch *ajru* AGRUM findet.

ALEGREZZA — *lirizza*; *alleramenti* Ci. 335, *allariari* V. 3, *pillirinu* V. 163; *aurusu* AUG(U)RUSUM Pa. I 222; secund. *g* in *lagrimi* — *larimi* V. 1130, freilich vereinzelt.

Ein *u* entwickelt sich bei Ausfall des *g* vor *r* in: NIGRUM — *niuru* Tr. Ci. 445, V. 865, V. 585, 430, und *cauru* V. FLAGRARE. [1]

δ) *n* + *g* + $\left\{ \begin{array}{l} e \\ i \end{array} \right.$ = *nǧ*, dann zu *nč*:

PINGERE — *pinčiri*; CINGERE — *činčiri*; ANGELUS — *ančilu*; PLANGERE — *kjančiri*; FINGERE — *finčiri*; MUNGERE — *munčiri*; STRINGERE — *strinčiri*; TINGERE — *tinčiri*; INGENIUM — *nčeñu*; SANGISUCA — *sančisuca*; cat. ESTRANGERO — *strančeru*; afrz. FONGE — *funča*; VENGIER afrz. — *svinčarisi* (mit *s* Prothet.); arab. MEGIARRA mit epenthet. *n minčarru* — schon altsic. *juncendo* C. 7; *plančiri* C. 21; *planchinu* C. 80.

Nur in Mangano, Bisacquino, Salaparuta, Novara bleibt *ǧ*: *munǧiri*, *finǧiri*, *tinǧiri* etc.

<hr>

[1] Auch in anderer Stellung hinterlässt *g* ein *u*: FATA MORGANA — *Fata Muruana* V. 731.

$$\varepsilon)\ n + g + \begin{cases} a \\ \cdot o \\ u \end{cases} = \dot{n}\ (ng)\ \text{nach de Greg. p. 22}$$

§ 7, die Nasalis Gutturalis, bei deren Hervorbringung die Zungenwurzel an den weichen Gaumen gelegt wird und die Luft durch die Nase entweicht. Es sei derselbe Laut, der in den Mundarten des Piemonts gebräuchlich sei: *cateṅa*, nicht der velare sonst in Italien gebräuchliche. *liṅua* = lingua, *loṅa* LONGA, *staṅa*, *maṅanu*, *faṅu* FANGO, *ziṅaru* ZINGARO. (Der deutsche Laut in «bangen, Wangen», nicht der Laut, der in einigen Gegenden Deutschlands in «bang» ausgesprochen wird, mit stärkerer Hervorhebung des *g*, wie Bank, aber *g* statt *k*.)

In Modica wird dieser Laut zu *ñ*: *luoñu* LONGUS G. LXXXVIII; *sañu* SANGUE; *aña* ANGA, *stañu* STANGA, *añuni* ANGONEM.

ζ) *g* + *n* = *ñ*: REGNUM — *reñu*; SIGNUM — *siñu*; DIGNUM — *diñu*.

§ 16. j.

a) Volksthümlich bleibt *j*:

JANUARIUS — *Jinnaru*; JUVENCUS — *jencu*.
JUGUM — *jugu*; JUMENTUM — *jumentu*.
JOCUM — *jocu*; JECTARE — *jittari*.
JUNGERE — *junciri* V. 522 Mineo, V. 607 Palermo;
PEJUS *peju* Mineo V. 781.
Altsic.: JAM — *ja, ia* A. R. 50, 82, 152; C. B. *ia* XVIII, XIX; Q. Pr. 152 p., Fb. 108.
VON INJURIARE — *injuriaro* A. R. str. 70.
JOCUNDUS — *jocundu* str. 73.
JESUS -- *Jesu* A. R. str. 95, C. 87; JOHANNES — *Joanni* str. 77, R. 1 *juro* C. 53, *iuri* Fa. 116.
justitia C. 64, Fb. 60, Fa. 128; *peju* C. 31, R. 67.
MAJOREM — *majuri* C. 44, R. 52 (italianisirt *maggior* C. 13, *Ginnaru* R. 53, wohl durch einen Abschreiber hergekommen).

Anmerkung. α) Nach betonten, einsilbigen Wörtern mit ausgefallenem Auslautsconson. *j* — *ghj* cfr. § 24.

β) In Noto *j* zu *ghj: justu — ghjustu,* auch ohne die obigen Bedingungen: *juvari — ghjuvari.* Leider sind Av.'s Beispiele meist gelehrt: *Ghjesu* JESUS, *ghiupiziu* JUDICIUM; *Ghiurdanu* Noto 142, 143, *ghiarnu* (von frz. JALNE, *l* zu *r* in halbgelehrten Wörtern cfr. *l*), ein Beweis für den Fortbestand des frz. *l* vor Cons. bis zur normannischen Eroberung Siciliens (Ende des 11. Jahrh.).

In Cianciana ebenfalls gelehrt: *ghiustizia,* in Castel termini: *pinsà di ghiustu, facia ghiustizia* bei Pap., in den zwei letzteren Orten nur sporadisch, in Noto dagegen nach Av. die Regel.

b) *j* in gelehrten Wörtern — *ǵ.*

Man vergleiche, aus gleichem Stamm:

Volksthümlich:	Gelehrt:
jovidi, Donnerstag Ci. 365, 382.	*Giovi,* der Gott Ci. 268.

das Recht { *judici.* *justu,* selten. *jussu* = diritto, nach Tr. lat. JUS.

ǵiudicari Ci. 337, 365.
ǵiudicamentu.
ǵiudicabili.
ǵiudicatu.
ǵiudicatoriu.
ǵiudicaoioni.
ǵiudizziu.
ǵiustu.
ǵiustizia.
ǵiustificari.
ǵiurisconsultu Ci. 336.

das Spiel { *jocu* Ci 242, 473, 472, 376, 382, 470 Tr. *jucari.* *jucata.* *jucaturi.* Alle Diminutiva: *jucatiḍḍa.* *jucaturazzu.* *jucatureḍḍu.* *jucazzanu.* *juculanu.* *jucuni.*

ǵiocu, sehr selten 433, Ci. 969 an it. Stellen.
ǵiucunnu.
ǵiucunnitati.

Das Spiel ist volksthümlich, das Recht ist von Italien hergekommen.
Die mit JUVENTUS zusammengesetzten Wörter sind gelehrt: *ǵuvini, ǵiuvinottu, ǵiuvintù, ǵiuvinazzu*, volksthümlich ist nur *jencu*, der junge Stier. Entlehnt: *peǵǵiu, maǵǵuri, maǵǵuranza, maǵǵiurdomu*, aber *majurascu, majurascatu* Stammgut.

c) In Fremdwörtern *j* zu *ǵ*.

ǵiarnu von frz. JALNE; *aǵǵiuccu*, ein Stab im Hühnerhaus, afrz.; JOUC, Godefroy IV, davon *aǵǵuccari*.

giaccu⎫
giacca⎭ Jacke, Weste, entweder afrz. JACQ, Godefroy IV JAQUE oder cat. JACO, *ǵiubba*, Weste «vestit curt di tela basta de pel de capra», Labernia; *ǵau*, Elster, afrz. JAIE Roq. auch Littrè, bloss im Berry JAIE, sonst *gai*; aber prov. JAI. *ǵiseri*, Kropf der Vögel, afrz. JUISIER, JISIER, Vglat. Substr. II 438; *diǵǵunè*, Frühstück, frz. DEJEUNER; *buǵǵacca* leitet Av. vom cat. BUTXACCA ab, cast. kommt BURJACCA auch vor.

Anmerkung: Die Bemerkung Pb. I CXCV, dass hier und da in der Provinz Messina und in Messina selbst *ǵ* statt *j* gesprochen würde, bezieht sich nach meinen Erfahrungen nur auf zwei der Beispiele P.'s: *ǵiudiči* ist italienisch cfr. oben, *ǵiunta municipali* gelehrt, *ǵuntu* und *ǵornu* habe ich nicht gehört.

Prothese: *j*-Prothese im Osten der Insel häufig, Messina, Milazzo, Noto, Mineo, Sciacca, Catania, Leonforte, Rometta, zur Verhütung des Hiats, da ja im sic. jedes Wort auf einen Vocal endigt, nach und vor jedem Vocal möglich. Catania *jè, jèssiri*, Rometta *jè* p. 7, auch Messina *cu jè?* wer ist's? *Dumani jè duminica*; Leonforte *jera* nach de Greg. *jedira* — HEDERA; *japriri* APRIRE; *jacula* (Mineo V. 21) — *Primu jera monacu*, Messina *Marianina jè mmalata*; *pazza jera jò*; *la buḍḍia la vogghiu jammari* ARMARI in meinen Texten. Noto *Diu jautu* Pa. I 276, *jaju* Tr. (aju). — Auch dieses prothet. *j* unter den Bedingungen von § 24 verstärkt zu *ghj*. Bei Pap. finden sich einige Beispiele: *cosa jhidda* aber *pirchì ghiḍḍu jera (iḍḍu era)*; *no cchi ghiddu, cu ghè* neben *jhinnu*, freilich ist hier aus *ghji* schon *ghi* geworden, also *j* in *i* aufgegangen.

Epenthese: *j* nach palatalen Vocalen zur Tilgung des
Hiats eingeschoben: BEATUS — *mijatu* V. 2789; *dijavulu*
V. 2511 *spiju* V. 2817; *crijatu* V. 3038, cfr. unbetonte
Vocale *stúddiju, sázziju.*

CAPITEL III. DENTALE UND SIBILANTEN.

§ 17. t.

a) Vor und zwischen Vocalen.

t im Anlaute und Inlaute intervocalis, bleibt, doch
auch hier, aus denselben Gründen wie *p* und *c*, in der
weicheren Aussprache. Daher Unterschied zwischen *t* und
d sehr gering: *Maggarida* neben *Maggarita, jatta, jadda,*
Sch. 22 *ardita* lautet im Munde des Messinesers *addida,*
fete (Sch. 29) in einem meiner Texte als *féde*; als ich genauer fragte, sagte man mir, beide Arten der Aussprache
des Wortes wären richtig. Ebenso *redicu* neben *reticu* HE-
RETICUS. *d* für *t* im Messinesischen noch in *buddha* BOTTEGA,
affedi (er stinkt) Ci. 95, *reverindissimu* Ci. 366.

In den meisten Texten *t* geschrieben: *prindiriti, aviti,*
tradituri, ebenso im verallgemeinernden und frequentativen
Suffix: *-ata. salata* Schmauserei, *pistulá*ta Pistolenschiesserei,
lampiata, pinsata, tirata, raffridata, mandiata, jornata, calata,
pitrata, linguata Seezunge (ohne Grund von Av. cast. LIN-
GUADO als Etymon verzeichnet). Ebenso wenig berechtigt
ist es *culata* Wäsche von cast. COLADA abzuleiten, da sic.
culari existirt.

An sic. *-ata* angeglichen sind die von Av. 72 ff. als
cat. angeführten Wörter: *canata* cat. CANADA Labernia (vaso
para mezglar azua con vino), *numinata* cat. ANOMENADA —
fama, *capunata* Leckerbissen, '*mpanata* Pastete (beide letzteren
nicht bei Labernia). Ebenso *marmillata* von sp. MERMEL-
LADA an das sic. Suffix *-ata* angeglichen.

An das Suffix *-ituri* angeglichen ist *par:-ituri* (luogo dove si dividono le acque) nicht wie Av. 78 meint = cast. *partidor* (*d* zu *t*).

In den alten Texten *d* für *t* in *virtúdi* Fa. 115, 118, 119 neben *virtuti* Fb. 59.

Anmerkung: In Novara *t* intervocalisch = *d: vidídi* VIDETIS, *sintídi, currídi, amádu, pintúdu, criádu, fabbricádu* etc.

b) In Verbindung mit Consonanten.

α) *ti* — *kj*: VETULUS — *veckju*; MENT(U)LA — *minkja*; SIT(U)LA — *sickja*. In Noto *ć: većća*, auch in Modica. (Ueber *kj* cfr. unter c.)

β) *tr* — *ṭ* ist ein dem Sicilianischen eigenthümlicher Reibelaut cfr. de Greg. p. 24. Es beruht auf einer Assimilation des *t* und *ṛ*, die oft so vollständig wird, dass man einen einzigen Laut zu vernehmen glaubt, den wir graphisch wohl am besten so beschreiben:

$$patri = pat\tilde{\epsilon}ṛi.$$

In Messina hört man das *ṛ* noch ganz leise. Die Zunge, welche zur Bildung des *t* an die Oberzähne gestemmt wird, gleitet von den Oberzähnen an den Alveolen bis zum harten Gaumen, indem sie ein *ć* bildet, um alsbald vom harten Gaumen zu den Alveolen zurückzuschnellen, wo sie ein kaum noch hörbares Alveolar-*ṛ* vernehmen lässt. Oft wird beim Sprechen dieses *ṛ* so sehr mit dem vorhergehenden *ć* verbunden, dass es nicht mehr gehört wird. Bei noch undeutlicherer Aussprache verwandelt sich der ganze Laut in eine Art von *ć*. — Greg.'s Angabe, *t* und *r* höre man zugleich, die Zunge verändere den Platz nicht, um den Laut zu bilden, schlage nicht an die alveoli dentali, sondern höher an den Gaumen, «wo s. (?) gebildet wird», berücksichtigt nach meiner Ansicht nicht den ganz deutlich ausgesprochenen Laut, sondern den, welchen wir «durch eine Art von *ć*» bezeichnet haben. — Für den Laut führen wir *ṭ* ein, de Greg. bezeichnet ihn durch *ṭr*.

paṭi PATREM; *maṭi* MATREM; *quaṭṭu* QUATTUOR; *ṭi* tri = TRES; *inṭari* INTRARE; *nṭa* INTRA etc.

γ) *ts* = *z*. Tr. unterscheidet ein scharfes *z* (*ts*) und ein weniger häufiges weiches *ź* (ζ):

ziu, lazzi und *šeru, aššolu.*

Av. ebenso; gewöhnlich *z*, doch *š* in: *arrišittari, caušaru, gašara, lašaratu, spižiali, šarbatana, žavatta;* in einigen Mundarten: *faušu, giustižia, lišcnžia, sirvišu, sašcrdotu, stušia, tristižia.* In Messina hört man die meisten dieser Wörter mit *z*: *giustizia, tristizia, licensia, offiziali, sirvizu, survizzu.* Die alten Texte machen keinen Unterschied. Sie schreiben vor *a, u* für *z: cz, z*, ebenso wie für *š*; cfr. Av. p. 12, 13.

z: arripeczari Q. P. 20, 24, 32; *laczu, paczu* 44; *aczoki* etc., *palazo* A. R. 43, 67; *alligriza* P. P. *falza canzuni.*

š: czaffinu, czavatla, gaczara, buczuni, Scob. *zambara, zarbatana, zaffinu.*

Vor *e, i* für *z: c, cz, z*, für *š* bloss *c.*

z: bellici S. P.; Q. P. *cessi*; A. R. 38 *graciusu, astucia*; Q. P. 9 *palaczi,* 25 *laczi,* 37 *poczi*; A. R. *laidiczi*; Q. P. 7 *pulzelli,* 18 *azzimaturi*; A. R. 286 *plazi* etc.

š: justicia, astucia, officiali, tristicia etc.

Der einzige Unterschied wäre also bloss, dass *š* + *e, i* nur durch *c* wiedergegeben wird und nicht auch durch *z* und *cz.*

In späteren Texten findet sich auch die etymologische Schreibung mit *ti.* Im 16. Jahrh. häufig, auch C. *nationi, servitio* cfr. Par. p. 22.

c) In Verbindung mit Hiat *i.*

α) *t* + *i* Element volksthümlich = *zz*, resp. *z*. Beispiele *a*:

*AD CUMINITIARE — accuminzari; **COMTUS + IARE — cunzari.* v. **CARUS + ITIARE — accarizzari* V. 752 Mineo; EXTRACTIARE — *strazzari.*

PRETIUM — *prezzu;* ALTIARI — *alzari.*

ACUT-IARE — *aguzzari:* **ABANTE ITIARE — avanzari.* TERTIUS — *terzu.*

Suffixe: *antia = anza.*

IGNORANTIA — *iñuranza:* TEMPERANTIA — *temperanza.* **SECURANTIA — sicuranza; — *USANTIA usanza.*

v. BILANX — *balanza*; *CREDENTIA — *crianza* (mit Suffix-vertauschung).

v. DEMORARE — *dimuranza*; v. SPERARE — *spiranza*.

v. MANCARE — *mancanza*.

-enzia = -enza.

PATIENTIA — *patenza*; SAPIENTIA — *sapienza*. CONSCIENTIA — *cuśenza*; v. SPARTIRE — *spartenza*. EXPERIENTIA — *sperienza*; SCIENTIA — *śenza*.

v. CONFÍDERE -- *cunfidenza*; v. PREVALERE — *prevalenza*.

v. MISCREDERE — *miscridenza*: v. DISPENDERE — *dispenza*.

-itia = -izza.

v. BELLO — *biḍḍizza*; v. DELICATUS — *dilicatizza*.

v. FORTIS — *fortizza*; GRANDIS — *grandizza*.

v. FRESCO — *freschizza*; v. BLANK — *biankizza*.

v. DULCis — *ducizza*; v. CONTENTUS — *cuntintizza*.

-itium = izzu.

v. VENTUS — *vintulizzu* (ventilazione o acre pieno di vento).

v. PETRA — *pitrulizzu* (luogo pieno di pietra).

v. TREMERE — *trimulizzu* (tremito continuo).

v. SCIALARE — *śialazzu* (scialo prolungato).

-atium = -azzu.

PALATIUM — *palazzu*; MINATIA — *minazza*. (Ueber -ACEUS cfr. *c*.)

β) Italianisirend *t* + *i* = *ǵǵ*.

PRETIUM (neben *prezzu*) — *preǵǵu* Ci. 341; PRETIABILIS — *preǵǵabili*; v. RATIO — *raǵǵunata* Ci. 298; *raǵǵuni*, *raǵǵunevuli*, *raǵǵunari*; STATIONEM — *staǵǵuni*.

Aus secund. ATIUS — *aǵǵu*: *viaǵǵu*; *frumaǵǵu*; *pilligrinaǵǵu*; *foraǵǵu* frz. FOURAGE; *damaǵǵu* frz. DOMMAGE; *fachinaǵǵu* (Abgabe an die Fachini); *oltraǵǵu* (autragi Fa. III) Beleidigung; *vantaǵǵu* Ci. 267 frz. AVANTAGE, it. VANTAGGIO; *omaǵǵu* Ci. 330 frz. HOMMAGE; *pirsunaǵǵu*, *curtinaǵǵu* Pa. I 330; *paraǵǵu* V. 70; *salvaǵǵu* it. SELVAGGIO Ci. 341 wild; *pitaǵǵiu* POTAGE.

fitaǵǵiu = tempo che la puerpera sta al letto Tr. (*fita* nicht wie Traina anzunehmen scheint = *figghiata* = it. *figliata*, *il figliare*, *e quanti figli fà da una volta l'animale*, sondern von *foetus*, vgl. Arch. f. lat. Lex. II 285).

zittaġġu = sposalizzio, *zita* ist die Braut, cfr. it. zitella fanciulla.

Die in den alten Texten vorkommenden Formen auf *aju* sind als *aġġu* zu lesen, wie ihr frz. oder ital. Ursprung zeigt:

lignaju R. 18, 23 (lignage); *dammaju* R. 25; *curaju* R. 40 neben *coragi* R. 12, C. 69; *ultraju* R. 83, *passaju* R. 1; *missago* C. 10.

Auch die Doppelformen sind ein Beweis für $j = g$ in diesen Wörtern.

Eine Popularisirung dieser fremden Form erkenne ich in den Wörtern: *raxuni* und *računi* aus RAGGIONE; *stačuni*, *stašuni* aus STAGGIONE. — Volksthümlich hätten die Wörter *razzuni*, *stazzuni*, wie CANTIONEM — *canzuni* geben sollen. Sie sind aber dem Ital. entlehnt, und dann, da dem Sicilianer der Laut *ġġ* fremd ist, zum Nachbarlaut *č* verwandelt worden, der dem Sicilianer gebräuchlich ist.

Ebenso wird *aġġn* durch *aččn* oder *ačn* ersetzt: *adaču* Mineo 484 ADAGIO; FARINAGGIO — *farinaču*; ital. STAGGIO — *stattu* Ci. 232; CAPTIARE (cattiare) — *caččari*, dagegen NUPTIAE (nuttiae) — *nozzi*.

γ) Gelehrt ist $t + i — ti = \left\{ \begin{array}{c} si \\ zzi \end{array} \right\} + $ Voc.

OTIUM — *ozziu*; PRESENTIA — *prisenza* V. 749; STAZZIONI, Station; PRETIOSUS — *prezziosu*; SERVITIUM — *sirvizziu*; *previnzioni*; *retrogradazioni*; *consolazioni*; *condizioni*; *suġġizzioni*; *alienazioni*; *annunciazioni*.

In den alten Texten oft durch *ci* und *ti* wiedergegeben: *consolacioni*, *glorificacioni*; *intentioni*, *devotioni*, *publicationi* etc.

1) Gelehrt ist wohl auch *bestia* (*č* hätte auch *i* geben müssen, auch ital. gelehrt).

   s + ti bleibt in: *angus*tia, *angus*tiani; *ostiariu*, *ostiu*; alles gelehrte Wörter.

2) PATIENTIA = *pačenza* hätte *pazzenza* geben müssen. Vielleicht Analogie an *cosenza* CONSCIENTIA, *šenza* SCIENTIA oder etwa volksetymologische Ableitung von *pači*.

3) SCORTEA — SCORTIA hätte *scorza* geben müssen. Wir haben aber *scorča*. Av. leitet es von *čcorce* ab. Aber *s*? Etwa Kreuzung mit *cortice*?

§ 18. d.

a) Vor und zwischen Vocalen.

d vor und zwischen Vocalen, anlautend und inlautend, bleibt im Nordosten der Insel, Messina, Milazzo, Catania und Ostküste bis Syracus, im Innern der Insel und, einem grossen Theile des Westens, aber mit weicher Aussprache, indem die Zunge nur ganz leise an die obere Zahnreihe gelegt wird. In Palermo dagegen und in der jetzigen Provinz Syracus, Noto, Modica und Umgegend geht *d* in *ɼ* über. (Ueber den Laut *ɼ* cfr. § 23.) Pitrè schreibt ausser im vol. II seiner canti stets *d,* um dem Leser das Verständniss nicht zu erschweren, cfr. Pb. I CXCIX.

Palermo: *ɼormiri, cruɼu, ɼumani, juɼici, peɼi*; Syracus: V. 38 *reɼa, paraɼisu, li tò peɼi* V. 267; Spaccaforno: V. 775 *ɼ'amuri* V. 1604, *riɼi, criɼi* 1608, *moɼi* V. 1988, 1996; Lentini: V. 1686 *piɼuzzu, peɼi*; Pallazzolo: *moɼa* MODI Anm. V. 672; Noto: *oru eɼ arghicntu, ɼinari, ɼi Sarausa*; Avola: *d = r*; Pap. *ɼicu, ɼi* etc.

Sporadisch *d* zu *t*: in *rutauta* von cat. *rodanxa,* it. *radancia* Kausch, und *tusellu* Baldachin von span. *doscl,* cat. *dosser. cutuña* dagegen ist nicht von *κυδώνιον*, sondern von *cotoneus* abzuleiten, cfr. Arch. f. lat. Lex. I 554.

Sporadisch *d* zu *l* scheinbar geworden in *cicala* (cicada), aber da ital. auch CICALA, frz. CIGALE vorkommt, eher davon abzuleiten.

Epenthese des *d* in *strudiri* STRUERE (auch im Neapolit. cfr. W.). — Analogie an *chiudiri*?

b) In Verbindung mit Consonanten.

Ueber *d* + Cons. cfr. § 24.

n + *d* im grössten Theile Siciliens = *nn:*
SPLENDOREM — *splennuri*; STENDARDO — *stinnardu*; CANDELAE — *cannili*; FRONDE — *frunna*; COMMENDARE — *cummannari*; CONFONDERE — *cunfunniri*; BLUND — *brunni*; QUANDO — *quannu.*

W. behauptet p. 26 nach Pitrè, dass *nd* in Messina bleibe. Und allerdings zeigen viele Texte *nd*, gegen deren Volksthümlichkeit nichts einzuwenden ist. Papanti: *'mparandu, 'ncumminzandu*; V. 652 nd*i*, Ci. 299 *arrispundiu*;

V. 1216, 1262 *mi* n*di raju*; 365 *suspinditi*. Cannizzaro
bemerkt ausdrücklich zu den von ihm gesammelten Gedichten Pa II 127: *nd'aju* «*della pronunzia messinese, milaz-
zese per nn'aju*; *inpendiri*», In allen diesen Texten finden
wir aber neben *nd* auch *nn*. So selbst im erwähnten Texte
Cannizzaro's p. 126: *unni annamu qua*nn*u*; 128 *mannu*,
ebenso 136 *scinninu, facennu, arrenniti* RENDITIS.
Pap. hat *annau, vinnitta* neben den oben angeführten
Wörtern. Ci. im selben Verse: *lu munnu secunnu*; *suspinditi:
rispunniti; suspir*andu 356 neben *sintennu*.

Ich habe stets *nn*, nicht *nd* gehört. Und die meisten
Leute, die ich befragte, erklärten *nn* für das übliche. Einige
schwankten. Der Dichter Cannizzaro meinte, man spräche
beides. Aus allem diesem ist wohl zu schliessen, dass die
Messineser Mundart gerade jetzt die Neigung hat, sich dem
allgemeinen sicilianischen Sprachgebrauche anzuschliessen.
Die alte Aussprache wird *nd* gewesen sein, wie in den
nördlich von Messina, an der Nordküste gelegenen Ort-
schaften: Milazzo, Barcellona, Gualtieri Sicaminò. Diese
Aussprache *nd* wurde mir von Milazzesen geradezu als
Unterschied zu der Messineser Mundart angeführt, ein
weiterer Beweis dafür, dass die Aussprache *nd* in Messina
nicht sehr verbreitet sein kann. Für die Ortschaften der
Nordküste cfr.: Pa. I 321 *pinsandu, vulendu*; Pa. I 270
Giuvini cci nd'*ha statu e cci* ndi *foru*. V. 70 *pi bui* ndi
(INDE) *moru*; *bindiri* VENDERE Pb. IV 313; *sta biniendu* de
Greg. p. 7 STA VENIENDO. Pap. *andari*; V. 1077 *pri tia mi*
ndi *moru* Barcellona. *undi* V. 1082 Francavilla.

Novara hat *nd* = *n*: QUANDO — *quanu*; UNDE — *uni*.
In den alten Texten meist *nd: lindi* Fb. 133; *plangendu, lacrimandu, unde, fandi* = FAC INDE; R. *quandu, andari*,
Fb. III 3 *mundu, sicundu*; C. *standu, lassandu, Normandi*,
aber Schreibungen wie *quannu, munnu* Fb. 98 zeigen, dass
schon damals *nn* gesprochen, *nd* bloss etymologische Schreibung ist. So dürfte denn Par. 23, welcher gegen Gaspary
Sicil. Dichterschule p. 168 polemisirt, weil dieser in der
Erhaltung des *nd* nur eine Laune des Schreibers sieht, im
Unrecht sein. Seine Untersuchung, die sich ja bloss auf
zwei altsic. Texte bezieht, kann überhaupt nicht massgebend
sein, für altsic. überhaupt.

c) In Verbindung mit Hiat *i*:

a) *d* +- Hiat *i* volksthümlich — *j*:

DIURNUM — *jornu*; DIACONUS — *jacunu*; RADIUS — *raju*; plur. *raja* V. 431, 779, Minco 431, V.; vor *i j* verschwunden: *rai* V. 439, 724; VIDEO — *viju* Ci. 434, Aci. V. 687; *sviju* V. 781; SEDEO — *siju* V. 781; RIDEO — *arriju* V 938. Wohl aus Analogie; CREDO — *criju* Aci. V. 967, V. 751 Minco 1268, 1269. Ebenso: CADO — *caju* V. 1245, 588; VADO — *vaju* V. 2806; Fa. 139 *vayanu*, CHIUDO — *chiuju* Pa. II 799, 800; CHIUDI — *chiui* Palermo V. 833 (j in i aufgegangen); HODIE — *oji*, *oi* Ci. 365; SEDIA — *seja* Pasq.; davon *sijeri* — *seggiolajo* Pa. II 905; PODIUM — *poju* Tr., davon *appujatu*, *appujaluri*.

In den Mundarten, wo *d* zu *ɣ* wird, finden sich auch die Formen: *viɣu* VIDEO Av. C. 141; *criɣu* Syracus V. 895; Lentini 2042. Manchmal ist in *vidu*, *cridu d* beibehalten: V. 820 Menfi, sogar einmal *d* zu *t*: *critu* V. 1088, 1076 Barcellona. Isole Lipari. Es dürfte *ɣ* in *criɣu* == *credo* etc. massgebend für *viɣu* = *video* geworden sein.

Auch altsic. *d* + *i* Element = *j*: R. 5 *iornu*; R. 49 *vaya*; R. 62 *criyu*; R. 72 *assiyari*; C. 10 *noya*; C. 80 *gauyu*; Q. Pr. 142 GAUDIUM auch mit *g* vor *i* geschrieben: *ogi* HODIE R. 30; in *giri* C. 38 (nach Par. von DEIRE), könnte aber *ire* + *j* Prothese vorliegen; VIDEO == *viyu* str. 235 Q. Pr. G. P. *vayu*, *vayanu* Fa. 139. (Ueber Verstärkung zu *ghj* cfr. § 24).

β) *di* bleibt in gelehrten Wörtern:

diabbeti, diabolanu, dialettu, dialogu, diaspru, diatriba.

Von DIURNUM neben *jornu*, der Tag, *diurnu* ein Kirchenbuch mit Gebeten, die den Tag über gesprochen werden sollen. *diuturnu* lang andauernd.

DIABOLUS *diavulu*; *diaulu*; *studiu* Ci. 366; *rimediu* Ci. 335, V. 683; *ingridienti* Ci. 359; *odiu* Fa. 112, Sch. 36; *media , medianti, mediazioni, medietà, mediocri, mediu, teddiu, fastiddiu, fastiddiari, fastiddiusu.* (Ueber Verdoppelung in gelehrten Wörtern cfr. oben).

γ) *di* in italianisirenden Wörten *ģģ*:

RADIUS — *raggi* Ci. 345, V. 73, 427 Aci, Ribera,
SEDIA — *seggia* Palermo 691. APPOGGIARE aus ADPODIUM
— *appuggiari*.

'Man vergleiche:

Volksthümlich:	Italianisirend:
jornu, jurnata,	*giornali* Zeitung,
jurnatazza schlechter Tag,	*giornaleddu,*
jurnatedda hübscher Tag,	*giornalettu,*
jurnatuna accr.	*giurnalista,*
jurničeddu dimin.	*giurnaleri* Tagelöhner.

d) Besonderes: MEDIUS sollte *meju* werden, wird aber
mezzu und *menzu* mit *n* epenthet. *menza canna* ein Mass;
menza forficia Stützbogen; *menza lana, menza luna, menza
notti* (auch ital. *mezzo* neben *raggio*).

Mit ausgestossenem *i*: DIAMANTI — *damanti, domanti;*
(*o* wegen *m* cfr. unbetonte Vocale). Ausserdem diADEMA —
ta*ddema*.

§ 19 s.

a) Vor und zwischen Vocalen.

s bleibt gewöhnlich im An- und Inlaut, ist aber sic.
bloss stimmlos vorhanden. Nur sporadische Veränderungen:

α) Im Anlaut:

1) *s* == *z*: it. SORBO — *zorba;* SAMBAGNA — *zampuña;*
SUCUM — *lu zucu* Ci. 98, 355; v. SIRINGA — *ziringata* Ci.
316; ar. SAFARA — *zafara;* ar. SEBBARA — *zammara;* SUC-
CUTARE — *zagatiari* cfr. Caix. Sagg. 49. (*z* == *ts*. cfr. §
17 b. *γ*.).

2) *s* == *š*: vor *i* in *šimia* Affe neben *siña*.

β) Im Inlaut:

1) *s* == *z*: ital. PALESARE — *palizari* (doch bei Tr.
mit *s*, wohl bloss *z* geschrieben, um den stimmlosen Laut
von *s* zu kennzeichnen).

2) frz. tönendes *s* == *ř*: *račini* (raisin); *radiča* frz.
radis cfr. ital. Parigi Paris, Luigi Louis. Dann *friču* (frise).

Schwierigkeiten macht *ričiñolu* Nachtigall, auch *risignolu* geschrieben, nicht frz. wegen des Begriffs und frz. *ss*, vielleicht lat. *sc* = *š*, dann erweicht zu *č*.

b) In Verbindung mit Consonanten.

α) *n + s* = *nz*:

SENSUS — *senzu*; PENSO — *penzu*; INSURSUS — *'nzusu*; INSUMMA — *'nzummma*; INSIGNARE — *'nziñari*; INSIMUL — *'nzemmula*; INSALATA — *'nzalata*; CONSILIUM – *cunzigghiu*; CONSOLARI — *cunzularisi*; oft auch *s* geschrieben, doch der Laut derselbe.

β) *r + s* = *rz* in: BURSA — *vurza*; BULSUS — BURSUS — *burzu, buzu* Palazzolo.

γ) *ss* aus $\left\{ \begin{array}{l} sc \\ ps \end{array} \right.$ und primär *ss* wird vor und nach Palatalvocalen im neusic. == *š*.

Vor *i*: *teširi* Ci. 333; *bašu* (BASSIUS Arch. lat. Lex) davon *vašizza*; *sviširatu* EXVISCERATUS; *canuširi* COGNOSCERE; *mašiḍḍa* MAXILLA; *arrušari* lat. ROSCIDUS; *šiḍḍa* AXILLA; *bagašeri* v. cat. BAGASSER.

Nach *i*: *Lišandru* ALEXANDRUM; *liša* LISSA glatt; *šamu* EXAMEN; EXTSORTIRI = *šurtiari*, daraus *šurta* SORS.

In *lašari* liegt vielleicht LAXIARE zu Grunde cfr. Wölfl. Arch. III 509.

caša CAPSA Ci. 445 vielleicht vom frz. CAISSE abzuleiten.

Altsic. findet sich bisweilen statt *š*, *ss* und *s*: *svisseratu* AR. 3 p. 159; *canussiri* QPr. 23, 34; *cunsiencia* AR. str. 25 statt jetzigem *cušenza*.

Bei Scob. *siliratu* statt *sceleratu, scencia (šenza), assamu* EXAMEN.

Aber auch schon *š* vorhanden: *canuširi* C. 6; *Crixentiu* lat. CRESCENTIUS C. 60; *rincrixa* R. 17 (*x* = *š* im altsic.); *obedixi* lat. OBEDISCIT R. 18; *dixindi* lat. DESCENDIT R. 78; *maximamenti* Fb. 93; *caxa* Fa. 133 neben *cassa*.

ss zu *zz* in *pozzu* POSSUM. Wohl Analogie zu *fazzu*, sonst bleibt *ss*: *passari, passaru, passu, lassu, massa, massacrari, massaria* etc., *missa, missagiu* etc.

δ) Anlaut und Inlaut s + Cons. Tenuis in Palermo zu *š*
Media   zu *ž*

s + c:	*s + g:*
ʿ*šcala*	ʿ*žgammarisi* = sgambare it.
viscottu = it. biscotto.	ʿ*žgaiu* = scollo it.
miscari cfr. de Greg.	ʿ*žgaǧǧari* = scagliare it.

s + b:	*s + p*
ʿ*šparañari*	ʿ*žbarbatu*
ʿ*šponza* Schwamm.	ʿ*žbararrakiari* = cfr. de Greg., Tr. hat es nicht.
	ʿ*žbidiri* = s + videre
	ʿ*žbattiri* = s + battere

s + t:	*s + d*
casticḍḍu	ʿ*ždeñu* it. sdegno
ʿ*štari*	ʿ*ždari* (correr a tutta lena)
tristu	ʿ*ždiri* (negare di aver detto)
vešñri	ʿ*ždïrrubbari* (abbattere)

s + f:	*s + m:*
ʿ*šfumari* verdunsten	ʿ*žmammari* (ein Kind ent-
ʿ*šfardari* zersetzen	wöhnen)
ʿ*šfilazzi* Fasern	ʿ*žmuoviri* it. smuovere
	ʿ*žmorfia* it. smorfia

An der Veränderung ist stets ein Nachbar *i* schuld; vor *s* im Anlaut, frühere *i* Prothese.

ɛ) In Noto *sf* = *š*:

sfondari — *šunnari*; sfilari — *šilari*; sfunneriu — *šunneriu*; sferra — *šerra*; sfilazzi — *šilazzi*; sfortunatu — *šurtunatu*; sfardari — *šardari*; sfamuliari — *šamuliari*.

ζ) *str* = *šṣ* (de Greg. *ṣ*, Cannizzaro bei Pa. II p. 127 *ssr*).

Diesen Laut halte ich für den früher beschriebenen Laut *ṭ* + einem vorangehenden *s* + *č* (*s* kaum hörbar): *mastru* = *masčṭu*.

De Greg. beschreibt ihn zutreffend folgendermassen: «*Um ihn zu bilden, beginne man s auszusprechen, erhebe dann*

*die Zunge, den Gaumen streifend, bis man sie plötzlich um-
wendet (sino a rovesciarla). Die zwischen der also umgekehrten
Zunge und dem Gaumen ausgestossene Luft bildet den Laut».*

Undeutliche Aussprache identificirt *ss* mit *š*. In Noto
stets : *mašu* (mastru), *fineša* (fenestra). In Modica bäuerisch
cfr. G. : *vuošu* (vostro), *ammuša* (ammostra), doch im Anlaut *str* geblieben *strata*, *strepitu*, während im allgemeinen
sic. strata = *ssata*. (Viele Beispiele im Anhang in meinen
Texten).

c) In Verbindung mit Hiat *i*.

s + Hiat *i* = *č* (ital. *g̃*): OCCASiONEM — *cačuni;*
PREHENSiONEM — *pričuni;* CAMiSiA — *camiča;* PHASiANUS —
fačanu; CASEUS — *caču;* frz. AISE — *aču.* (Ueber *č* cfr. fl
§ 11) (ital. aggio).

d) Prothese des *s*. Sehr häufig und in verschiedener
Bedeutung:

α) Privativ, vom Präfix dis oder ex.

smuntari — heruntersteigen *(muntari* steigen).
sbaccazzari- von *vacca-* (einem die Kühe verlieren oder
  verlieren machen).
scammuzzari (von EXCAPUT* und MUZZARE*, den Bäumen die
  Aeste abschlagen).
scarricari (die Last abnehmen EXCARRICARE*).
scarruzzari (EX-CAROZZA*, vom Wagen heruntersteigen).
sbarbatu (ohne Bart); *scuntenti* (unzufrieden).
scuntinutu (einer, der sich nicht mehr halten kann vor
  Freude).
stimuratu — ohne Furcht, *spratticu* — unpraktisch.
smudestu — unbescheiden, *squetu* — unruhig.

β) Augmentatives oder intensives *s*.

sporcu von PORCO — schmutzig.
sfragillari (von FLAGELLUM) ganz und gar zerstören.
spirlongu — sehr lang; *sdimenticari* — ganz vergessen.
sbacantari — völlig leeren (von VACUUS).
spalisari (von PALESARE, überallhin bekannt machen).
sdilluviari (von DILLUVIUM); *scarpičari* (CALCE PISTARE Caix).

γ) Pejoratives *s*:

sparrari schlecht reden von Jemand.
scadiri — declinare, venire in peggiore stato.
screngnu Av. p. 146 von altfrz. CREIGNER, Schrecken,
Furcht.

Ebenso nach Av. pejorat.: *smalitu* = INVALIDO, vecchio;
sdirrubbari = sp. DERRUMBAR, herunterstossen; *sdirrubbu*,
ein Ort, der leicht heruntergestossen werden kann; *sfrottula*,
Lüge. Doch könnte man letztere ebenso gut zu den aug-
mentativen rechnen, da sie nur insofern pejorativ sind, als
sie einen an und für sich schlechten Begriff verstärken.
Denn *smalitu* = dis-invalidus; *dirubbu*, *dirubbari* schon Ab-
grund, herunterstürzen. *fróttula* — oggi si usa per trovato
non vero, bugia. Tr. Ebenso: *sfalliri* Av. p. 186 ˙ (augm.
von *falliri*), *scagliari;* (cat. CALLAR) cfr. Av. J. p. 185 nur
augmentativ, als schweigen, — verwirrt sein, erröthen, (wohl
nicht sprechen können vor Scham). S c o b., zugleich aber
neusic. *scagghiatu*, wo *s* privativ wirkt = schamlos; *faććia*
scagghiata = faććia senza rossore.

δ) Frequentativ.

sbatiri — oft schlagen.
passu e spassu = frz. je passe et repasse.

Oft hat *s* gar keine fühlbare Bedeutung mehr. So bei:
spurteḍḍu, kleine Thüre.
scuntrafattu = contrafatto,
und bei manchen andern.

De Greg. sucht den Grund der *s* Prothesen in der dadurch entstehenden grösseren Bequemlichkeit, die Muta auszusprechen. Man könnte eher annehmen, dass durch *s*
prothet. die anlautende Muta hervorgehoben, dadurch auch
der Begriff hervorgehoben und verstärkt wird. Natürlich
gilt das nicht von *s* privat, das aus ex oder dis stammt.

CAPITEL IV. NASALE UND LIQUIDE.

§ 20 m.

a) Lautübergang.

α) *m* zu *b* in etymologisch nicht sicher gestellten Wörtern:

buzzu, unreif, nach Av. p. 42 von arab. MUZZ.
bunnaca, Pfütze, wo der Flachs gerottet wird, nach Av. 42 von arab. MENACA.
burgu, Hügel, nach Av. p. 54 von altfrz. MURGE (cfr. p. 154).

β) *m* zu *n* in:

nicu (?), klein, das Av. und Tr. aus μικρός, sicher nicht mit Recht, ableiten.
račina, nicht wie. W. will, von RACEMUS, vielmehr von frz. RAISIN: *m + i = ñ* in SIMIA — *siñu*, Affe.
vinniña Ci. 350 von VENDEMMIA.
sparañari aber vom ital. SPARAGNARE, nicht SPARMIARE.

b) Verdoppelung, im Inlaut nach dem Ton.

CUCUMEREM — *cucummaru*; TUMULUS — *tumminu*;
NUMERUS — *nummeru*; VOMER — *vummaru*; γάμος —
cammaru (alimento da festa, carne).

c) Assimilation, *mn = nn*:

DAMNUM — *dannu*; SOLEMNIS — *sulenni* auch schon altsic., da neben *omnu* 130 Cod., *solemni*, *dampnu* Fb. 55 auch *dannu* Fb. 75, *omnipotenti* Fa. 115, *omgni* sogar Fa. 119 den Schwund des *m* bezeugen.

§ 21 n.

a) Schwund des *n*.

α) Allgemeinsicilianisch:

1) durch Aphärese geht das anlautende *n* von *nun*, *non* häufig verloren.

Pa. I 339: *Pri tò mamma l'amuri 'un sicutaju.*
340: *di l'omu 'un ti lassari travucari.*
341: *sangu di tradituri 'un fù vinnutu.*
« : *ca s'un mi 'mpuzzu, davveru m'ammazzu.*
344: neben einander *nun parlu, 'un dicu nenti, un sattu, 'un lu curcari* neben *nun sattu* im folgenden Verse.

Häufig hört man beim Sprechen ein blosses *n*: *'n sacciu.* Das Schnalzen der Zunge, womit der Sicilianer die Gebärde des Verneinens, d. h. das Erheben des Kopfes von unten nach oben, stets begleitet, ist der letzte Rest des *'n*. Denn dies Schnalzen ist nichts anderes als ein von *n* ohne nachfolgenden Vocal, ausgehender Schnalzlaut.

2) *n* v o r *s* schwindet, wie allgemein roman. R. 35: PENSARI — *pisari*, INSULA — *isula*, C. 16, R. 14, MENSIS — *misi* C. 26, EXPENSA — *spisa* R. 26, *pisu* C. 80, TRANS — *tra*, MENSURA — misura, MONSTRARE — *mustrari*, SPONSUS — *sposu.*

In gelehrten Wörtern bleibt *n*: *inzultari, inzulenti, conziquenzi, senzu, manzu* (mansueto).

β) Mundartlich:

In Novara geht *n* intervocalis verloren, hinterlässt aber eine nasale Aussprache des Vocals, die sich graphisch, cfr. Pap., nicht näher bezeichnen lässt:
BUGLIONEM — *Bugliũi*; PADRONE — *patrũi*; LONTANO — *luntẽu*; BENE — *bũa*; PERSONE — *pirsũi*; CORONA — *curũa*; FANNO — *fẽo*; AVEVANO — *avĩo*; PIGLARONO — *piglẽo*; DISSERONO — *dissõ.*

b) Uebergang des *n*:

α) Z u *l*, sporadisch im Anlaut in:

NOMINARE — *luminari* Pb. I 252 ff. Messina, Mangano; nfz. NANKIN — *lankè* Av. 86; *vilenu* nicht von venenum, sondern von ital. veleno cfr. o.

β) Z u *r*:

ANIMA — *arma* Ci. 476. V. p. 313. Catania, Etna. V. 533. Militello V. 668. Termini ANIMALI — *armali*; MODANU — *modaru* Ci. 353, nfz. CANAPÈ — *carapè* Av. 86.

c) Zusatz von *n*:

α) Prothese:

In Analogie zu dem aus der Präposition *in* im Anlaut mehrerer Verben übrig bleibenden *n*, wird *n* häufig vorgeschlagen:

EXIRE — ne*ś*iri; CAPRIOLA — 'n*cap*riola; CAPUT — *lu* 'n*capu* == il sopra della mano; CALCARE — 'n*car*cari; CATUSATO — 'n*catusatu*; CAUSARE — 'n*causari*; CIMA — 'n*cima*; GUANTO — 'n*guantu*; FOLETTU — 'n*fulittu*; 'NCOSTU (cfr. ital. accosto).

In Palermo und Umgegend ist diese Prothese nach P. besonders üblich:

TURBIDUS — 'n*trobbitu*; GRANDIS — 'n*granni*; CANTINA — 'n*cantina*; FUSCUS — 'n*fuscu*; CHINU — 'n*chinu* (PLENUS) *exilis* — 'n*ćili*; SETA — 'n*zita*; Q. Pr. 144 lat. SERIA — 'n*ziru*; FULTU — 'n*fultu*.

β) Epenthese:

1) Vor inklinirenden Partikeln schon altsic. Q. Pr. str. 50: *conservanci* für *conservaci*; Costitut. Bened. *che ci* == *kin chè, se ci* == *sin chè*.

2) Sonst: CROCODILUS, ital. coccodrillo — *cuncutrigghiu* (entweder analogisch zur Präpos. *con*, oder um *co-co* zu vermeiden):

MEDIUS — *mezzo* — *menzu* Ci. 299, Fb. 72; MIGRÄNE — *mingrana*; MITTERE — *mentiri* V. 11; MEZZOGIORNO — *manzijornu*; NATARI — *nantari* (Callanisetta); aus Rheumatismus — *romantici* (le Maschere). (Ueber die in Caltanisetta so häufige Epenthese cfr. § 22 e).

Anmerkung: In Noto wird *n* anlautend, wie doppelt ausgesprochen: NOMEN — *nnomu*; NUMERUS — *nnumaru*; NORMA — *nnorma*; NIENTE — *nnenti* etc.

§ 22 l.

a) Wechsel und Schwund des *l*:

α) *l* intervocalis bleibt gewöhnlich:

fileccia (ital. FRECCIA, FLITS, mhd. VLIZ); *pilucca* (von PILUCCARE PILARE); *pilucchieri* Ci. 390 (ital. *parucchiere*).

Zu *r* sporadisch in fremden Wörtern:

ćiarimeḍḍu vom frz. CHALEMEL cfr. Diez; *carabboza* Av.
72 von span. CALABOZO Gefängniss — *spalancare* aber auf-
sperren von *palanca* Pfahl-Staketen mit *s* privat. nicht zu
sic. *sbarrancari* Ci. 361, sondern vom Stamm BARRA SBARRARE.
Im Anlaut *rimarra* LIMARRA von LIMO, fango.

β) *l* vor Consonanten, im Silbenauslaute:

1) *l* + Labialis zu *r*:

CULPA — *curpa* Ci. 146, 100, Aci. V. 797; ELMO —
ermu; PULPA — *purpa*; COL(A)PUS — *corpu*; VULPES — *urpi*;
SALPA ⎫
σαλπη⎰ *sarpa*; PALMA — *parma, parmi* C. 392; SALMA —
sarma auch *salma* Ci. 393; SULPHUR — *surfu*; ALMENO —
armenu V. 770 Minco (wenigstens); GUGLIELMO — *Gugg-
hiermu*; MALVA *marva*; SALVARE — *sarvari*; SILVATICUS
— *sarvaǵǵu*; SALVIA — *sarvia* (Salbei); ALBA — *arva*.

2) *l* + Gutturalis zu *r*:

ALGA — *arca*; ALCOVA arab. ALGOBBAH — *arcova* Ci.
359; ALCHIMIA — *archimia*; BALCONE ahd. palko — *barcuni*;
CALCAGNA — *carcaña*; COLLOCARE — *curcari*; ALCUNO —
arcunu Ci. 394; QUALISQUE — *curchi*; QUALISQUE-UNUS —
quarcadunu; SEPULCRUM ⎰ *sepurcru* ⎱ BUBULCUS — *bifurcu*.
                              ⎱ *sobburcu* ⎰

3) *l* + *ć* hat verschiedene Entwicklung:

1) *l* + *ć* = *r*. 2) *l*+*ć* vocalisirt. 3) *l*+*ć* schwindet.

MELCHIOR — *Mir-*	FALCEM — *faući*;	DULCEM — *dući*;
ćiuni;	CALCEM — *caući*;	V. 36, V. 1040,
PULICEM — *purći*;	CALCINA — *quai-*	Ci. 240;
DULCEM — *durći*;	*ćina*:	daher DULCITIA —
		dućizza Ci. 316

4) *l* + Dental hat verschiedene Entwicklung.

1) *l* + D. = *r*.   2)*l*+D. vocalisirt.   3)*l*+D. schwindet.

nach *a*:

artaru V. 1 (Altar)   *áutari* (Altar)   *atáru* (Altar)

                    autru ALTERUM   *atru* ALTERUM

mardicu V. 2415.   *autu* ALTUS.

marditu MALEDIC-   *sautari* SALTARE.   *satari* SALTARE.

TUS.   *caudu* CALIDUS.

Marta MALTA.   *Máuta* MALTA.

partò Av. 86 PA-   *vausu* BALTEUS.

LETOT.   *fauda* it. FALDA.

martempu MALTEM-   *fausu* FALSUS.

PO.   *sausa* SALSA.

Cartagiruni CALTA-   *sausizza* SALSICCIA.

GIRONE.   *autera* ALTIERA

           Minco V. 535.

nach *e*:

sertu EXELECTUS.   *ceusu* GELSO.

gersominu GELSOMI-   *feutru* FELTRO.

NO.   *meusa* it. MILZA,

            ahd. MILZI.

nach *o, u*:

urtimu ULTIMUS.   *pusu* PULSUS.

murti MULTI V. 299.   *pusigghia* V. 18,

                         Ci. 376.

surdatu SOLDATO.   *suddatu* SOLDATO,

surteri cat. SOLTER.   *asciuta* AUSCULTAT.

'nzurtuata INSUL-   *cuteddu* COLTELLO.

TATA.   *vuturu* VULTUREM.

                  vosi v. VOLERE.

                  cosi COLSI.

                  cotu COLTO.

Einige Wörter haben, nachdem sie *l* zu *r* verwandelt, durch Metathetis *r* in den Silbenanlaut gerückt: CAVALCARE — *cravaccari*, durch *cavarcari* (*cravaccari* V. Var. 6); AL-BAGIO — *abbrasciu* (durch arbagio *r* in den Anlaut der zweiten Silbe gerückt); ALBESCERE — *abbrisiri* Ci. 447 durch *arbisiri* (w. o.). Belegt finden sich die Uebergangsformen in PUL-VEREM — *purvuli*; PULMONEM — *purmuni*, die dann zu *pru-vuli, prumini, primuni* wurden.

Die Verschiedenheit der Entwickelung ist keine mundartliche, denn in Messina z. B. findet sich *autru* (der andere) neben *artaru* Altar, *suddatu* der Soldat neben *surdatu*. Bloss die Entwickelung des *a + l = a* in einigen Wörtern ist mundartlich (cfr. Anmerkung). Wir haben es hier zu thun mit einer volksthümlichen Gestaltung von Cons. neben gebildeter Aussprache. Die gebildete Aussprache ist

$$l + \begin{Bmatrix} \text{Dental} \\ \text{Palatal } l \end{Bmatrix} = r.$$

Volksthümlich ist die Entwickelung zu *u*. Zu derselben rechnen wir auch den als Schwund des *l* bezeichneten Vorgang. Da *l* sich zu *u* entwickelt, fällt es mit dem vorangehenden labialen Vocal zusammen: PULSUS — *puusu* — *pusu*. Nach *o* müsste es *ou* geben; da aber dieser Diphthong im Sicilianischen nicht vorkommt, verschmilzt *o* mit *u*: VOLSI — *vo(u)si* — *vosi*.

Die Fälle, wo *a* in unbetonter Silbe statt *au* steht, sind identisch mit denen, wo primäres *au* zu *a* in unbetonter Silbe übergeht (cfr. unbetonte Vocale). Betontes *a* für *au* ist mundartlich (cfr. unten).

Nicht volksthümlich ist $l + \begin{Bmatrix} \text{Dentalen} \\ \text{Palatalen } l \end{Bmatrix} = r$, weil primäres *r* vor denselben Consonanten im sicilianischen Volksmunde ausgestossen wird; cfr. *puttari, mottu* PORTARE, MORTO, spricht der gewöhnliche Mann. Bloss wenn er gewählt sprechen will, setzt er das *r* ein, oft auch an ganz verkehrter Stelle, wo ein *r* etymologisch nicht berechtigt ist.[1] So hörte ich einen Bauer zu mir sagen: *alle ore serte*

---

[1] Vergleiche damit die Schwaben, wenn sie hochdeutsch sprechen und *sprechen* zu *sprechern* verwandeln; ebenso die Anecdote vom Darmstädtischen Schaffner, welcher, aufgefordert «Station Darmstadt» zu rufen, die Startion Dammstadt ankündigt.

ritorna a casa (für alle ore sette). In einem meiner Texte findet sich: *o pescaturi dell' ondra*, für *onda*, das sic. *unna* lauten müsste, aber da es dem Volk nicht geläufig ist, sich um noch italienischer zu klingen, die Einschiebung eines *r* gefallen lassen muss. Oft veranlasst wohl der Begriff diesen Uebergang zu *r*: *surdatu* Soldat sagt man manchmal für *suddatu*. Der Soldat ist eben Italiener vom Festlande, spricht selber das *r* schön rollend, während der Sicilianer es im Inlaute erstickt. In dem ihn bezeichnenden Begriffe ahmt der Sicilianer seine Aussprache nach.

Da aber primär *r* $+$ *D*. (*t*) nicht volksthümlich ist, so ist es auch secundär nicht.

Am allerwenigsten bei *al*. Bloss gelehrte oder Fremdwörter nehmen *ar* an: *Marta* MALTA kennt der Sicilianer nur durch den Italiener; *partò* aus PALETOT ist Fremdwort. *r* aus obengenannter Neigung eingeschoben; so in *artaru*, *Cartagiruni*. Das *ar* in *martempu*, *mardittu*, *mardicu* für MALTEMPU, MAL(E)DITTU, MAL(E)DICU hat sich desshalb wohl nicht zu *au* entwickelt, weil eine derartige Entwickelung das «malum» zu sehr verwischt hätte, worunter die Bedeutung gelitten hätte. Man verwandelte aber *l* zu *r*, da doch *r* immer noch weniger gelehrt ist als *l*, das ja vor anderen Consonanten häufig zu *r* wird.

Wir haben also die 3 Schichten:

1) **Volksthümlich:** $l +$ $\left\{ \begin{array}{l} \text{Dental} \\ \text{Palatal} \end{array} \right.$ $==$ vocalisirt.

2) **Gewählt:** „ $= r$.

3) **Gelehrt:** „ $=$ bleibt *l*.

Der Grund des Uebergangs von *l* zu *r* in den volksthümlichen *urtimu*, *murti* ULTIMU, MULTI statt des nirgends auftretenden *utimu*, *muti* kann wohl nur der sein, dass diese Wörter aus der gebildeten Sprache in die Volkssprache übergingen, also vom Festlande stammen.

Ein weiterer Beweis für die Volksthümlichkeit des *au* aus *al* ist, dass es schon altsicilianisch so lautete. Wenn auch die Texte gewöhnlich *l* haben, woraus Av. p. 99 schliesst, dass noch so gesprochen wurde, so verbürgen doch vereinzelte Formen wie: *autru* Fb. 92; *autaru* Fb. 100; *autri* R. 9; *autru* R. 42; *fauzia* R. 84; *caudu* R. 40 die

Aussprache *au*. «*alchidiri* Pr. 7, Fa. 112; *alchidirai*, *alchidituri* R. 66 für *aucidiri*, *aucidirai*, *aucidituri* OCCIDERE beweisen dasselbe.

Anmerkung I. Im Innern der Insel, in Caltanisetta, S. Cataldo, Casteltermini, Cianciana, Canicatti, Favara ist *al* = *a*: S. Cataldo Pb. III 333 ff. *atra* ALTRA; a*taru*, *caddu*, *callu* CALDO, *falla* FALDA, *sata* SALTA. — Da ebenfalls die Formen *antru* ALTRO; *santu* SALTO; *antu* ALTO; *antaru* ALTARU; *canzetti* CALZETTE; *sancizza* SALSICCIA; *vonta* V. 410 VOLTA ; *punsa* PULSA; *censu* GELSO; *vonsi* VOSI; Casteltermini *antru* Pb. I 143; *antra* Pb. II 94 vorkommen, hatte W. *l* = *n* angenommen. Da aber *al* = *a* vorkommt, ferner aber in dieser Gegend gerade epenthetisches *n* häufig ist (cfr. 410 *nautari* S. Cataldo aus NATARE), liegt die Annahme *al* = *a* und dann Einschiebung des *n*, näher als die des ungewöhnlichen *l* = *n*.

Anmerkung II. Vielleicht ist *l* = *n* geworden in *perna* it. PERLA Ci. 340, V. 436, 11, aber es kann auch (cfr. Diez I) von *perna* Muschel kommen.

pinula, *pinnula* Kügelchen Ci. 99 = *pillula*?

Allgemeinromanisch ist *l* zu *n* in: *cunocchia* (frz. *quenouille*, ital. *cunocchia*, mlat. *cunocula*) von COLUCULA aus COLUS.

Filomena für Filome*l*a, Vertauschung der Endung; *mundiri* melken (it. *mugnere*, pg. *mungir*, aber sp. *muir*, prov. *molser*, wal. *mulge* von MULGERE).

Anmerkung III. Besonders zu bemerken ist noch die anomale und vereinzelte Entwickelung von *l* zu *r* nach Labialen und Gutturalen:

1) *bl* zu *br* statt zu *bj*: BLUND — *bruni* V. 265 Siracusa, Aci V. 73, 824, Mineo V. 433, Palermo V. 344, Messina Var. zu 426 V. neben *bjunni* in denselben Gegenden. Altsic. *brundi* Fb. 75; *br* zu *vr* dann oft: *vrunni* 1248 Mineo.

b*r*ANDUNI aus *bl*anduni cast. *blandon* oder afrz. blandon — grossa candela.

b*l*LATTARIA — b*r*attaria; OBlIGARE u. Abl. — *obbricazioni*, *ubbricu* Ci. 145 Messina.

2) *pl* zu *pr* statt zu *pj*: PLAGA — *praja*; Pa. II 135

in Messina; Mangano *pracenti* V. 2817; Giarre *pranela* V.
2660; DISCIPliNA — *disciprina*; CATAPlasMA — *cataprasimu*;
REPlICO — *repricu*; PLACARE — *pracari*; IMPlASTRO frz. EM-
PLÀTRE — '*mprastu*; PLAĆIBBILI — *praćibilli*; PlICU — *pricu*;
πλατύς — *prattu*; PlACET — *praci* Noto; sp. PLANCHA, frz.
PLANCHE, rame, stampa, lamina di ferro — *pranća*; PLA-
CIDUS — *Praćitu.* Dieses *p* in Noto zu *b*: PLATEA — *bra-
tea*; BLASCO — *Brascu.*

Dunkel sind die Ableitungen: *prantali*, ein Stück Fell,
das die Bauern sich um die Füsse binden, statt Schuhe, vielleicht von span. PLANTA Fuss.

pranćiri nach Tr.: versar fuori per la bocca come i
vasi, quando son pieni; vielleicht nach Tr. von PLANGERE.

3) *cl* zu *cr* statt zu *kj.*

ECCLESIA — *cresia, crisiola* statt chiesa; ACCLAMATU —
accramatu; CLEMENTEM — *crimenti*; CLISTERO — *cristeri* Ci.
344; cat. CLOSCA — *crozza* Av. 73; ECLIPSE — *crissi* Sonnen-
finsterniss.

Diese bloss bei gelehrten und Fremdwörtern auftretende

Erscheinung erklärt sich wie oben $l + \begin{cases} D \\ ć \end{cases} r$, als gewählte

Aussprache. Es ist nicht so gelehrt wie *cl, pl, bl* (cfr. unter
c, p, b), aber auch nicht so volksthümlich wie *chj, pj, bj.*

b) Zusatz von *l.*

α) Prothese: In Folge von Verwechselung mit dem
Artikel in einigen vocalisch anlautenden Wörtern:
la apa, l'apa Catania V. 1214, lapa = *la lapa* V. 1079,
    Agira.
la azzalora, l'azzalora, lazzalora = *la lazzalora*, Azzero-
    lenbaum.
la asima (Asthma), l'asima, lasima = *la lasima.*

HEDERA lat. = eddira, mit Artikel l'eddira, daraus
leddira, mit Artikel *la leddira* oder *leddara* (da unbetont
i + r = a), für Artikel la auch 'a, verschmolzen zu aled-
dara (*l* zu *r* vereinzelt) — areddara. Also *l'areddara* =
der Epheu. Nebenform aus ital. ellera — lellira Syracus
Pb. I CLXXVII.

lantura (poco fà) aus ANTEHORAM Fb. III 55; *lu lecu*

9

Pa. I 347 Echo; *lu loppiu* neben *l'oppiu,* Opium; *lermu* (aus elmo, der Helm); *limmiciatu* (imbricatus).

β) Epenthese von *l:*

statula Ci. 335 für *statua,* speciell messinesisch nach der Anmerkung.
čacula (flacula für FACULA) = eine Art Laterne zum Fischen in der Nacht gebraucht. Vielleicht f*l*amma beeinflussend?

c) Doppeltes *l.*

ll wird, abgesehen von einigen Mundarten (cfr. u.), in ganz Sicilien zu *ḍḍ.*
Ueber die Aussprache cfr. V p. 155, Böhmer, *Rom. Studien III, Heft 10, p. 160;* Guastella p. XVI, Pb. I CCII, CXCVI.

Die verschiedenen Beobachtungen laufen darauf hinaus, dass *ḍḍ* je nach den Mundarten wechselt, oft sogar zwischen *dd* und *ḍḍ* kein Unterschied gemacht wird. Im Reim wird der Unterschied nie gemacht. In Borgetto wird nach einer Aeusserung von Salomone Marino Böhmer gegenüber *ḍḍ = dd* gesprochen. In Catania hörte Böhmer *capiddu* von den Einen mit dentalem *d* wie in *friddu,* von den Andern mit laminarem *d.* — Auch in Messina sprechen einige Leute *dd* statt *ḍḍ.* Aber diese Aussprache ist nicht die gewöhnliche. Der Unterschied wurde mir von Cannizzaro an einem drastischen Beispiele gezeigt: *pigghja* ḍḍu *libbru* (lu libbru); aber *pigghja* ddu' *libbri,* nimm das Buch und nimm zwei Bücher. Das *ddu* und *ḍḍu* lauten verschieden. Das *d* in *ddu* ist ein gewöhnliches dentales *d.* Das *ḍḍ* dagegen wird gebildet, indem man die Zungenspitze, nicht wie bei *d* gegen die obere Zahnreihe drückt, sondern gegen die Gaumenhöhle, nachdem man sie nach hinten umgeschlagen hat. Pitrè nennt den Laut dental palatal; nach Merkel's Beschreibung und nach seiner Fig. 28 schiene mir die Bezeichnung eines «cacuminalen» oder «cerebralen» Lautes eher am Platze. Der Laut kann daher leicht zu einem palatalen *ǵǵ* übergehen. Man stemme die Zunge nur etwas weniger stark gegen die Gaumenhöhle und man wird *gg* erhalten. So hatte ich denn nach dem ersten Hören auch zuerst im Texte 18 geschrieben: «*Primu jera monacu, k'agguna li cannili*» statt *k'adduma* aus ALLUMARE anzünden.

Auch die Beschreibung des Lautes bei Pitrè für Trapani und Marsala lässt sich damit vereinigen. Dort hört man nämlich[1] ein weiches oder halbes *r* nach *dd*. Dieses *r* = *r* (cfr. *r*) hat aber einen palatalen Klang, der die Gruppe *ddr* an *gg* nahe bringt. Doch ist diese Aussprache eine Abweichung von dem wirklichen *dd*. In Palermo und Caltanisetta, sagt Pitrè, höre man nach *dd* eine Art *h*. Damit meint, glaube ich, Pitrè das von uns oben beschriebene *dd*, nur ist seine Beschreibung nicht präcis. Soviel ich sehe, wird *dd*, wie oben beschrieben, gesprochen: an der Küste der Provinz Palermo, Messina, Catania und in dem grössten Theile der Provinz Caltanisetta. Das schon palatal klingende *ddr* im Westen der Insel, von Castellamare an, in Trapani, Marsala, Sciacca; dann in einigen Ortschaften der Provinz Catania, in Caltagirone und Troina cfr. Pb. I CXCVI: *cavaddru, gaddru*; Pap.: *iddru, piciriddru.*

Eine genauere Abgrenzung dieser Laute ist nicht möglich, da sie zu leicht in einander übergehen. Wir fanden ja in Messina auch den palatalen Laut neben dem cerebralen.

Guastella nennt *dd* in Modica einen gutturalen Laut. Was er damit meint, ist nicht deutlich. Er behauptet ferner *ll* bleibe nach anlautendem *a*, *allirizza*, *allupatu*, *allumatu*, *alluntanatu*, doch sind dies alle Wörter mit einfachem *l* oder Präfix *a* + *l*.

Für Noto wird von Pitrè und Vigo der Uebergang des *ll* zu *nn* bezeugt, durch ausdrückliche Bemerkungen sowohl, Pa. II 2, V. 337, als durch zahllose Belegstellen: V. 34 *bennu* BELLU; *stinna* STELLA; 329 *inna* ILLA; *benna* BELLA; *capinni* CAPELLI; *picirinni* PICIRILLI; V. 856 *castennu* CASTELLO; *cutennu* CUTELLU; *cardinnu* CARDILLU; 891 *chinnu* CHILLU; 341 *benna*, 2271 *picirinnu;* Pa. I 282 *arrimunnari* ADREMOLLIRE; Pa. I 276 *innu, jucarenna;* Pa. II 182

---

[1] Pb. CXCVI vergleicht es mit dem englischen *d* in good.

9*

nuʊulinni NUDULIDDI, dim. v. NUDI; Pa. I 278 *nunnu* NULLU; *cutie*nnu Pa. I 235 etc.

Merkwürdiger Weise spricht aber Avolio, der sonst über alle Abweichungen des Notigianischen von dem gemeinsicilianischen genaue Beschreibungen gibt, gar nicht davon, ja er erwähnt nicht einmal Vigo und Pitrè. Er sagt nur, *ll* werde öfters beibehalten: *bellu, balluni, palla.* In seinen Texten findet man sogar *dd: giuvineddu* 39, *beddi* 17; *chiddi* 566, *beddu* 84.

Eine öfter wiederholte Anfrage von mir nach Noto, betreffs der Aussprache des *ll*, die diesen unerklärlichen Widerspruch zu lösen hoffte, hatte leider keinen Erfolg.

In mehreren Ortschaften westlich vom Etna, in Bronte, Randazzo, dann in Maletto, Frizzi (cfr. de Greg.), Francavilla, Novara ist *ll* geblieben: V. p. 156 *cavallu, chillu, llà, llocu, illa*; V. 285 *chilla, illa*; V. 1498 *stilli*; 2497 *failli, capilli, picirilli, nucelli*, in Novara neben *ll* sogar *l: castellu, gallu, nullu, illu, illa*, neben *cavulu, stila, purtelu, belu.*

Auch im Gemeinsicilianischen finden wir *ll* oft statt *dd:*

1) Stets in gebildeter Rede: Daher findet man oft *ll* in Gegenden, die sonst *dd* haben; so Aci 3421 *puvirella, zingarella*; 4162 *cavalli, spelli*; 304 Casteltermini *bella*; 309 *milli, punzelli, mascelli, capilli, aballanu* etc.; Palazzolo V. 1202 *bella, stilla; illa, cipulla, martella, rinninella.*

2) In den Namen *Caravella, Carelli, Bunelli, Giardinella, Dunzellu, Guastella, Gallu* (cfr. Av.).

3) In gelehrten und Fremdwörtern: *cristallu, turilla* (Tr. Neologismo, che vale rissa); *capella* (die Kapelle); *bidellu* (der Pedell); *flanella* (frz. flanelle); *galluni* (frz. galon).

Man unterscheide:

balla (frz. balle, emballer)   aber *badda, padda* (die Kugel).

fratellu, Klosterbruder,   *frateddu*, Vetter nach Tr. bloss in einigen Gegenden Bruder, sonst *frate*, Bruder.

collu, Last,   *coddu*, Hals.

In beiden letzteren Fällen ist der übertragene Begriff
gelehrt. «*collu*, das auf dem Halse = Nacken ruhende =
die Last»; im ersten Falle, *ll* im Fremdwort.

Dunkel sind allerdings, die von Av. angeführten:

ballu (Tanz),   aber *baḍḍu* (chiasso allegro).

vašellu (Schiff),   „   *vašeḍḍu* (Bienenkorb).

   (in Messina *vašellu* für beide).

Arabisches *ll* wird ebenso wie lateinisches zu *ḍḍ*:
arab. BELLAHA (chiavica) — *biḍḍaca*; v. ZELEG, ZELEK —
šiḍḍicari; GEBEL — *Muncibeḍḍu*. Daher schliesst mit Recht
de Greg., dass *ḍḍ* kein arabischer Laut ist.

Castiliani sch-catalanisches *ll* dagegen wird, weil
mouillirt, wie das Product aus *lj* ausgesprochen:

cast. LLEGAR — sic. *agghjicari*; altcat. AGULLERA —

agugghjera; cat. CALLAR — *cagghjari*; cat. $\left.\begin{array}{l}\text{CEBALLON}\\ \text{SABALLÒ}\end{array}\right\} =$

Mücke — *sampagghjuni* (Labernia); cast. ESTILLÒS — *stig-
ghjusu* (che si rompe in schegge) von cat. *stratagghjari*
nach Av. 81 ENTRETALLAR (tagliare al intorno e al difuori)
doch eher einheimisch von tagliare -|- Präp.

In altsicilianischen Texten ist *ḍḍ* noch nicht vorhanden.
Doch ist dies kein Beweis dafür, dass der Laut *ḍḍ* erst später
auftrat; denn die alten Texte etymologisieren ja stets in
der Lautbezeichnung. Man schrieb wohl nur deshalb *ll*,
weil *ḍḍ* zu schwer wiederzugeben war. — Erst in den
Storie populari, ed. Salomone Marino, deren älteste aus
1566 stammt, ist *ḍḍ* vorhanden.

Ueber den Ursprung von *ḍḍ* herrschen verschiedene
Ansichten: Av. nennt den Laut einen punischen, sagt aber
nicht, warum; de Greg. eine phonetische Idiosynkrasie.

ḍḍ kommt in Calabrien an einigen Orten vor, dann in
Sardinien und in Corsica (logudoresisch und campidanesisch)
cfr. p. 237 *ll* = *dr*, *tr*, *martedru*, *bedru*, *tinedri*. Wird
dort *r* = *ŗ* ausgesprochen, so ist *dr* ähnlich dem trapane-
sischen *ḍḍr*, und dem *ḍḍ* an die Seite zu stellen. Das Vorhandensein des *ḍḍ* in allen diesen Dialecten wird wohl auf
dieselbe noch aufzusuchende Ursache oder Beeinflussung zurückgehen.

d) *l* + Hiat *i*, mouillirtcs *l* verfolgt in Sicilicn verschiedene Wege.

1) *l* + Hiat *i* wird zunächst, wic ital., *lj*, geschrieben $\left.\begin{matrix} gl \\ gli \end{matrix}\right\}$: FILIUS — *figliu*.

In den alten Texten findet sich diesc Schreibung noch: *orgogliu*, *cugliandru*, Fb. 66 *imbugliata*, *oglu*, *piglia*, *bugliri*, *fogli*, *meglu*, *muglieri*; Fa. 115 *figlu*, *famigla* 130: *consigleri* C., *consiglu* p. 56; 18 *mugleri*; p. 78 *pavigluni*, *spogla* p. 34; *figlia*, *consigliu* 58, 86; R. *famigla*, *migluri* p. 46; *meglu* p. 54 cfr. Par.

gl (*lj*) ist mundartlich erhalten im Innern der Insel, in den Provinzen Girgenti, Caltanisetta, und einem Theil der Provinz Palermo. Das Gebiet ist ein zusammengehöriges.

Die westlichsten Vorläufcr des *gl* sind, wenn wir vom Süden ausgehen, Girgenti: Pap. *sdrivigliassi*, Pa. II 420 *battaglia*, *muglieri*, *squagliari*, *piglari*. Nordwcstlich davon Cianciana Pap. *piglà*, *piglannu*, *arrisbiglatu*, Pb. II *piglia*, *meglu*, *risbiglanu*. Etwas nordwestlich: Palazzo Adriano[1] Pb. II 216 *figlu*, *piglau*. Dies die wcstliche Grcnze. Nach den mir zu Gebote stehenden Karten von Kiepert und Petermann ist das *gl*-Gebiet hier durch kein Gebirge von *gghj* getrennt. Das Land ist hügelig. Raffadali, das *gghj* aufweist, ragt in das *gl*-Gebiet hinein. (V. 1721, V. 1816, 1847, 1848 *pigghiu*, *megghiu*, *figghiuzzu*.) Sonst ist westlich nur *ghi* vertretcn: Ribera, Sciacca, Salaparuta Pb. II 252 *pigghiau*, *figghiu*, Corleone Pap. *pigghiau*. Ebenso in Trapani, Marsala, San Giuliano, Mazzara etc. Palazzo-Adriano ist zugleich der nordwcstlichstc Punkt für *gl*. Die Nordgrenze wird scharf bestimmt durch eine Gebirgskctte, die von Westen nach Osten zieht. Südlich von derselbcn ist *gl* vertreten, nördlich *gghj*.

Oestlich von Palazzo-Adriano: Cammarata, Pb. IV 93 *piglari*, *piglà*, *cugliu*, Oestlich davon: Vallelunga,

---

[1] Palazzo-Adriano gehört eigentlich zu den griechischen Sprachinseln, aber bei V. sind sehr viele sicilianischen Texte aus der Gegend überliefert, die wohl von dort ansässigen Sicilianern herrühren.

Pap. *pigliava, sdruvigliatu*, Ph. I 83 *vogliu figli*. Noch östlicher Resuttano Pb. III 39 *muglieri, piglari, annuravigliatu*, V. 2282 *piglatu, piglà, figlu*, Pa. II 757 *piglatu, pigla, figlu*. Bei Pap. findet sich *ghi*. Doch scheint die Uebersetzung sich auch sonst an das gemeinsicilianische anzuschliessen. Der Stil ist unpopulär (cfr. die complicirte Satzconstruction: «*tortu ca, lu sapi Diu, si fussi possibbili, cu quali cori darria a vui*». Bei P. findet sich *gl* auch bei V. Nordöstlich in Gangi: Pap. *Bugliuni, sdruvigliatu*.

Jenseits des Gebirges, im Norden finden wir nur *ghj*, in Polizzi Generosa Pb. I 191, Pap. Cerda. Pb. III 120, Caltavuturo Var. V. 1743, Montemaggiore V. 1802. In Castelbuono neben V. 1845, 1853 *pigghia*, 1139 *risvigghiu, gigghia, cogghi*, nur einmal *abbagliatu*.

Die genaue Grenze nach Osten zu ziehen ist wegen Mangels an Beispielen schwer. In Castrogiovanni, südlich von Gangi, finden wir *gl*: Pap. *travagliu, sdrivigliuassi, mmigliu*. Es ist dies der östliche Beleg, den wir finden. Denn die lombardischen Colonien, Nicosia, Aidone, Piazza, und die lombardisch beeinflussten Orte, Novara, Francavilla kommen nicht in Betracht. Ich vermuthe, dass die Grenze gebildet wird durch die Gebirgskette, die sich von Gangi nach Südosten zieht, über Castrogiovanni, Piazza, Caltagirone. Oestlich davon nur *ghj*, in Caltagirone V. 1878 *vogghiu, pigghitila*, Adernò V. 1714 *pigghiari, pigghiatu*, Minco 1227. Die Grenze gegen das Gebiet von Modica bildet der Fluss Maroglio. Südgrenze ist das Meer. — Innerhalb dieser Grenzen findet sich *gli* in:

Caltanisetta Pa. II 205 '*mbroglia, sbroglia, taglia, piglia* Pap.

S. Cataldo Pb. III 333 *piglia, figli, cogliri*

Cannicatti Pap. *Bugliuni, sdruviglia*, Naro, Favara, Casteltermini 309 V. *gigliu*, V. 929 *vogliu*, 663 *maglia*, Pb. I 142 *figliu* Pb. II 94, etc. Pab.

2) In einigen wenigen Orten findet sich *lj = ll*, und zwar an der Nordgrenze des *gl*-Gebietes: Alimena schwankt zwischen *gl* und *ll*: Pap. *pillata, Bulluni*, Pb. III 237 *fillu, pilla*, neben V. 1096 *rispigliati*, Var. 747 *assimiglari*, V. 1184 *gigliu*. Dann *ll* in Geraci, am Nordabhange des Monte

Salvatore und nördlich von Castelbuono in Pollina finden sich noch die Formen *ll*: Pb. II 307 Geraci *fillu*, *pillari*, *tallari*, *miellu*, *scuollu*, *mulleri*, *travallu*, *maravilla*; Pap. *Bulluni*, *riswillattu*, *travallu*, *pillata* in Pollina.

3) *lj* = *j* findet sich in wenigen Wörtern aus der Gegend von Syracus: cfr. Av. 113 *voju* VOLEU, *ajulu* ALIULUM, *fiju*, *oju*, *voju* V. 893, V. 1015 zweimal, neben *vogghiu* an andern Stellen V. 1452, 1839.

In Palazzola V. 1735 *vuoju*, Avola V. 502 *voju*, Av. bemerkt p. 25, dass auch in Noto *vuoju* neben *vuogghiu* vorkäme.

4) *lj* = *ñ* in Noto.

V. 1384 *cuñimi* COLLIGE ME, 118 *ghiñu*, *maraviñari* 2019, *voñu* 2030, *meñu* 1157, V. 1157 *maraviñari*, 2258 *fiña mia*, 2259 *fiñu*, 2693 *ñiñu* = giglio LILIUM. Noto 790: *cumpanañu*, 840 *tuvaña* TOVAGLIO, Pa. II 434, 435 *pañaru* PAGLIAJO.

Av. spricht nicht von diesem bei P. und V. so häufig belegten Uebergang. Man findet allerdings auch *gghj* in Noto: Av. C. 125 *fhigghia*, Av. 321 *squagghiu*, *m'arispigghiu*, *tagghiatu*, *figghiuzzi* 322. Warum auch hier diese Abweichung zwischen Av. einerseits und P. und V. andererseits? Auch hier blieb meine Anfrage nach Noto ohne Resultat.

5) *lj* = *ġ* im Gebiete der excontea von Modica, begrenzt im Nordosten von den Monti iblei, die sich von Palazzolo und Buccheri bis Monterosso und die Umgegend von Chiaramonte erstrecken, und vom Fluss Tellaro, der es vom Gebiete Noto's trennt. Im Osten, Süden, Südwesten vom Meere begrenzt, wird es im Westen vom Maroglio begrenzt, der es vom *gl*-Gebiete trennt. Nach Norden zu schwanken noch die Formen. In Monterosso, am Fusse des Gebirges, finden wir neben *cuoġġi* p. 59, *ľaġġica* Var. XVI, *vuoġġiu* p. 71, auch *vogghiu*. Das im Gebirge liegende Licodia hat schon *pigghi* Var. XVIII, Mineo, Militello, Caltagirone, jenseits des Gebirges haben stets *gghi*. Palazzolo V. 1732 hat neben *mutiroġġiu*, *saroġġiu*, *faroġġiu*, *patiroġġiu* auch *vuoju*. Rosolini zeigt auch noch V. 787 *vogghiu* neben *saroġġiu* 1756. Abgesehen von diesen Grenzorten ist aber sonst überall *ġġ*:

Modica cfr. G. *mieggu, maraviggu, vuoggu, figga,*
risbiggati V. 1304, V. 1601.
Spaccaforno V. 1522 *piggi*. Scicli G. p. 86 *vuoggiu.*
Raggusa Var. p. 65 *coggi.* Comiso Var. p. 55, *giggi*
Var. III *piggu.* Chiaramonti: *consiggu, piggu.* Santa
Croce *maraviggja* V. 84, *buoggu* VOGLIO Var. G. p. 67.
Vittoria: *squaggianu* p. 33.[1]

6) *lj* zu *ghj,* die gewöhnliche am weitesten verbreitete
Form, welche auch diejenige der sicilianischen Litterarsprache geworden ist. Sie umfasst die Küstenmundarten
(cfr. Karte). Ueber die Grenzen gegen *gl* und *g* vergleiche
man unter *gl* und *g*.

In den alten Texten finden wir die Form *ghi* zuerst
in einer Storia popolare von Salomone Marino ed., aus dem
Jahre 1566, wo neben *piglianu, ingagliasti, vogliu* auch
pighianu, pighia, famighi, fighiu, voghiu vorkommen. Im
17. Jahrhundert haben wir *ghi* cfr. Lex. von del Bono.
Zu *kj* verhärtet findet sich dieses *ghi* in Linguaglossa,
nördlich vom Etna V. 1124, aber stets hinter dem Tone:
pickju, vickju (vig[i]lo); *m'arrisvickju.* Auch in Mistretta
Pa. II 426: *vockju* VOGLIO.

Wie diese verschiedenen Entwickelungen sich zu einander verhalten, hat Av. in folgendem Schema darzustellen
versucht:

lat. *l* (+ Hiat *i*)
$\begin{cases} gli\ figliu\ \text{Ennese} \\ ll\ fillu\ \text{Geracese} \end{cases}$

$\begin{cases} j \begin{cases} li\ (fickju)\ \text{Linguaglossa.} \\ j\ \text{altsic.}\ fighiu \begin{cases} gghj\ -\ figghju\ \text{nsic.} \\ g\ -\ figgu\ \text{Modica} \end{cases} \end{cases} \end{cases}$

Recht hat Av., wenn er die Entwickelung *gl* von den
andern trennt. Freilich aber liegt es näher *ll*, aus *gli* (ausgesprochen lj) durch Aufgehen des mouillirten Elements in

---

[1] Nicht Uebergang des *l* + *i* oder *l* zu *g*, sondern Italianisirung
findet statt in *gigghiu,* das vom ital. GIGLIO, nicht vom lat. LILIUM
kommt, ebenso in *gogghiu,* das nicht von LOLIUM, sondern von dem
auch ital. vorkommenden GIOGLIO abzuleiten ist, cfr, Arch, It. Lexgr.
III 269.

l (cfr. mein Schema) hervorgehen zu lassen. Im Unrecht ist Av. ferner, wenn er *ghj* aus *j* herleitet. Ein einfaches *j*, ohne irgend welche Beeinflussung gibt nie ein *ghj* im Sicilianischen, sondern nur die Berührung des *j* mit einem ursprünglich vorhergehenden Consonanten ergibt *ghj* (cfr. § 24 *lu jornu* aber *chè* QUID *ghjornu*). Dagegen bei *ghj* aus *lj* haben wir in *l* den *j* direct beeinflussenden Consonanten und *ghj* ist begründet und regelrecht. *lj* betrachte ich überhaupt als die Quelle aller andern Formen. Im Innern ist das früher auf ganz Sicilien verbreitete *lj* geblieben. In Noto hat sich vermöge der Verwandtschaft des dortigen *l* mit *n* (cfr. *ll* = *nn*) auch hier *n* für *l* eingesetzt und *lj* zu *nj* = *ñ* umgebildet.

ǵǵ in Modica hat sich aus *ghj* entwickelt. Die Formen auf *ghj* stossen an das Modicagebiet, oft sind beide am selben Ort vorhanden. Dazu ist die Entwickelung des *ghj* zu *ǵ* eine in romanischen Sprachen immer wiederkehrende (cfr. afrz., ital.). Dass noch eine Zwischenstufe *dj* anzunehmen sei, ist wahrscheinlich, wenn auch die Spuren einer solchen verwischt sind.

Auch *ckj* aus Mistretta, Linguaglossa ist aus *ghj* entstanden, denn auch aus *ghj* anderer Quelle entsteht dort *ckj* cfr. Pa. II 426 *iḍḍa chi chietta* aus *iḍḍa chi ghietta* (*jettare* = werfen, gebären).

Was *j* betrifft, worauf Av. so viel Werth legt, so habe ich es nur ganz vereinzelt in Syracus und Umgegend und zwar bloss bei *voju* VOLIO und fast immer mit den Nebenformen *ghj* belegt gefunden. Woher Av. die andern Wörter hat, sagt er nicht. Ich leite es ebenfalls von *ghj* ab. Auch sonst wird sic. *ghj* zu *j* (cfr. $g + \left.\begin{matrix} e \\ i \end{matrix}\right\}$ durch *ghi* zu *j*).

So gelange ich denn zu folgendem Schema:

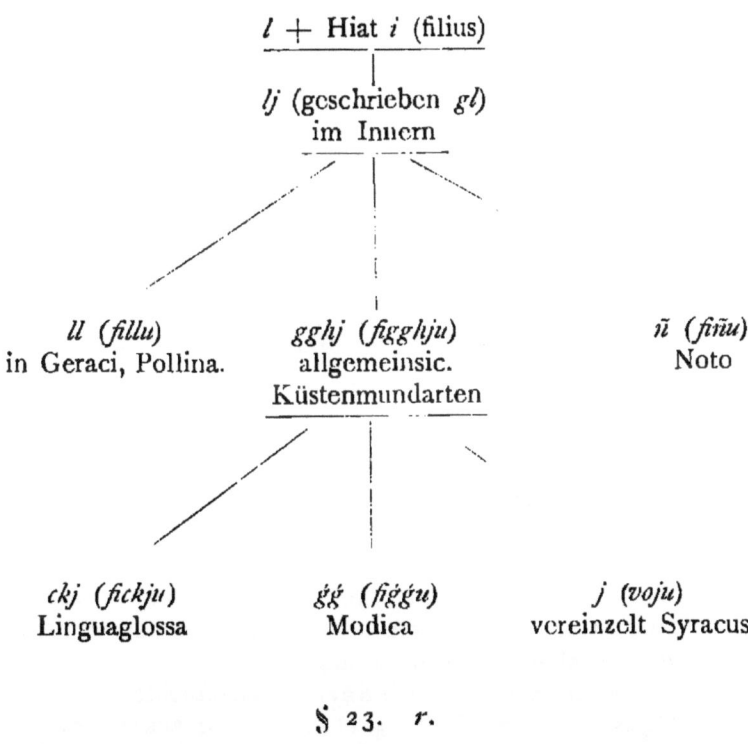

l + Hiat i (filius)

lj (geschrieben gl)
im Innern

ll (*fillu*) in Geraci, Pollina.	$gghj$ (*figghju*) allgemeinsic. Küstenmundarten	$\tilde{n}$ (*fiñu*) Noto

ckj (*fickju*) Linguaglossa	$\acute{g}\acute{g}$ (*figgu*) Modica	j (*voju*) vereinzelt Syracus

§ 23. *r*.

a) Aussprache. Es gibt im Sicilianischen zwei Arten von *r*:

α) Das scharf gerollte alveolare *r*, das dadurch entsteht, dass wiederholentlich der dünn emporgewölbte Saum der Zunge vom Expirationsstrom gegen den Rand der Oberzähne geschwungen und im nächsten Moment vermöge seiner Elasticität in die alte Lage zurückgeworfen wird.

Viele Herausgeber schreiben dieses *r* im Anlaut doppelt, um es vom andern zu unterscheiden: *Rroma, rrosa, rraju, rragga*. Im Anlaute wird dieses *r* meist gesprochen, dann entsteht es aus Verdoppelung von *r* (cfr. unten).

Ausgenommen sind die Mundarten von S. Cataldo, Vallelunga; Modica, Vittoria, Comiso, im Gegensatz zu Chiaramonte und beinahe allen andern Orten des Gebietes.

β) Das weiche oder halbe *r*, *r molle, soave*. Es ist dies ein ungerolltes Alveolar-*r*, cfr. Sievers p. 107, ähnlich dem englischen *r* im Anlaut. Die Seitenränder der Vorderzunge scheinen massiger emporgehoben zu sein und können weniger in die Flatterbewegung versetzt werden. Hält man dieses *r* lange aus, so entsteht ein dem franz. *j* in *jour* sehr ähnlicher Laut. Wir bezeichnen dieses *r* als *ŗ*. (Man verwechsle es nicht mit dem Böhmerschen *ŗ* «*ut in nomine* «*Paris*», *quo modo pronunciatur Parisiis.*)

Dies *ŗ* kommt vor:

1) Im Inlaute, sowohl vor Consonanten als intervocalis.
2) Es entsteht aus *gr*: *'ŗanni, 'ŗavusu, 'ŗattari.*
3) Es entsteht aus *d* in mehreren Theilen der Insel, *ŗonna, ŗormiri, ŗimuoniu, ŗumani.* (Ueber näheres cfr. *d.*)

b) Schwund des *r*. Da *ŗ* ein so weicher Laut ist, darf es nicht Wunder nehmen, dass er so leicht schwindet.

α) Vor und nach Consonanten:

1) Wie allgemeinromanisch in: INSURSUM — *'nsusu;* INDEORSUM — *'njusu* (cfr. suso, sus); *pazzu* kommt nicht von barzjan, sondern ist ital. PAZZO.
2) In der Sprache der niedern Volksschichten: Messina: *cuttu* Sch. 35 CURTU; *buzza* BURZA; *puttari* PORTARE; *scucuddamu* Ci. 123 SCONCORDARE; *picchì* PERCHÈ. Syracus: *muottu* MORTO; *puttuou* PORTAVIT; *fimmu* FIRMUS. Catania: *potta* PORTA; *mottu* MORTO; *femmu* FIRMUS; *'nfimmitati* v. INFIRMITAS. [1]
3) In Verbindung mit Labialen:
   α) Nach Labialen in Trapani, Erice, Termini, Castroreale, Sciacca: *pimu* PRIMUS; *Fancia* FRANCIA; *puvari* PROBARE; *pezzu* PRETIUM; *fevi* FEBRIS.
   β) Vor Labialen in Palermo, Gibellina, Sciacca, aber mit Hinterlassung eines *i*, wodurch auch der palatal ähnliche Laut des *ŗ* sich deutlich zeigt. Zugleich

---

[1] In allen diesen Beispielen folgt auf den Schwund von *r* Verdoppelung des Cons., vor dem es geschwunden ist, sodass man zweifeln kann, ob nicht eher von Assimilation zu sprechen ist.

Verdoppelung des Lab.: PALERMO — *Pal*eimm*u;*
CARBONEM — *ca*ibb*uni;* FERMO — *fe*imm*u;* BARBIERE
*va*ibb*eri.*
Sonst noch in *poittu* PORTO; *puo*icissioni PROCESSIONE.

β) Intervocalis.
1) Sporadisch wie allgemeinrom. in *prua* (prora.)
2) Mundartlich in Novara cfr. Pap.

ORA — *úa;* SIGNORA — *ñua;* JIRI — *jii;* SCELLERATI
— *scilliadi;* ERAT — *ia;* CORONA — *cuia;* IMPARATO —
'*mpaadu;* SIGNURITI — *ñuiti;* OBSCURAT — *scua.* — Durch
ein *h* ausgedrückt bei P.: FIGURA — *figuha;* CRIATURA —
criatuha; OBSCURAT — *scuha;* SEPULTURA — *sepultuha,* wohl
= ' (spiritus lenis).

c) Wechsel des *r.*

α) *r* zu *l.*
1) Allgemeinsicilianisch.
In gelehrten und fremden Wörtern: *serica* frz. SERGE —
salga; Av. 86 MÉRINOS — *milanossu;* CHAR À BANCS — *Sa-
labbà;* CAVIAR — *caviali* Ci. 97 (wohl Suffixvertauschung).
Ganz vereinzelt *siloccu* neben *siroccu* ar. SHORÛQ.
Dissimilirt, wenn zwei *r* in einem Worte vorkommen:
ARBOREM — *arvulu;* ROVERE — *ruvulu;* RASORIUM — *rasolu;*
gr. παρασπορά — *paraspola;* CORIANDRUM — (durch coli-
andrum) *cughjandru;* Av. 58 afrz. RATIÈRE — *latera* (nach
Tr. speciell catanesisch).

2) Mundartlich in Palagonia geht *fr, pr* in *fl,*
pl über:

FRUCTUS — *fluttu;* FRANCIA — *Flancia;* FRIGIDUS —
fliddu; PRIMUS — *plimu;* vor *m*: FORMARE — *fulmari.*
Ueberhaupt hat der Sicilianer die Neigung, da wo er
r sprechen sollte, *l* zu sprechen: statt *Garibaldi* — *Galibardi.* (*flistare* FISTULARE — *friscari,* allgemeinsic.)

β) *r* zu *n*:
1) Allgemeinsicilianisch:
CASPAR — *Gaspanu;* MELCHIOR — *Mirčioni* (wahrscheinlich Suffixvertauschung wegen des gebräuchlicheren Aus-
gangs: *-anu, -oni*).

2) Mundartlich:

1) in Sciacca: BALTASARE — *Baltasanu;* CALVARIUS — *Carvanu;* AVARUS — *avanu;* VISCERE — *viscini.*

2) In Bronte: Pa. Ц 187 LASSARU — *lassánu;* IMBAR-CARU — *imbarcánu* 3. p. pl. perf.; FURONO — FURO — *funu;* daneben aber *dumandaru (nu* stammt aus den übrigen Tempora, Präs., Impf. [Ind., Conj.]).

γ) *r* zu *d:* $\begin{Bmatrix} \text{POPHYTA} \\ \text{it. PORFIRO} \end{Bmatrix}$ — *porfidu.*

δ) *r* zu *m:* σακκοσειρα Av. p. 62 — *saccosima,* Angleichung an das Suffix *-ima?*

d) Zusatz des *r.*

Bloss als Epenthese vertreten: STA — *stra* in: BALIsta — *bali*stra; ćısta — *ģi*stra; GENIsta — *jine*stra; STANISLAUS — *Stranislau;* in andern Wörtern: THESAURUS — *trisoru* (frz. trésor); TONARE — *truniari;* PAPILIONEM — *parpaghjuni;* arab. JASAMŪN — *ģersominu,* doch auch vielleicht vom ital. GELSOMINO; BARILE — *baliri* — *varliri* Pb. IV 216.

cfr. damit die unter *l* angeführten Fälle: *serte, ondra* und die Erklärung derselben.

e) Metathesis des *r.*

a) r tritt zum Silbenanlaut:

1) Aus dem Silbenauslaut der ersten Silbe:

a) In den Silbenanlaut der ersten Silbe:

CARBONEM — *cravuni;* FORMATICUM — *frummaģģu.*

PER — *pri;* PUL(R)MONEM — *primuni.*

PORRIGERE — *proiri;* PUL(R)VUREM — *pruvulu.*

PERGULA — *preula;* it. SFARZO — *sfrazu.*

SVERGOGNATA — *sbriuñata;* STIRNUTARE — *stranutari.*

TURBANTE — *trubanti;* EXPURGARE — *spruari.*

SCORPIONEM — *scrippioni;* SCARABAEUS — *scrafagghiu.*

PERFETTO — *prifettu;* TORMENTO — *trumentu.*

TERCEROL Terzerole, cat., cast. — *trizzola;* FORCHETTATA — *bruchittata.*

CASTELTERMINI Pb. III 314 — *Castretermini,* neben *Castartermini.*

b) In den Silbenanlaut der zweiten Silbe.

In Modica: ARVA — *avra;* ERVA — *evra;* ORVU — *ovru;* MARVA — *mavra.*

2) Aus dem Silbenanlaut der folgenden Silben:

FABRICA — *frabbica;* CATHEDRA — *cattrida.*
CAPRA — *crapa;* TEATRU — *triatu.*
PUBRICU (aus Publicum) — *prubbicu;* CASTRATU — *crastatu.*
it. CODRI-ONE — *cruduzzu;* CANCRUM — *grancu.*
FEBRIS — *frevi;* FEBRUARIUS — *Frivaru.*
INCASTRARE — *incrastari;* CAPRICCIO — *crapiccu.*
CASTRU — *crastu.*

β) *r* tritt zum Silbenauslaut.

1) Aus dem Silbenauslaut:

cavalcau CAVALCAVIT — *cavarcau* zu *carvacau.*

2) Aus dem Silbenanlaut:

FRUMENTUM — *furmentu;* PROPAGINEM — *purpaina;* v. BRUNO
— *'mburniri;* SCRITTORIO — *schirtoriu;* PRETENDERE — *pitir-niti* (vereinzelt für *pritinniti* Pa. I 334).
purgennu (Italianismus) Ci. 370 neben *proiiri;* TRE DANARI
— *tirdinari* neben *tridinari* Ci. 433. BRETAGNA — *Ber-tagna* C.; FRENESIA — *firnisia;* cat. BRIBA — *birba;* PRETIUM
— *pierzu* in Modica.

γ) Reciproke Metathesis.

l und *r* vertauschen ihre Stellen:

PAROLA — *palora:* CASSEROLA — *cazzarola.*
AQUARIOLUS — *acqualoru;* CORULA — *colura.*
GAROFALU (καρυόφυλλον) — *galofaru.*
GIROLAMU — *Giloramu;* GARIBALDI — *Galibardi.*
GATTAJUOLA (aus CATU + riolus) — *gattalora;* ERBARIOLUS —
irvaloru,
LINARIOLUS (it. linajuolo) — *linaloru.*
PINNARIOLUS (it. pinnajuolo) — *pinnaloru.*
QUARTERIOLO — *quartaloru;* PUNTERIOLO — *puntaloru.*
VARIOLA (it. vajuolo) — *valori* etc.

Zusatz.
Reciproke Metathesis anderer Consonanten.

1) Der silbenanlautende Consonant der ersten Silbe
wird vertauscht mit dem silbenanlautenden der zweiten:

FOCOLARU — *cufularu;* DIGITUS — *giditu, jiditu.*
FRACASSO — *crafassu* Pa. I 349.
LAVANCA — *valanca;* BIZEFFU — *zibeffu.*
RINEGATU — *niricatu* (Renegat, Volksetymologie nero?).
RISVEGLIARE — *sdruvigghiari* (zuerst srivegliare, dann Epen-
these des *d* vor *r*, *i* zu *u* wegen *v*).
HOROLOGIUM — *'rologiu* — *lorogiu* — *lorgiu.*
tampasiannu V. 99 (V. bemerkt: è il PANTASIARE di Ciullo
str. 21).
SIRENO — *resinu* V. 1313.

2) Der silbenanlautende Consonant der zweiten Silbe
wird vertauscht mit dem silbenanlautenden der dritten:

FRACIDO — *fradiciu* (corotto).
IMPANTANATU — *'ntampanatu* (ridurre a pantano).
SARACO aus *sargus* (sarago) — *sagaru*
cat. MANOSEAR — *masuniari* Av. 76 (gualcire).
PALADINUS — *padalinu;* JACOPO · *Japicu.*
GILEBBA (ar?) — *gibella* — *gibedda* (ein eiserner Ring,
mit dem die Thiere an die Krippe gebunden werden).
SUCCANO — *sannacu* Ci. Nonnenschleier.
INDULGENZI — *illurgenzi,* Mineo V. 814 (wohl folgender-
massen entstanden: indulgenzi — *inludgenzi,* dann ent-
weder *d = r,* oder nach Verschmelzung des *d* mit *g,*
r eingeschoben — *illurgenzi.*
EPISCOPUS — *biscopu, viscopu, vispocu, vispicu.*

3) Der silbenanlautende Consonant der ersten Silbe
wird mit dem silbenanlautenden der dritten vertauscht:
liquirizzia (aus GLYCURIZZA, eine Pflanze) zu *rigulizzia* (vgl.
frz. reglisse).

4) Der silbenanlautende Consonant der zweiten Silbe
wird vertauscht mit dem die erste Silbe hinter *s* anlautenden
p, wonach es durch Einfluss von *s* zu *c* wird:
SPAGO — *scopu.*

5) Besondere Fälle einfacher Metathesis:

a) In den mit TRANS zusammengesetzten Verben, wird das silbenauslautende *s* in den Silbenanlaut versetzt, nachdem *n* ausgefallen ist:

v. TRANSPORTARE — *strapurtau* Pa. I 220 V. 569.

TRANSFIGURARE — *strafigurari*; TRANSCURARE* — *stracurari*.

TRANSFORMARE — *strafurmari*; TRANSMUTARE — *stramutari*.

b) STANISLAUS — *Stranislau* zu *Stransilau*. (Nach Epenthese des *r* wird das die zweite Silbe schliessende *s* hinter das die zweite Silbe anlautende *n* versetzt).

§ 24.

Verstärkung anlautender Consonanten durch den Einfluss auslautender.

Die verschiedenen Bearbeiter des sicilianischen Dialectes haben theils geahnt, theils mehr oder minder bestimmt die Regel ausgesprochen, dass nach gewissen betonten einsilbigen Wörtern die folgenden anlautenden Consonanten verdoppelt oder verändert werden (cfr. Av. p. 15, G. p. XV, Pb. I CXCII, Wp. 21, de Greg. p. 28 ff.). Ueber die die Verdoppelung verursachenden Wörter und die derselben unterliegenden Consonanten sind die Angaben verschieden, sowohl hinsichtlich der Vollständigkeit als auch hinsichtlich der Beurtheilung der Fälle. Am vollständigsten ist de Greg.

Nach meinen Beobachtungen und Untersuchungen lässt sich folgende Regel aussprechen: Nach *kj* QUID, *a* AD, *pi* PER, *è* EST, *e* ET; *kjù* PLUS; *fà* FACIT, *va* VADIT, *sta* STAT, *si'* ES, *ddà* ILLAC, *tri* TRES, *'ntra* INTRA erleiden gewisse Consonanten:

1) Quantitative Veränderung.

Labiale
{
p: = *kj ppezzu di pani! a ppalazzu; kj ppocu; è ppocu.*
b: — *kj bbeddu! kj bbuoscu.*
m: — *pi mmati* PER MATREM; *latti e mmeli.*
f: — *si' ffuoddi, tri ffimmini.*
}

Gutturale
{
c: — *kj ccosa: a ccasa!*
g: — *a ggamm' a l'aria.*
}

10

Dentale
{
d: *dittu pi ddittu*; *fa ddannu, è ddući.*
t: — *a ttia! è ttuoppu* È TROPPO.
n: — *tri nnotti, è nnenti.*
s: — *dda ssupra, ki ssuonnu.*
}

2) Articulatorische Verschiebung:

.v (sowohl primäres als secundäres aus *b* entstandenes *v* cfr. *b*) wird *b*:

Beispiele: *ancora è bivu lu spiritu*; *ki ffà bentu!* Av. 126; *sta benennu* STA VENIENDO; *ciù bicinu* PLUS VICINUS; *vina pi bina*; *pi bui ndi moru* V. 70 Milazzo.

j wird zu *ghj = tri ghjudići* TRES JUDICES; *tri ghjorna, è ghjuntu, un' è ghjustizza! a gghjucari, ki ghjurnata!*

ŗ aus *gr* entstanden wird zu *rr*: *La mmiŗia ŗi li genti è rranni assai* (L'invidia della gente è grande assai).

ŗ aus *d* (cfr. *d* zu *r* § 18) wird wieder *d*: *Si' donna, ca nascisti mmienzu mari* (Du bist eine Frau, die mitten im Meer geboren ist), aber *una ŗonna* neben *ki donna.*

l wird zu *dd*: *Infermu intra dda vita*; *pri ddi giuvini*; *trattamu a ddu siñuri! pri ddi mobili.*

Schon Schuchardt *Romania III Phonétique comparée*, dem sich de Greg. anschliesst, betonte, dass in letzter Instanz ein auslautender Consonant die Veranlassung zur Veränderung des folgenden anlautenden gab, cfr. Beispiele: *bontàte vera, bontàt vera — bontàt vera — bontà vvera.* Für den sardischen Dialect stellt er fest, dass nach Consonanten, die wirklich ausgesprochen werden, sowohl als nach solchen, die es nicht mehr werden, der folgende anlautende Consonant verstärkt wird.

Für das Sicilianische liegt die Sache ganz ebenso. Die von uns angeführten Wörte , unter denen jetzt keines mehr auf einen Consonanten auslautet, hatten ursprünglich einen Consonanten im Auslaut:

ki QUID etc. cfr. oben (*pi* aus PRI PER und *'ntra* INTRA sind hier vorläufig aus dem Spiel zu lassen). Nun hat aber im Sicilianischen ein auslautender Consonant Einfluss auf den folgenden. Dies lässt sich ersehen aus der Wirkung des einzigen noch im Auslaut vorhandenen Consonanten, *n*:

$n + j == \tilde{n}$:

UN' JARDINU — *u ñardinu.*

UN' JORNU — *u ñornu.*

DON JACHINU — *do Ñachinu.*

UN JALLU (UNUS GALLUS) — *u ñaḍḍu,* cfr. de Greg. Guastella.

UN JATTU (GATTO) — *u ñattu.*

NON JOCKI (spielst du nicht?) — *u ñocki?*

$$\left. \begin{array}{c} n + v \\ n + b \end{array} \right\} = m + b = \text{mm:}$$

IN BARCA — (imbarca) — *'mmarca.*

IN IMBARAZZU — (imbarazzu) — *mmarazzu.*

IN BOSCO (imboscu) — *'mmoscu.*

IN BUCCA — (imbucca) — *'mmucca.*

IN VITA — (imbita) — *'mmila.*

NON VEDI — (num bidi) — *nn' mmiɣi.*

NON VENIO — (num beñu) — *nu' mmeñu.*

Da aber, wie Schuchardt schon nachweist, die Consonanten im Satzinlaute dieselben Veränderungen erleiden wie. im Wortinlaut, so ist es nicht unnöthig auf dieselben hinzuweisen:

Labiale cfr. § 9—12: $n + v = $ mm (INVIDIA — *mmiɣia*). $n + b = mm$ (INBESTIALIRI — *'mmestialiri*) wie oben im Satzinlaute; $s + v = sb$ (*svacare* — SBACANTARI).

Dentale: Einfluss des *n* auf *d* in *nn* aus *nd,* cfr. § 18 b Verdoppelung des Consonanten nach Präfix *a (ad),* im Anschluss an die theilweise schon lat. vorhandene Assimilation des *d* an den folgenden Cons.:

lat.: *AdBREVIO, abbrevio;   sic.: abbuccari.*
AdCANTO, accanto;   accunniśiri.
AdCINGO, accingo;   aććentrari.
AdfLIGO, affligo;   affaććiari.
AdGREGO, aggrego;   aggrastari.
AdLIGO, alligo;   allumari.

Dann auch da wo lat. noch nicht assimilirt: *ammirari* bewundern; *ammuḍḍari* v. mollis; *agghjurnari* v. jornu; *agghjunćiri* v. jungere etc. etc.

Gutturale: Einfluss des *n* auf *g* in *nć* aus *ng* (TINGERE — *tinćiri*).

Liquide: Einfluss des *r* auf *l* in PARLARI — *parrari,*
MERLU — *merra;* CARLINUS — *carrimu.*
(Ueber Einzelnes cfr. in den einzelnen §§.)
Wenn noch jetzt der auslautende Consonant im Satz-
inlaute sowohl als im Wortinlaute Einfluss auf den folgenden
ausübt, so ist dem früher auslautenden Consonant der gleichen
Veränderungen wegen dieselbe Macht zuzuschreiben, z. B.
wie *abbiniri* entsteht aus ADVENIRE, so entsteht *ki bicinu* aus
QUID VINCINUM! Bei AD *(a)* ist die Sache noch deutlicher
A(d) CASAM — *accàsa* — a c*casa,* wie a(d)CAPTARE — acc*at-*
tari. —

Was nun *fà, va, sta, e* (ET) betrifft, so halte ich es
für möglich, dass im Laufe der Zeit auslautendes *t = d*
wurde und dann wie *d* in QUID, AD wirkte. Ich stütze mich
auf Beispiele wie ET == *ed,* AUT == *od* im Ital. vor Voc.,
ferner auf die von Schuchardt *Romania III* angeführte
Thatsache, dass im Sardischen *d* statt *t* vor Vocalen ausgesprochen wird in allen 3. Personen sing. der Verbalformen.

Was TRES, PLUS, *sì* aus ES, du bist, betrifft, so vergleiche man den Einfluss des *s* auf *v* § 12, SVERECUNDIARE
— sb*riuñari* und *tri* b*entini* TRES VENTINAE.

Wenn man annehmen darf, dass in *est,* nach dem Abfall des *t, s* noch geblieben ist, so wäre der Einfluss von
est hiernach zu erklären.

Bei *dda* ILLAC wird wohl das ursprünglich auslautende
c den Einfluss ausüben: z. B. *dda* tt*ata* Hier, Vater (tata
cfr. Tr. == babbo), wie in FACTUM — *fattu.*

Bevor wir den Einfluss der übrigen Wörter beleuchten,
müssen wir noch eine Reihe von Wörtern betrachten, welche
Verstärkung eintreten lassen, ohne dass ein Consonant in
Frage kommt.

1) Ein Blick in Tr.'s Lexicon zeigt, dass alle volksthümlichen mit *a* anlautenden Wörter, auch da wo kein *ad*
zu Grunde liegt, den Consonanten nach *a* verdoppeln:

So *abbuliri* ABOLERE; *allariari* von ALACER.

Aggiri AGERE; *fare, operare.*

abbunnari ABONDARE; *addurari* für ODORARE.

abbitari HABITARE; *ammen* AMEN.

abbati ABATE; *arrisicu* RISICO.

abbissu ABISSO; *arrispighiari* REEXVIGILARE. *abbituali* HABITUALIS; *arrenniri* RENDERE. Der Grund wird wohl Analogiewirkung sein solcher Wörter älteren Datums mit dem Präfix *a*, in denen einst *ad* gesprochen wurde.

2) Verdoppelung finden wir ferner in den volksthümlichen Wörtern, die mit *di* und *de* anlauten, welche der Form der mit *dis-* gebildeten folgen: *sdillattatu, sdillucari, sdirrupari, diffamari, sdilliniu, dibbalirisi, dilluviu, diffusu* etc.

3) Ebenso nach *re*: *ribbarbaru* Rhabarber, *ribbatiri, ribbutari, ribbalzari, riddiculu, riddossu, ribbichina, ribbina, riddena.*

4) Nach *su*, auch wo es nicht von *sub* kommt: *sullazzu* SOLACIUM, *subbitu, succidu* SUCIDO, und da wo *sub* vor Voc. steht: *subbalternu, subbafittari, subbiri, subbornari, subbordinari.*

Nach diesen Beispielen scheint es, als ob im Laufe der Zeit die Sprache bei allen andern Präfixbildungen in Analogie zu denjenigen Präpostionen, die in Folge eines auslautenden Consonanten Verstärkung hervorriefen, die Veränderung des Anlauts des Primitivums vorgenommen habe. So verstehen wir denn auch, warum nach *pri* PER verstärkt wird: *priccomu, pri-bbiru, priccontra*, ebenso nach *'ntra* INTRA.

Nur das auslautende *m* hat niemals die Wirkung ausgeübt; als das Latein nach Sicilien kam, war es schon viel zu schwach dazu. Daher wird nach *lu, la, su* SUM, *me'* MEUM, *to'* TUUM, *'na, 'nu* nic verdoppelt. [1]

Nach vocalauslautenden Wörtern wird auch nicht verstärkt. Also nicht nach: *mi, ti* ME, TE, nicht nach *duo* DUE.

So liesse sich denn die Regel folgendermassen am zweckmässigsten formuliren:

Nach den einsilbigen voci tronche, welche im lateinischen auf *d, t, s, c* auslauteten, und einigen anderen an diese sich anschliessenden Partikeln mit Vocalauslaut wird im sicilianischen Dialect in Folge von ursprünglicher Assi-

---

[1] Nur die Partikel cum, die in manchen Verbindungen m fühlbar werden lässt cumbattiri — cummatiri, lässt bei nachfolgendem Personalpronomen Verstärkung des anlautenden m oder t: cummia, cuttia eintreten. (Auch im Ital. schliesst sich Personalpr. und cum enger an: meco, veco, wie lat.)

milation ein folgender anlautender Consonant verdoppelt,
resp. verstärkt. [1]

Bemerkungen: Obige Regel wird vom Sicilianer nur
in echt volksthümlicher Rede befolgt. In der litterarischen
Poesie Siciliens finden wir sie nicht. Sogar in einigen
volksthümlichen Texten wird sie oft ignorirt, weil viele
Herausgeber, um dem Leser das Verständniss nicht zu er-
schweren, die übliche Verstärkung der Consonanten in der
Aussprache nicht anzeigen. So Pitrè (cfr. Pb. I CLXVIII,
CXCV), Salomone Marino, Vigo und manche andere.
Am volksthümlichsten ist die Aufzeichnung der Lieder bei
Av. und G. Imbriani (*Canti e racconti del pop. it. ed. Com-
paretti e d'Ancona 2 Bd. p. VI*) verwirft diese verdoppelnde
Schreibweise sogar als Barbarei. — Daher darf es nicht
wundern, zahlreichen Abweichungen von der Regel in den
Texten zu begegnen.

Nicht Ausnahmen von unserer Regel sind: *ḍḍa* z. B.
kiḍḍu ḍḍa, das auf den ersten Blick Verdoppelung von *là*,
(hier), zu sein scheint, aber nach *kiḍḍu* (cfr. oben) keine
Berechtigung hätte. Ebenso *ḍḍu, ḍḍa*-Artikel «*ći* disseru *ḍḍi*
due; pigghja *ḍḍu* libru, trasemu *ḍḍu* buffeta», die für ver-
stärktes *lu, la* gehalten werden könnten, und in diesen Beispielen obiger Regel widersprächen. Es ist aber *ḍḍa* nichts
anderes als *illac*, wo *ll* regelrecht = *ḍḍ; ḍḍu, ḍḍa*, obwohl
kaum mehr ausdrückend als *lu, la*, doch Ueberrest von ehe-
mals noch im Sinne des Demonstrativums gebrauchtem *illum*.

Bei *cckjù* PLUS, das stets verstärkten Anlaut hat, macht
Schuchardt die Bedeutung geltend. Auch bei *mia, tia* ME, TE.

Ein mundartlicher Zug ist es wohl, wenn *v* in Messina
zu *b* verstärkt wird, auch ohne den obigen Einfluss. Messina
hat eben grosse Vorliebe für *b*, behält es auch statt wie
sonst im Dialect *b = v* zu verwandeln cfr. § 10: *pi bidiri
li bampi ki faćia, li multi bući, zittite bi* (cfr. meine Texte).

---

[1] cfr. damit andere Dialecte, z. B. corsisch. Ascoli Arch. glottol.
II p. 150: *la verba* LA BARBA, aber *e berba* ET BARBA, *li von buccoüi*
LI BUONI aber *è bonu* EST BONUM.

DRITTER THEIL.

MUNDARTEN. — STELLUNG DES SICILIANISCHEN ZU DEN ITALIENISCHEN MUNDARTEN UND ZUM LATEIN.

———

CAPITEL I. EINTHEILUNG DES SICILIANISCHEN DIALECTS IN SEINE MUNDARTEN.

Der sicilianische Dialect lässt sich in drei grössere Mundartengebiete eintheilen, die man wohl am besten so bezeichnen wird:

1) Die Küstenmundarten.
2) Die Mundarten des Innern.
2) Die Mundarten der Südostspitze.

1) Die Küstenmundarten umfassen die Ostküste von Syracus nach Messina, die ganze Nord- und Westküste, die Südküste bis Sciacca, resp. Ribera. Ins Land hinein erstrecken sie sich: im Osten von der Küste bis an das Gebirge, welches von Gangi nach Caltagirone sich hinzieht; gegen Süden bis an das Gebirge, das sich von Caltagirone nach Buccheri zieht, und dann bis an das Hügelland, das sich von Buccheri über Floridia nach Syracus erstreckt.

Von diesem Sprachgebiete auszunehmen sind die lombardischen Colonien hinter dem Etna, Piazza, Nicosia, Sperlinga, Aidone, San Fratello und das lombardisch beeinflusste Novara.[1] — Den Norden umfassen sie bis zu dem Gebirge von Gangi nach Palazzo Adriano. Gegen Südosten ist wegen des Mangels an Texten die Grenze nicht genau zu ziehen, doch ist anzunehmen, dass einer von den Flüssen, Fiume di Verdusa oder Maggazzolo, die von Palazzo Adriano und Umgegend dem Meere zufliessen, die Grenze bildet. Im Westen sind auszunehmen die lombardischen Colonien: Piana dei Greci, Palazzo Adriano, Mezzojusu, Contessa. (Nach Hartwig sollen in S. Angelo, Biancavilla, San Michele, Bronte früher auch albanesische Colonien gewesen sein.) Auch auf den liparischen Inseln werden die Mundarten der Küste gesprochen. Sie stellen das gewöhnliche, auch der Litterarsprache zu Grunde liegende Sicilianisch dar:

$$\left.\begin{array}{l} pl \\ cl \\ tl \end{array}\right\} kj; \quad l + \text{Hiat } i = ghj; \; fl = \check{c}; \; 3. \text{ s. Perf. I } \text{-} \hat{a}u$$
(PORTAVIT — purtáu) cfr. § 22.

Doch muss noch unterschieden werden zwischen östlichen und westlichen Küstenmundarten, die ihre Grenze in der Gegend von Cefalù finden.

a) Westliche.

Anlautend *hj* bleibt, cfr. § 10 c (Cefalù, Palermo, Partinicò, Ficarazzi, Borgetto, Monreale, Camporeale, Mazzara).

$$g + \left\{\begin{array}{l} a \\ o \\ u \end{array}\right. \text{bleibt oder wird}$$
ausgestossen, abgesehen von Erice, Sciacca, wo *j* sich findet.

g-Prothese oder Spiritus lenis, in Verstärkung *g*.

b) Oestliche.

Anlautend *bj* = *j*, cfr. § 10 c (Messina, Lipari, Aci, Linguaglossa, Mineo, Caltagirone, Siracusa).

$$g + \left\{\begin{array}{l} a \\ o \\ u \end{array}\right. = j; \text{ GALLINA} -$$
jaddina, Messina, Aci, Milazzo.

j-Prothese, verstärkt *ghj*.

---

[1] Darüber cfr. de Greg. *Arch. glottol. VIII.* Ueber Novara speciell sagt er: *è l'intiero tipo fonico (lombardo), sebbene assai più pallido, che non nei cinque luoghi testè enumerati.* Ueber die Entstehung der lombardischen Colonien: L. Gonzenbach, *Sicil. Märchen ed. Hartwig, Einleitung p. XXVII.*

Pronomen der 1. Person:
EGO — *eu, jeu* cfr. § 15.

Pronomen der 1. Person:
EGO — *jò, jù.*

Besonderheiten einzelner Orte:

a) *ng̃* statt *nc̃* in Mangano, Bisacquino, Salaparuta: *ping̃iri, ting̃iri.*

b) *d* intervocalis *ŗ* in Palermo: *caŗiri* — CADIRI

$$s + \begin{Bmatrix} p, c, t, f \\ b, g, d, v \end{Bmatrix} = \begin{Bmatrix} š \\ ž \end{Bmatrix} \text{ in}$$

Palermo.

c) In Geraci und Pollina: *lj* = *ll* FILIUS *fillu.*

a) In Milazzo, Messina: *nd* für *nn.*

b) In Messina: *b* anlautend, nicht zu *v* verwandelt.

c) Milazzo: -AVIT = -*ò*, PORTAVIT = *purtò.*

d) Syracus: *d* = *ŗ; lj* = *j*, sporadisch.

e) Linguaglossa, Mistretta: *ghj* = *kj.*

2) Die Mundarten des Innern, im Westen begrenzt durch die Ostgrenze der Küstenmundart, im Norden durch die Südgrenze derselben, im Osten durch die Westgrenze derselben bis Caltagirone, dann durch die Westgrenze der Südostmundarten, den Fluss Maroglio.

Hauptorte: Girgenti, Cianciana, Casteltermini, Cammarata, Vallelunga, Resuttano, Alimena, Gangi, S. Catarina, Caltanisetta, S. Cataldo.

Hauptmerkmale: 1) *l* + Hiati *i* bleibt als *lj (gli* geschrieben). Ausgenommen Alimena, wo auch *ll*, Raffadali, wo auch *ghj* sich findet. cfr. § 22.

2) *fl* meist zu *χ* cfr. § 11 c: Vallelunga, Casteltermini, Girgenti, Caltanisetta.

3) *pl, cl* vereinzelt zu einem j-ähnlichen Laut, cfr. § 13 c.

4) *g*-Prothese, bisweilen *g*-Epenthese.

5) *al* + Cons. = *a* cfr. § 22 statt *au.*

6) EGO — *jiu, jia, jhini.*

7) Perfect AVIT — *à (purtà).*

8) Sehr grosse Vorliebe für Diphthongirung: *ẹ, ọ,* sogar *a, u, i* diphthongirt cfr. § 1, 2 II, etc.

9) Besonderheiten Casteltermini's: *nf* = *mb*; INFAMI = *'mbami*, INFERNU — *'mbiernu.*

v zu *g* (Giuvanni — *Giuganni*).

10) *n*-Epenthese in ausserordentlicher Ausdehnung.

3) Die Mundarten der Südostspitze werden im Norden begrenzt durch die Südgrenze der Küstenmundarten (cfr. oben), im Westen durch die Ostgrenze der Mundart des Innern, sonst vom Meere.

Hauptorte: Noto, Buccheri, Palazzolo, Floridia, Avola, Monterosso, Licodia, Modica, Ragusa, Comiso, Vittoria, Scicli, Spaccaforno.   •

Hauptmerkmale: $\left.\begin{matrix} pl \\ cl \\ tl \end{matrix}\right\} = \ell;\ d = r;\ str = \dot{s}.$

Sie spalten sich in die Untermundarten von Noto und Modica. Grenze sind die monti Iblei und der Fluss Tellaro.

Modica.	Noto.
$lj = \acute{g}$ wie genuesisch, cfr. § 22 d, FILIUS — *figgu.*	$lj = \tilde{n}$ cfr. § 22 d: FILIUS — *fiñu.*
$ng = \tilde{n}$: SANGU — *sañu.*	$ll = nn$: BENNU für *beddu.*
Besonders starke Beeinflussung des Tonvocals durch den nachtonigen.	gu + Vocal $= w$: *guerra,* — *werra, verra.*

Sprachinsel der Südostmundart ist Licata, wo *vellu* VET(U)LUS; *spellu* — SPEC(U)LUM; *lanu* PLANUS gesprochen wird, wie in Noto.

─────────

Zusatz: Im Wortschatz unterscheiden sich die Orte einer Mundart und die Mundarten von einander. Ich führe nur einige Beispiele an:

$\left.\begin{matrix} vunkjari \\ u\check{s}iari \end{matrix}\right\} = gonfiare$ aufschwellen $\left\{\begin{matrix} \text{Catania} \\ \text{Messina} \end{matrix}\right.$

$\left.\begin{matrix} mustica \\ quartaredda \end{matrix}\right\} = quartara,$ irdenes Gefäss $\left\{\begin{matrix} \text{Catania} \\ \text{Messina} \end{matrix}\right.$

$\left.\begin{matrix} vurricari \\ sutterari \end{matrix}\right\}$ begraben $\left\{\begin{matrix} \text{Catania} \\ \text{Messina.} \end{matrix}\right.$

In den alten Texten Fa. 135 *orbicari* = *sepelire.*

$\left.\begin{matrix} persiki\ li\check{s}i \\ sberga \\ smerga \end{matrix}\right\}$ glatte Pfirsiche $\left\{\begin{matrix} \text{Messina} \\ \text{Catania} \\ \text{Milazzo} \end{matrix}\right.$

laśiari		Messina	*aghicari* (span. allegar) an-
'aśiari	finden	Catania	kommen, in Messina nicht
trovari		Milazzo	bekannt, wohl aber im
			Innern Siciliens.

| *tubettuni* | | Palermo |
| *tumenu* | Cylinderhut | Messina |

pićiottu	Knabe, meist mit	im grössten Theile Si-
carusu	der Nebenbedeutung	ciliens, in d. Umgegend
ġiavu	des Dieners	Palermos, in Nicosia.

CAPITEL II. VERHÄLTNISS DES SICILIANISCHEN ZU DEN ANDERN ITALIESCHEN DIALECTEN.

Von den Dialecten Norditaliens kommt allein der ligurische zur Vergleichung in Betracht, weil von den früheren Bewohnern Norditaliens allein die Ligurer als seefahrendes Volk die Küsten von Sicilien berührt haben (cfr. Nissen: *Italische Landeskunde. Die Ligurer*). In Betreff des Verhältnisses beider Dialecte zu einander kommt Ascoli in seiner Abhandlung «*del posto che spetta al ligure nel sistema dei dialetti italiani. Arch. glott. II*» zu dem Resultate, dass im betonten Vocalismus, wohl lig. und sic. *u* = lat. *ŭ* und *ǫ*, sonst aber keine Uebereinstimmung besteht (für die Gründe cfr. Ascoli); dass im unbetonten Vocalismus, wo *o* zu *u* wird, bloss eine «*parziale coincidenza*» mit den Dialecten der Inseln überhaupt, stattfindet, schliesslich dass auch im Consonantismus *fl, fi* = *š* (*šu* lig., *šuri* sic. aus FLOREM), was aber «*non costituisce un fenomeno* specifico *e importa* fortuitamente *la coincidenza tra ligure e siciliano*».

Berücksichtigt zu werden verdient gleichwohl der Umstand, dass der Uebergang *pl, cl, tl* = *ć* nur in den Mundarten der Südostspitze vorkommt, und in Ligurien (sonst südital. *kj*, logud. *ġ*, campid. *cl, cr*).

Auch auf *lj* = *ġ* im Modicagebiet allein, dürfte näher hingewiesen werden. Beide Erscheinungen sind speciell ligurisch und der Südostspitze Siciliens angehörend.

($lj = \acute{g}$ kommt noch in Venedig vor, was aber mit Sicilien nichts zu thun hat. Sonst ist lj logud. $\acute{s}$, campid. *ll*, *gl* in Neapel, Campobasso, Molise, *ghj* sic. und calabresisch.)

Demnach ist hierin eine speciellere Uebereinstimmung des Modicagebietes mit dem ligurischen nicht zu leugnen.

Av. äussert sich hierüber folgendermassen: «Nach Holm, *Geschichte Siciliens, sassen Siculer im Süden von Catania und Syracus. Sikaner bewohnten den übrigen Theil der Insel — Siculer waren aber Kelten und speciell Ligurer.*» Hierzu ist zwar mit Nissen, «*Italische Landeskunde p. 469*» zu bemerken, dass die Ligurer keine Kelten waren[1], sondern neben den Iberern ein Hauptvolk des südwestlichen Europas vor Ankunft der Arier bildeten, ferner dass die Siculer mit den Sikanern stammverwandt (wie die Gleicheit der nur in den Endungen abweichenden Eigennamen ergibt) und von Nissen der italische Ursprung der Sikaner und Siculer festgestellt ist. Derselben Ansicht ist auch Hartwig p. XXX. Nissen fügt jedoch hinzu: «*Freilich man darf vermuthen, dass ihnen eine ligurische Bevölkerung vorangegangen sei, von der ein geringer Rest in den Elymern übrig blieb.*» Auch die Annahme einer zur See erfolgten Niederlassung der Ligurer ist nach einer andern Stelle bei Nissen nicht ausgeschlossen. Jedenfalls waren aber die Elymer mit den Ligurern verwandt, da die Namen ihrer Ortschaften sich an der ligurischen Küste wiederfinden. Sie sassen, cfr. p. 546, um Eryx, Segesta, Entella; vom Modicagebiet als ihrem Wohnsitz wird allerdings nichts berichtet. Es könnte also wohl in diesem ganz abgeschlossenen Gebiet entweder ein Rest der alten ligurischen Bevölkerung übrig geblieben oder dort eine Niederlassung der Ligurer zur See erfolgt sein. Wie die Nordwestspitze könnten sie auch die Südostspitze zu Handelszwecken besetzt haben. Dabei ist freilich zu bemerken, dass in der Gegend von Erice

---

[1] Nissen verweist unter anderem auf Strabo II 128: ἔθνη δὲ κατέχει πολλὰ τὸ ὄρος τοῦτο (die Alpen), κέλτικα πλὴν τῷ Λιγύων · οὗτοι δὲ ἑτεροεθνεῖς μὲν εἰσι, παραπλήσιοι δὲ τοῖς βίοις.

(wo Elymer sassen), die erwähnten Eigenthümlichkeiten sich nicht finden. Hier könnte vielleicht die starke punische Einwanderung die letzten Spuren der ligurischen Bevölkerung verwischt haben. In Modica, wo die Punier dagegen nie sassen, sind die Ligurien eigenthümlichen Lautwandel beibehalten worden und zwar mit einer solchen Zähigkeit, dass sogar in Licata, wohin im 9. Jahrhundert die Bevölkerung von Terranova, dem alten Gela, also einer Stadt im Modicagebiet verpflanzt wurde, jetzt noch für *cl, pl, tl, t* gesprochen wird, obwohl rings um die Stadt herum *kj* besteht, cfr. Av. Intr. p. 28.

Nach alledem ist eine Einwirkung des ligurischen wohl in Erwägung zu ziehen.[1]

Mit dem **corsischen** Dialect hat das Sicilianische nur wenig Aehnlichkeit:

Tonlos *o* = *u*, *e* = *i* im Süden von Corsica, *b* zu *v*, cfr. **Ascoli** Arch. glott. II p. 150 (*la verba, barba*), *nd* = *nn*; *ll* = *dr*, dem *dd* des sard. sic. südital. nahe kommend, cfr. § 22.

Mit dem **sardischen** Dialect hat es schon viel mehr Aehnlichkeit, cfr. **Hofmann**: *Die logudoresische und campidanesische Mundart. Marburg 1885.*

Mit logudoresischem und campidanesischem zusammen hat es gemein:

1) *i, u* in vortonigen Silben statt *e, o*.
2) "*ll*" = *dd*.
3) *inv*entare — *imbentare; inv*iare — *imb*iare; inv = *imb*.

Mit dem campidanesischen, auch geographisch näher liegenden Idiom, hat es allein gemein:

1) Nachthonig *e, o* = *i, u*, während logud. *e, o* meist bewahrt.

---

[1] Man beachte noch folgende interessante Eigenthümlichkeiten der Südostspitze:

1) Die Dichtungsart *ciuri* = stornello fehlt dort, wie im galloitalischen Italien, dagegen im übrigen Sicilien ist sie wie in Süditalien sehr verbreitet cfr. **Nigra**, «*La poesia pop. ital. Parigi 1877 p 11*».

2) Nach Av. § 29 zählt der Landmann in Noto bis 100 «*per ventine*», *Ru ventini e cincu* = *45, tribintini e chinici* = *75.* Dies würde freilich auf celtische Beeinflussung hinweisen.

2) $l + $ Hiat $i = ll$ wie in Geraci, Pollina, Alimena, ollium — *ollu*, spolium *spollu*, während logud. $l + j$ $= \acute{z}$: melius — *mežus*.

Andere Erscheinungen, die sowohl sicil. als auch sardisch vorkommen, dürfen nicht zum Vergleiche herbeigezogen werden, da sie überhaupt süditalienisch sind. So: $d + $ Hiat $i = j$, $t + $ Hiat $i = zz$ im campid. u. a.

Neben den oben erwähnten Uebereinstimmungen unterscheidet sich aber das Sicilianische auch sehr vom campidanesischen: *pl, bl, cl, fl* bleiben camp., $"t" = d$, Voc. $+$ $l + $ Dental bleibt, *nd* bleibt:

Vocale $\bar{e}$, $\breve{e}$, $e + $ pos bleiben e
$\bar{i}$, $\breve{i}$, $i + $ pos „ i
$\bar{o}$, $\breve{o}$, $o + $ pos „ o
$\bar{u}$, $\breve{u}$, $u + $ pos „ u

Daher ist eine eigentliche Verwandtschaft mit den sardischen Dialecten kaum zu constatiren.

Anders mit den süditalienischen Dialecten, wie aus unserer Tabelle wird ersehen werden.

Zur Vergleichung mit dem Calabresischen liegt vor:

Franceso Scerbo: *Sul dialetto calabro 1886.* Er berücksichtigt speciell die Gegend von Catanzaro.

Ueber **Lecce: Morosi,** *Arch. glott. IV. Vocalismo leccese p. 117 ff.*

Für **Campobasso:** d'**Ovidio,** *Fonetica del dialetto di Campobasso Arch. glott. IV.*

Für **Neapel: Wentrup,** *Beiträge zur Kenntniss der Neapolitanischen Mundart. Wittenberg 1855. Programm.*

(Siehe Tabelle am Schluss der Abhandlung.)

Noch einige andere Uebereinstimmungen hat das Sicilianische mit diesen Dialecten gemein.

Mit Neapolitanisch und Campobasso, die Abneigung gegen den Hiat, die zur Einschiebung eines j nach dem Palatalvocal veranlasst.

Mit dem calabresischen hat es gemein:
-iddu Diminutivsuffix; *tia, mia* Personalpronomen; *a* im Plural in einigen Wörtern statt *i*: *li mura, chiova, ossa.* Practeritum auf *ia*: *vidia, vidie, vidia.*

Im Wortschatz hat es sogar gewisse Wörter mit dem

Calabresischen gemein: *achicari*, ankommen, wie sic. *jicà*
Gangi, *chicuata* Caltanisetta Pap. von span. LLEGAR.
tavutu wie sic. *tabbutu* cfr. Tr., Av. p. 16, 48.
gibbia wie sic. *gebbia* cfr. Av. p. 44, sp. ALGEBBE, ar.
GEBBE.
ceramidia (κεραμιδεῖον) wie sic. *caramita* (κεραμίδος).
coddura wie sic. *cuddura* (κολλύρα).

Einige von Scerbo als speciell calabresisch angeführte
Wörter finden sich auch im Sic. wieder. *schiettu* wie *schettu;*
unverheirathet und heirathsfähig.

capire, calabr. wie sic. *cápiri* in der Bedeutung ent-
halten sein, Platz genug haben, cfr. in meinen Texten:
«*delicatu che cape nta 'n anceddu*». Sch. 4; *caza* CALZE
wie sic. *causi,* in der Bedeutung *calzoni.*

Scerbo unterscheidet calabr.: *supratavula* = le frutta;
sic. = immediatamenti dopo tavola. Bei Tr. liest man
aber: *supratavula:* il servito delle frutta, dolci o simili, sul
fine del pranzo.

Auch einige sonst als Unterschiede vom Calabr. ge-
nannte Erscheinungen finden Analogie in gewissen Mundarten der Insel.

nd findet sich erhalten auch in Messina und Milazzo.

ng in einigen Orten der westlichen Küstenmundart. $\left.\begin{array}{l} fl \\ fi \end{array}\right\} = \chi$

al = *a* im Innern der Insel.

Endlich auch Beeinflussung des Tonvocals durch den
nachtonigen mundartlich im Sicilianischen wie Calabr.

Wirkliche Unterschiede sind:

1) *e* statt *i* im Auslaut.
2) *mb* bleibt (PLUMBUM — *kjumbu*).
3) *sj* zu *s* statt zu *c*, *vasu* BASIUM, *casu* CASEUM.
4) stimmhaftes *z* «abonda» nach Scerbo.
5) *f* + Voc. im Anlaut zu *h* in vielen Wörtern: *hame,*
   hilu FAMES, FILUS.
6) Ausstossung des Auslauts *i* im Verbum vor angehängtem
   Pronomen: *addunarsi* (sic. addunarisi).
7) Verba auf *ire* betont, nicht wie sic. *vtjiri, púnciri.*
8) Die von Scerbo besonders betonte deutliche und klare
   Aussprache des Calabr.

Der Dialect von Lecce unterscheidet sich vom Sicil. im Vocalismus, der ja allein bearbeitet ist, wesentlich durch folgendes: ρ = *ué*, CORIUM — *cueru*; CUORI — *cueri*, *ue* leicht zu *e*: TU SUONI = *seni*; IL SUONO — *sénu*; OLIUM — *egghiu*; HORTUS — *értu*.

Unbetontes *e* bleibt: *facere, dicere,* ausser im Hiat, wo *e* zu *i* wird.

a zu *ä* in offener Silbe, cfr. W. Meyer, Ital. in Gröber's Grundriss 117.

Propaginazione: ARIA — *ajera.*

Im Conson., wie aus Beispielen zu erschen ist, *g* + Palat. voc. = *s*: GENER — *senneru*, GELUS — *selu*, GIOCU — *secu.*

Der Dialect von Campobasso unterscheidet sich in folgendem vom sicilianischen:

a zu *e* häufig; PLATEA — *kjezza*; PLAGA — *kjeja.*
ę bleibt: *crede, putęca*; *-ei* (seira); Imperf. *ejja.*
ọ bisweilen *ou*, im Suffix *-one, ore*: *remoure* RUMOREM; *rẹloure* DOLOREM; CORONA — *crouna.*

Unbetonte Vocale meist zu *e*: cfr. p. 156, 157.

Noch allgemeinere Vermeidung des Hiats als im Sicil.: HORDEUM — *uoreje*; CHIESA — *kjeseja*; BESTIA — *bbesteja.*

ll bleibt; *n* + *c* = *ng*: ANCORA — *angora.*

g + *n* = *jn*: PUGNO — *pujene*; AGNELLUS — *ajenelle.*

$\left.\begin{array}{c} n \\ r \end{array}\right\} + t = \left.\begin{array}{c} n \\ r \end{array}\right\} + d$: ANTICO — *andiche*; SANTO — *sande.*

ᵛdᵛ oft *t*: STUPIDO — *stupete*; INCUDINEM — *'ngutene.*

Epenthese des *e* häufig *(colepa* — CULPA). Vorliebe für voci tronche; *veretà, caretà* etc.

Der neapolitanische Dialect unterscheidet sich in folgendem vom Sicil.:

Ueber den betonten Vocalismus ist es schwer etwas gewisses zu sagen, da die Gründe der Diphthongirung von W. nicht untersucht sind. Jedenfalls ist aber die Diphthongirung häufiger.

Die unbetonten Vocale im Auslaut sind alle *e*, cfr. p. 9. Im Inlaut *i* und *u* = *e*.

Häufiger als im Sic. ist die Verhärtung des anlautenden

Vocals *v* zu *b*, freilich ist nicht untersucht unter welchen Bedingungen.

Vorschlag *v* in *vava* z. B. (ava) u. a.

Gutturaler Laut ist geblieben in *jurêche* JUDICEM; *rareca*, ch*ircio*.

Stärker ist die Abneigung gegen den Hiat: *dejeta* DIAETA; *vejola* VIOLA; *nazejone* NATIONE etc.

st == *ss* (allerdings bestreitet für Campobasso d'Ovidio p. 168 diesen Vorgang. Seine Bedenken können auch für Neapel gelten).

ll bleibt. Häufiger der Uebergang des *d* zu *t*, *s* für *z*. Ausfall eines *r* nach zwei Cons. (st) oder einer tenuis: *quatto* QUATTRO; *fenesta* FENESTRA; *sempe* SEMPRE; *s* nach *r* == *z*: PERSONA *perzona*.

Wie man sieht, vermehren sich die Unterschiede, je mehr man nach Norden vorgeht. Gegen Süden vermehrt sich dagegen die Uebereinstimmung. Nach alle dem ist nicht zweifelhaft, dass das Sicilianische die engste Verwandtschaft mit den süditalienischen Dialecten hat.

CAPITEL III: ENTWICKELUNG DES SICILIANISCHEN DIALECTES.

Wir müssen uns bei Erörterung dieser Frage mit bescheidenen Aussagen begnügen. Die Ansicht einiger sicilianischen Forscher, Fulci, Vigo, Isidoro la Lumia und F. Perez (cfr. *Hartwig p. 29*), es sei der sicilianische Dialect nichts anderes als der letzte Ausläufer der Sprache der Sikeler, der Urbewohner Siciliens, darf als abgethan bei Seite gelassen werden. Nicht so die Ansicht, dass das Sicilianische auf das Latein der ersten römischen Niederlassungen (um 240 v. Chr.) zurückgehe, und dem Sardischen ähnlich alte lat. Laute unverändert beibehalten habe (cfr. Ascoli, der den Vocalismus des sicilianischen *«nitidamente*

11

etimologico» nennt und fortfährt «*e qui pure (come in Sardegna) appajono intatti l' i̯ e l' ŭ; Archivio Glottol. VIII. l'Italia dialettale*).

Einige Erscheinungen im Sicilianischen scheinen allerdings für diese Ansicht zu sprechen.

1) class. lat. *ĭ* — sic. *i:* CONSILIUM — *consigghju;* FAVILLA — *faidḍa;* SITIS — *siti;* PICEM — *piĉi.*

2) class. lat. *ŭ* — sic. *ŭ:* CRUCEM — *cruci;* NUCEM — *nuci.*

3) Unbetont class. lat. *ŭ* im Auslaut *u:* BONUS — *bonu.*

4) Unbetont class. lat. *i,* im Auslaut *i:* VENIS — *veni;* UNDECIM — *undici.*

Weit grösser ist aber die Zahl der Abweichungen vom alten Latein. Man vergleiche nur *ē* zu *i* (catena — *catina*), *ō* zu *u* (solem — *suli*), und die Annahme einer Forterhaltung der altlateinischen Laute verliert sofort an Wahrscheinlichkeit. Noch überzeugender ist ein Vergleich mit dem Sardischen. Das 238 eroberte Sardinien zeigt ein ganz anderes Verhalten zum Latein. Es ist hier nicht nur *ĭ (siti); ŭ (rughe* CRUCEM); unbetont *u (fizu* FILIUS, *manu* MANUS); unbetont *i: undighi* UNDECIM; *vinti* VICINTI geblieben; es sind auch Laute bewahrt, die das Sicilianische verändert hat: *ē* bleibt *ē: candēla, cadēna;* *ō* bleibt *ō: amore, sole.* Unbetont hat Sard. *u* bloss für lat. *u,* nicht wie sic. für *o:* sard.-logud. *amo;* sic. *amu* (ich liebe); *octo,* nicht wie sic. *ottu.*

Auch im Consonantismus ist das Sardische conservativ: *ct* ist erhalten: *factu;* auch *pl, cl, fl;* gutturales *c, t* im Auslaut etc. sind geblieben, während das Sic. alle diese Laute verschoben oder verloren hat.

Es geht hierin das Sicilianische eben wieder dieselben Wege wie das Süditalienische überhaupt. Es schliesst sich so sehr an das Festland an, dass es sogar das Auslaut-*s,* das in viel später eroberten Provinzen, wie Gallien, Spanien sich erhalten, abgeworfen hat.

Wenn aber in allen diesen Punkten das Sicilianische Hand in Hand mit dem Festlande geht, so kann unmöglich zugegeben werden, dass in den oben erwähnten Fällen der Dialect auf das Latein der ersten Eroberer zurückgehe. Es ist vielmehr die Annahme berechtigt, dass nach Sicilien schon das vulgäre *ę* für *ĭ*, *ǫ* für *u* gelangte und diese secundären Laute wie ursprüngliches *ē* und *ō*, vermöge der

Neigung des Sicilianischen zu den Extremvocalen, *i* und *u*
geworden sind. Dasselbe gilt von den Auslautsvocalen, bei
denen aber der Process langsamer vor sich ging, wie wir
oben § 7 a gesehen haben.

Auch auf die Behandlung des Suffixes -ARIUS — *-aru*,
lässt sich unsere Ansicht stützen. Suffix -ARIUS ist wahrscheinlich erst in der Kaiserzeit aufgekommen (cfr. Wölfl.
Archiv, Vulgärlat. Subst. 1884 p. 204—54). Hätte nicht
Sicilien die vulgärlat. Periode mit Italien zusammengemacht,
so müsste es *eri* haben, wie Gallien und Spanien, die sich
nach der Eroberung nicht beeinflussen liessen.

Wenn nun einerseits feststeht, dass Sicilien mit dem
Festlande zusammen sich zuerst sprachlich entwickelte, so
muss es doch andererseits einen Zeitpunkt gegeben haben,
an dem Sicilien seine eigenen Wege zu gehen begann.
Dieser Zeitpunkt dürfte sich vielleicht annähernd bestimmen
lassen nach der Gestaltung des Imperfects der *e* und *i*-Verba,
vgl. Wölfflin, Archiv I 228. Dasselbe beruht in volksthümlicher Sprache auf der Form *-eam*, wie das Imperfectum
von Sardinien, Spanien, Frankreich, während *-ebam*, *i(e)bam*
in rätisches und rumänisches Gebiet gelangte, wie es auch
in Mittelitalien und Süditalien z. Th. (cfr. W. Meyer Gröbers
Grundriss III p. 540) heimisch ist.

Danach kann man geneigt sein, den Beginn selbstän-
diger Entwickelung des Sicilianischen in die Zeit vor der
Romanisirung Rätiens (1. Jahrh. v. Chr.) zu verlegen.

Warum erhielt aber nun das Vulgärlatein im Munde
von Sicilianern und Unteritalienern jene eigenthümliche und
vielfach ähnliche Gestaltung?

Stammesgleichheit der vorromanischen Bewohnerschaft
in Süditalien und Sicilien, Berührung mit denselben fremden
Völkern, Gleichheit der geschichtlichen Verhältnisse scheinen
hierfür vornehmlich angeführt werden zu können.

Dass die Urbevölkerung Siciliens und des Festlandes
stammverwandt waren, d. h. italischen Ursprungs, zeigt
Nissen an der Hand der Alten, die das Volk diesseits und
jenseits des Faro als gleichartig betrachteten. Er führt an:

Steph. Byz.: Γέλα πόλις Σικελίας καλεῖται δὲ ἀπὸ
ποταμοῦ Γέλα . ὁ δὲ ποταμὸς, ὅτι πολλὴν πάχνην γεννᾷ .
ταύτην γάρ τῇ ᾽Οπικῶν φωνῇ καὶ Σικελῶν γέλαν λέγεσθαι.

Eine Anzahl von Ausdrücken aus dem Munde der Ein-
geborenen drang in das sikelische Griechisch und nicht
minder in das festländische Latein ein, so:
γέλα — *gelu*; λέποϱις — *lepus*; κάμπος, Rennbahn —
campus; πατάνα — *patina*; κάτινον — *catinum*; ἀϱβίννη —
arvina; μοῖτον — *mutuum*; κάϱκαϱον — *carcer*; νοῦμμος
— *nummus*; λίτϱα — *libra*; ὀγκία — *uncia*; πεντόγκιον —
quincunx; σίσαϱον — *siser*; ῥογός, Schober — *rogus* (siehe
Nissen l. c.).

Endlich benannten Sikeler und Latiner das Pfund und
dessen Theile mit denselben Namen. Dies Alles deutet auf
ein näheres Verhältniss beider Sprachen. Näheres s. bei
Nissen.

Sicilien ebenso wie Süditalien wurde sodann durch
griechische Colonisten hellenisirt. Es dürfte aber wohl angenommen werden, dass sich auf dem Lande und in der
niederen Bevölkerung die alte einheimische Sprache behauptet habe. Dass das Sikulische sogar auf das Griechische
eingewirkt hat, sehen wir aus obigen Beispielen. Noch
viel mehr Einwirkung wird aber wohl das Sikulische auf
das durch die Römer hergebrachte ihm verwandtere Latein
ausgeübt haben. Es wird eben auch hier durch das einheimische Idiom das vulgärlateinische Lautsystem alterirt
worden sein. Dafür, dass in Sicilien schlecht Latein gesprochen wurde, haben wir Zeugnisse schon bei den Alten,
cfr. Hartwig XXXII. Hierin wird wohl der erste Anfang
des sicilianischen Dialectes zu erkennen sein. Und da die
Urbevölkerung Süditaliens mit der sicilianischen stammverwandt war, so darf es nicht Wunder nehmen, dass die Beeinflussung des Lateinischen auch dort ähnlich war. Jahr-
hunderte lang bestanden auf Sicilien beide Sprachen neben
einander; doch war Griechisch die Sprache der gebildeten
Bevölkerung, lateinisch die der unteren Volksklassen (cfr.
Hartwig l. c.). In Folge der byzantinischen Herrschaft
und der Losreissung der sicilischen Kirche von der römischen und deren Unterstellung unter den Patriarchen von
Constantinopel, gewann das Griechische noch mehr an Bedeutung (Ueber Näheres cfr. Hartwig p. XXX ff.) und ver-
grösserte die Kluft, die zwischen dem Mittelitalienischen
einerseits und dem Süditalienischen und Sicilianischen

andererseits schon bestand. Es wurde die Sprache der
Kirche, des Heeres, der Verwaltung und Justiz. Das Latein
blieb Volksidiom. Daraus ist wohl zu erklären, dass es
im Sicilianischen verhältnissmässig wenig volksthümlich entwickelte lateinische Wörter gibt, und beinahe alle einer
höheren geistigen Sphäre angehörenden Ausdrücke später
den fremden Sprachen oder der italienischen Verkehrssprache entlehnt wurden. Die ursprüngliche Volkssprache
bedurfte ihrer nicht. Aber schon unter den Normannen,
welche Sicilien vom arabischen Joche befreiten, das Griechische verdrängten und auf die Hebung des Volksbewust-
seins in Sicilien einwirkten, kam in Folge der nunmehr
regeren Verbindung mit Unteritalien festländisches Sprach-
gut nach Sicilien und wurde seine litterarische Verwendung
vorbereitet.

Im 11. Jahrhundert schon muss die Eigenart des
Sicilianischen ausgebildet gewesen sein, denn sonst würden
wohl die in dieser Zeit angesiedelten lombardischen Colonien ihre Sprache mit ihm vermischt haben. Auch der
Umstand, dass 1133 den Bewohnern von Patti eine Ur-
kunde aus dem Lateinischen in die Vulgärsprache übersetzt
werden musste, um ihnen verständlich zu werden, spricht
für die damalige Existenz eines speciellen Dialectes (cfr.
Hartwig). Inwieweit der Dialect von den Sprachen der
späteren sowie der früheren Eroberer, Griechen, Araber,
Normannen, Deutsche (über sie cfr. p. 74, 83), Franzosen, Catalanen, Spanier kann nur durch eine vollständige
Untersuchung des Wortschatzes erwiesen werden. Av.'s Arbeit ist eine schätzenswerthe, wenn auch nicht immer zu-
verlässige Grundlage dafür. Auf die Lautentwickelung des
Dialectes haben aber diese Sprachen keinen Einfluss ausgeübt. [1]

---

[1] Ueber den Einfluss des Griechischen auf die sic. Wortbildung
cfr. Av. Intr. p. 33 — *otu*, Suffix, «onde si formano sostantivi gen-
tili»: Mini-otu; Giarr-otu; Lipar-otu; Scurdi-otu. Auch der Bewohner
einer Localität dadurch ausgedrückt: bati-ota, cunzari-otu, kjan-otu,
massari-otu, tunnar-otu, vicari-otu etc.
Präfix κατα: catacogghiri, cataminarisi, catamotu, catapezzu.
Arab. Bildung von Städtenamen cfr. Av. p. 40, mit djebil, aïn,
kaltha zusammengesetzt.

Es ist eben l a u t l i c h der sicilianische Dialect die
Entwickelung des Vulgärlateinischen auf sikulischer Grundlage, wie Ligurisch die Entwickelung des Vulgärlateinischen
auf ligurischer, Lombardisch auf galloitalischer Grundlage.
Die Verwandtschaft mit den süditalienischen Dialecten besteht einfach in der verwandten ethnischen Grundlage und
ähnlichen geschichtlichen Verhältnissen der beiden Länder-
gebiete.

ANHANG.

SPRACHPROBEN.

DIAKRITISCHE ZEICHEN.

Sie sind bereits in der Abhandlung an geigneter Stelle erwähnt und erörtert worden, doch führe ich sie der besseren Uebersicht wegen, noch vor den Texten an:

Vocalismus: i = sehr offenes i, beinahe e, cfr. § 7.

u = sehr offenes u, beinahe ρ.

Consonantismus: c = dem Laut *tsch,* cfr. § 13 II.

$\acute{c}$ = dem Laut zwischen deutsch *sch* und deutsch *ch* in «ich, dich» cfr. § 11.

s = dem Laut *sch,* cfr. § 19 u. a.

$\acute{g}$ = d + frz. j in jour § 15.

kj = ital. *ch* + Voc. im Hiat: *chiù* = *kjiü* (k setze ich überhaupt für ital. *ch,* cfr. Av. J.)

t = *tr* (+ Voc.) cfr. § 17 b β.

ss = *str* (+ Voc.) cfr. § 19 ζ.

r = weiches r cfr. § 23.

dd = *ll* cfr. § 22.

$\tilde{n}$ = mouillirtes n (signu — siñu) § 14.

I. CANZUNI.

a) Liebe.

1. C'è un' aquila biata a stu paisị;
È tanta bella, ke non si fà ppigghjarị.
Ci annụ venutụ barunị e markisị
E cavalerị co li so danarị.
Li so danarị se nn' annarụ a spisị,
E l'aquila non la pottụnụ pigghjarị. —
Jo, da fịgghjolụ l'amurị čі fičị;
L'aquila si nni vinnị nṭa me' manị.

Anmerkung: Der Vergleich der Geliebten mit dem Adler begegnet häufig: cfr. L. B. p. 49; V. 91, 117, 970; G. C. LXXII, LXVII, LVIII; Av. C. 113, 156. Auch die principi und baruni Pa. I 260 p. — Sehr ähnliche Varianten zu dem Liede möge man mit dem obigen vergleichen, cfr. V. 782, 5383, 1360. Eine Variante Salomone Marino's 4 aus Termini ist bloss im zweiten Theile ähnlich:

V. 782 Mineo:

Un' aquila vulanti 'ntra 'n paisi
Auto e basciu, e 'un si putia
    pighiari.
Ci hannu mannatu principi e
    marchisi
E cavaleri ricchi di dinari,
Ci hannu mannatu maistri e burgisi,
Ci hannu volutu l'aquila pigghiari.
Ora stu piciriddu si čči misi
E st' aquila pigghiau senza dinari.

V. 5383 Piazza:

C'è un aquila vulanti a ddi paisi
E non c'è nuddu ca la pò pigghiari
E ci n'è statu principi e marchisi
Baruni e conti con rrobba e di-
    nari?
Ed iu tintu piciottu mi ci misi,
Ccu dui canzuni la fici calari
L'aquila è 'nterra, cù' la vo' pi-
    ghiari.

V. 1360 Aci:

Chi acula ca cc'è ntra stu quarteri,
Di quantu è atera non si pò pigghjari;
Ci n'hannu statu principi e marchisi
E cavaleri cu li so dinari!
'Mpignatu s'hannu finu li cammisi
St' acula non lo pottiru pigghiari.
Ma un giuvineddu ccu nenti si misi
Ccu dui canzuni l'ha fattu calari.

Vigo bemerkt dazu: «Questo canto sembra alludere al caso di Ciullo d'Alcamo, il quale la mercè della poesia, ottenne quello, che non ebbero conti nè cavaleri, nè marchesi e jiustizieri». Eine gewisse Analogie lässt sich allerdings nicht leugnen. Auch hier lässt sich ein sprödes Mädchen, das schon mehrere Anträge zurückgewiesen, durch die Macht der Liebe besiegen. In meinem Liede und in der ersten Variante ist jedoch das Motiv der Poesie als Herzenbezwingerin bei Seite gelassen, gerade wie in mehreren Versionen der Canzone di Ciullo, die jetzt noch im Volke verbreitet sind, cfr. unten.

2. Mi partụ di Palermụ e vajụ a Ppattị,
Vajụ cugghjennụ li divinị fruttị,
Prima cogghjụ li virdị, appoi li fattị,
E di l'amičị mcị n'appụnụ tuttị.
Či fù 'na ǵiovinotta, ki non n'eppị;
Lu kjantụ, kị fačia kjanǵịrị a tuttị!
Ju pigghjai u mè corị, e lu fičị in ţi partị,
Enne šalammụ jo, iḍḍa, e šalammụ tuttị.

b) Schönheit der Geliebten.

3. Supra 'nu muntị spampanaụ 'nu bellụ čurị.
È lu riţattụ di la tò bịlizza.
Tu fustị fatta a mmanụ d'un pịtturị,
Cu 'inčeñụ d'artị e delịcatizza.
Beḍḍa, kị non čị 'n'n'è sutta stu sulị,
Kjù bella di la propria bịllizza!

Anmerkung: Der Vergleich mit Blumen findet sich oft. Sehr ähnliche Variante V. 74 Aci:

Supra un munti ha sparmatu un bellu sciuri
È lu ritrattu di la tò biddizza;
Ti guardu e ti taliju di tutt' uri,
E guardu la tò angelica biḍḍizza:

Chi fusti fatta a manu d'un pitturi
Ccu 'ngegnu ed arti e ccu dilicatizza?
Bedda, ca non cce n'è sutta lu suli,
Janca, sapuritedda, bruna e rizza.

c) Schönheit des Geliebten.

4. D'unnį mį vinnį stu ģiuvanį bellụ?
M'assumigghja un' galantį a spasseģģarį,
Lungụ, kjù di 'n'antinna di vašellụ,
Rittụ, kjù di 'na torća p' aḍḍumarį,
E delįcatụ, kį capį 'nṭa 'n'aneḍḍụ,
Kjù beḍḍụ di ki è, non si pò ffarį!

Der Vergleich der Segelstange und der Fackel, die wohl hier
als Kirchenkerze zu verstehen ist, ist zur Bezeichnung der Länge sehr
häufig (torćia cfr. Tr. = torcia it. Kerze) cfr. G. C. XXVII: vom
Mädchen gesagt!

> longa quomu 'na 'ntınna ŗi vascieddu
> si dritta cciù di torćia d'addumari

cfr. auch V. Mineo 19, und die Capitel Bellezza bei Pa. und V.

5. Quant' è beḍḍụ l'aneḍḍụ, quannụ è ffattụ,
Sapurį di sta bucca, quannụ ridį!
Lungụ e dįrittụ fù lu tò' rįṭattụ;
Dḍụ maşşụ kį ti flčį, fù ćįvilįį!
M'ammuraį, pįrkì fù bɛnį fattụ.
P'un ģiuvinottụ vinnį a llu morirį.
Si ģirassį da nnovụ lu muɲnụ fattụ,
Sarò a lì tò cumannį pi sarbįrį.

Der Gedankengang ähnlich C. G. CXXX: Quantu è bbeḍḍu lu
pumu, quannu è fattu.

d) Liebesauftrag.

6. O palumeḍḍa, kį passį lu marį,
Ferma, quantụ ti dicụ una palora,
Quantụ ti šippụ una penna di st'alį,
'Na liṭṭa ći vogghjụ farį a lu me 'murį,
Tutta di sangụ la vurria lavarį;
O palumeḍḍa, tu ći la portarį,
Unni si spogghja e bestį lu me 'murį.

Anmerkung: Der letzte Vers wurde mir ein zweites Mal von
derselben Person mit der Variante: Unnį si suģģi e setta lu mi amurį.

hergesagt. Der fehlende Vers lässt sich aus den sehr ähnlichen
Varianten mit ziemlicher Sicherheit feststellen:

Itala V. 1439:

Acula, vai vulannu mari, mari
Spetta quantu ti dicu dui palori,
Quantu ti scippu tri pinni di l'ali,
Mi ci fazzu 'na littra a lu mè,
                              beni;
Tutta di sangu la vogghiu lavari,
E pri sigillu ci mettu lu cori;
Quannu la littra è spidduta di
                              fari,
Acula, porticilla a lu me' beni.

Termini V. 1439:

O palumedda, chi vai mari, mari
Fermati ca ti dicu dui palori.
Quantu ti scippu 'na penna di
                              ss'ali
Scrivu 'na littra a cui pri mia
                              si mori;
Tutta di sangu la vurria untari,
E pri sigillu metterci lu cori:
Di poi ti dicu, a cui mi l'ha
                              purtari
Ti dugnu la tò pinna, e tinni voli.

Montemaggiore V. 1449.

O rrininnedda, ca vai mari mari
Aspetta, ca t'è diri du' palori,
Quantu ti scippu 'na pinna di l'ali,
Fazzu 'na littricedda a lu me' amuri,
Di puntu a puntu la vo' siggilari,
E pri sigillu ci mettu lu cori.
Va prestu rrininnedda e non tardari
Portami nova di lu duci amuri.

Ebenso cfr. L. B. 93 Acula ..., am meisten mit V. 1439 über-
einstimmend, verschieden der vorletzte Vers: Ora ch'è lesta, spidduta
di fari. V. fügt noch einige toscanische Varianten an, aus Tomasseo
I p. 202.

e) Serenade.

7. Non dormiri, nò, nò, ki tantu sonnu,
Ki lu tantu dormiri ti fa ddannu.
CCà ć'è l'amanti tou, ki ǵira attornu
Cu strummenti d'amuri va sonannu,
Pi quanti beddi ć'è nta sti contorni,
Tu sula mi fai annari pazziannu.

cfr. Varianten bei Vigo und Lizio Bruno und Salomone
Marino:

Mineo, Ficarra V. 1296.	Castanea L. B. p. 211.

Non dormiti, gnurnò, non tantu
    sonnu,
Ca lu sonnu è d'amuri e vi fa
    dannu.
Ca c'è lu vostru amanti a lu
    conturnu,
Ccu strummenti d'amuri va su-
    nannu
Sona di prima sira sin' a jornu,⎫
E li vostri biddizi va ludannu:⎭ NB.
O amuri, va, risbigghiacci lu
    sonnu
Ca senti lu so amanti 'n pena
    e afannu.

Curuzzu, vita mia, non tantu
    sonnu,
Non tantu sonnu, no, chi ti fà
    dannu.
Cca c'esti lu to' manti chi va
    'ttornu,
Cu 'nu sonu d'amuri e va su-
    nannu.
⎧Sona di prima sira 'nzin' a ghiornu;
⎩Sempri li tò billizzi va ludannu
Quantu billizzi c'è nta stu cun-
    tornu
L'hai ad aviri tutti a toi cu-
    mannu.

Borgetto Sal. Mar. 259:

Susiti amanti mia, susi che sonnu,
Ca lu dormiri assai ti fà dannu;
Lu to' amanti cc'è ntra stu cuntornu,
Cu 'na citarra 'mmanu va sunannu.
NB. ⎰E sona di la sira 'nsinu a jornu,
    ⎱Tutti li beddi li va risbigghiannu;
Di quanti beddi ccè ntra stu cuntornu,
Tu sula mi fa' jiri pazziannu.

Die bei mir zur Octave fehlenden Verse findet man in den Var.
mit ziemlicher Uebereinstimmung (cfr. NB.). Sal. Mar führt toscan.
Varianten an.

---

8. Affaccati a la finessa, coccu d'oru,
    Ca sti canzuni, li cantu pi ttia.
    Ora ca s'affaccaru li to' soru,
    Non menne vaju, se non vidu a ttia.
    Unni camini, tu scapici l'oru,
    Ssalucianu li peti di la via,
    Ki quannu parra sta buccuzza d'oru
    Oñi omu nne teni gilusia.

Der Gedanke, dass die Geliebte den Boden, den sie betritt, verwandelt oder verschönert, findet sich häufig in sic. Volksliedern: Siracusa V. 300: Luci la strata di unni cammini. Aehnlich:

V. Adernò 59: unni scarpisi tu, cc'è rrosi e sciuri
V. Novara 117: unni carpii tu l'acqua tratteni.

Bei Sal. Marino 17: Unni cammini, unni scarpisi,
Trema la terra, unni lu pedi posi,
Nascinu ciuri di milli divisi,
Ciuri di barcu, galufari e rosi.

f) Abschied und Klagen.

9. Spara lu tirṳ, è siñṳ di partenza,
È San Mikeli̧, ki̧ g̓usta la balanza;
Napuli̧ e Roma scrisserṳ la dispenza,
Palermṳ aspetta l'armata di Franća;
La morti̧ sula si kjama spartenza,
Minti̧ ki̧ ć'è vita, ć'è spi̧ranza.

Dieses Lied ist etwas dunkel. Wie mir die Frau, der ich das
Lied verdanke, sagte, handelt es sich um Scheiden von Vetter und
Cousine, die sich heirathen wollen. Desshalb müssen sie vom Papste
(Roma) eine dispensa erhalten. Warum Napuli auch in Betracht
kommt, wusste sie mir nicht zu sagen. Vielleicht Sitz der Regierung
als das Lied entstand? — Der Vetter ist Soldat und muss mit dem
Regimente fort. Desshalb wird beim Abschied geschossen. Was das
Erwarten der französischen Armee in Palermo bedeutet, mag dahin gestellt bleiben. San Michele gilt dem Volke als der Heilige der «Ge-
rechtigkeit». Er wägt die Seelen uud bestimmt, wer von den Soldaten
aus dem Kriege zurückkehren darf. Die zwei Verse, die zur Octave
fehlen, würden vielleicht manches erklären. Varianten habe ich nicht
gefunden.

10. Vitti̧ 'na donna cu lu ventṳ a mmannṳ,
Ki̧ dava ventṳ a un' anima ki̧ ardia;
E jo mi la godia di lontanṳ,
Pi bidi̧ri̧ li bampi̧ ki̧ faćia.
Avia un bi̧gghjettṳ ņta la janca manu,
E leg̓ennṳ parrava e dićia:
«Cu avi̧ 'n 'amanti̧, s'u teni̧ carṳ,
Non m'u perdi̧ comṳ a mmia!»

Die letzten Verse heissen: Wer einen Geliebten hat, der behalte
ihn werth, dass er ihn nicht verliere, so wie ich. Durch den Brief,
den das Mädchen in der Hand hält, mag sie die Untreue ihres Geliebten erfahren haben, und spricht dann die oben genannten Verse. —
ventu im ersten V. = ventaglio, Fächer.

11. Quannu passu di ccà non viju a iḍḍa.
    Maria, kị mi parị 'scurusa sta vaneḍḍa.
    Ci spiju a una vičina, unnị annaụ a iḍḍa:
    «A la missa, se 'nn'annaụ Peppineḍḍa».
    Annaị a la missa, e non la ṭovụ a iḍḍa,
    Uh! kị mị parị 'scụrusa sta vaneḍḍa!

L. B. 213 Var.; nur in den Versen:
Quannu passu di ccà non viu a idda
Rispittusa mi pari sta vinedda. Riviera Peloritana.

g) Drohungen, Beschimpfung, Zorn.

12. Nṭa sta ṣṣata mi fù mmanazatụ.
    Non vonnụ mi ći passụ di stu locụ.
    Jo semprị passụ e spassụ comụ 'n amuratụ
    Pịkì la vita mia la penzụ pocụ.
    Oñị cantunera ći su' ṭi suddatị armatị
    Pistolị, carabbinị, ǵokị focụ;
    Jo mi contentụ a gghjessịrị ammazzatụ,
    Abbasta kị di stu cantụ non mi movụ.

Sinn der letzten zwei Verse: Ich lasse mich ruhig ermorden;
genug, dass ich mich von dieser Ecke nicht entferne.

Var. cfr. V. 1683 Calta-   Sal. Mar. 427 Borgetto:
        girone, Sturzo:
Di sta vanedda ni fui minazzatu: Di sta vanedda mi fu' amminaz-
«Di chista strata ci ha' a pas-   zatu,
                    sari pocu»   Non vonnu chi cci passu di stu
Ci passu pirchì sugnu 'n amuratu,   locu;
Pirchi la vita mia la stimu pocu.   Ed eu ci passu com' un stimuratu,
Non mi ni curu ca moru 'mazzatu,   Pirchì la vita mia la stimu pocu.
Basta, chi passu e passu di stu   Ad ogni cantunera cc'è un armatu,
                    locu: A ogni finestra 'na vucca di focu;
O mi dati sta bedda, ch'aju amatu,   S'un mi dati la bedda ch' aju
Oppuru non mi smovu di stu locu.   amatu,
                                     Sta sira ci sarà un jocu di focu.

13. Nṭa sta ṣṣata ći kjantaị 'na rosa;
    Non mi la tocca nuḍḍụ, kị jestị la mia!
    Ma si calkịdunụ ći pritennị cosa,
    Mi passa avanzị e mi parra cu mmia!

Var. V. 2481 Milazzo:
'Ntra lu jardinu cci chian*tia* 'na
rrosa,
Non mi la tocchi nuddu, ch'è
la mia.
Si qualchidunu cci pritenni cosa,
Ma si lu levi di la fantasia.
Den letzten Theil ergänzen die
Verse der Var. von Partinicò

Var. Sal. Mar. 432 Partinicò:
Nta sta vanedda ĉ'è un pedi di
rosa
Nun la tucassi nuddu ch'è la mia;
Si qualchidunu cci cumanna cosa,
Livari si la pò ssa fantasia;
{ Unni ha li pedi la testa ci posa.
{ Eu ci lu juru pri l'amanti mia.
{ Mi racumannu a tia, pedi di rosa,
{ Ca l'ha 'mputiri tu la vita mia.

14. Lu ramu è rramu, e li panni su' ppanni,
Kiddu, k'è rramu, pi rramu si vinni.
L'oru e l'argentu dura duĉentu anni;
Oñunu la so' causa difinni.
O tadituri, pi to fatti 'nganni,
Tu meriti lu kjaccu mi t'impenni.
Mi sabbu la risposta pi centu anni,
E la duñu a la calata di li tenni.

Sinn der letzten Verse: Ich behalte mir die Antwort vor (sabbu
— servo, aus serbari, sabbari) bis zum Ende: la calata di li tenni =
das Abbrechen der Zelte, der letzte Moment an einem Feste, oder das
Herunternehmen der Segel, der Moment der Ruhe, das Ende.

Var. V. 2480 Catania:
La sita è sita, e li panni su'
panni.
Lu rramu è rramu, e ppri ramu
si vinni;
L'oru e l'argentu dura misi ed
anni,
Miatu cui la causa s'addifenni;
E lu nimicu ccu li fausi 'nganni
Tira lu chiaccu e cu' s'impenni
'impenni;
La risposta si duna a li cent anni,
Si duna a la calata di li tenni.

V. 5445 Scaletta.
L'oru e l'argentu dura centu ed
anni,
Lu rramu è rramu, e pi rramu
si spenni,
La stuppa è stuppa, e li manni
su' manni,
Ognunu la so' causa si difenni;
Tu tradituri ccu li to' fausi 'n-
ganni,
Ccu li to' stissi manu si va'
'mpenni;
Ma quantu và 'na vencia di cent
'anni,
Ti aspettu a la calata di li tenni.

Sal. Mar. 582 Borgetto:
Anfang wie 2480, dann:

Ognunu la so' causa difenni,
Lu tradituri cu li forzi e 'nganni
Jetta lu chiaccu, e cu s'impenni, 'mpenni
Chi bedda la risposta di tant' anni!
Si duna a la calata di li tenni.

15. Fattį l'affarį toį, c lu miụ mi fazzụ.
Non t'inţigarį kjù ssupra di mia.
Non su' scalora, kį mi vinnụ a mmazzụ
E mmancụ restatinụ di bụddia.
Ju suñụ lu primụ čuṛį di lu mazzụ,
Kiḍḍụ, ki tantụ bcnį ti vulia.
Non lu cridia, k'eṛį tantụ pazzụ;
Kjù ppazza jera jò, k'amaį a ttia.

In diesem Liede spricht das Mädchen. Die letzten Verse = Ich
glaube nicht, dass du so verrückt warst, Verrückter war ich aber, dass
ich dich liebte.
Var., nur in den ersten Versen, V. 2343 Catania:

Fatti lu fattu tò, mala vicina	Tu non si rrobba di jiri a cucina,
Fatti lu fattu tò, lu miu mi	Mancu si' rrobba di vinniri a
fazzu;	mazzu.

16. Spartcnza a cuį spartiụ lụ noṣṣụ amurį!
Mi si partį lu corį c' una scrra.
Pozza camparį cu pcna e ddụlurį
Mortụ di famį e ssemprį star in guerra.
Accussì ci aspetta a un omụ ţadįturį,
N'avirį paćį ne in ćclụ ne in terra.

Var. V. 2418 Novara:

Spartenza a cui scucchiau lu nostru amuri	Pozza muriri senza cunfissuri,
	E suttiratu fora di la terra,
Pozza essiri spartutu ccu 'na serra·	Di li genti maldittu tutti l'uri
	E l'arma, unni va, truvannu guerra.
Pozza campari ntra peni e duluri,	
E la so' casa stari sempre in scerra	

Sal. Mar. 524 Termini hat den ersten Vers ebenso, sonst ist das
Gedicht verschieden.

17. Vattįnnį zavadazza, fatta d'ogghjụ
Tu mi mannastį dirį, kį mi voi. —
Vattįnnį a mmaṛį e fattįnnį 'na buccata
E ti la fai una bona lcšia.
Appoi ti mannụ a ddirį, si ti vogghjụ.
Si non vogghjụ, ţivolụ pi ttia!

Var.: Canti e racconti del pop. ital. pubblicati da Comparetti e
d'Ancona. Vol. III p. 228 Sicilia.

Laidda brutta, 'nzungatizza d'o-
gghju,
Cannavazzazzu di la vucciria,
Jettati a mari e jettati 'nta un
scogghiu,
Ca jeu ti mannu sapuni e liscia.

Di poi ti mannu a diri, si ti
vogghiu,
Ca la risposta l'aspetti di mia.
Rreri a to porta cc'è un scicaz-
zu mortu,
Chissu è l'amanti chi mori pri tia.

II. LIEDER ANDERER ART.

SCHERZLIEDER, KINDERLIEDER, SPRÜCHE, SICILIANISIRTE ITALIENISCHE LIEDER.

a) Scherzlieder.

18. Primu jera monacu di lu conventu,
Ora sun suddatu d'u reggimentu.
Primu jera monacu, k'adduma li cannili,
Ora sun suddatu, ki muta lu fučili!
Ah, ca č'aj'a ffari, lu sfurtunatu,
Primu jera monacu, e ora sun' suddatu!

19. Sta notti m'insonnai ki era con nuddu,
E nuddu s'insonnau, ki era cu mmia.
Sapiti, picki non vogghju beni a nnuddu?
Picki nuddu voli beni a mmia!

20. Bestia, ci diċisti a lu me' cani!
Bestia siti vui, senza patuni!
Vui sapiri, picki vva e vveni lu me' cani?
Pick' un tempu venia lu so patuni!

Dieses Lied soll auf folgendem Vorfall beruhen: Ein Bräutigam ging häufig mit seinem Hund zu seiner Braut. Nach einiger Zeit zerschlug sich aber das Verhältniss. Der Hund fuhr aber aus alter Gewohnheit fort, in das Haus der früheren Braut seines Herrn zu laufen. Dieselbe schalt ihn darum eine bestia und jagte ihn fort. Der davon in Kenntniss gesetzte Bräutigam dichtete darauf obige Verse: «Bestia, hast du zu meinem Hund gesagt. Ein Thier bist du selber, da du ohne Herrn, «ohne Gemahl» bist. Willst du wissen, warum mein Hund immer kommt. Weil früher sein Herr immer kam.»

b) Kinderlieder.

52. Dumanį jè Dduminįca,
Ci tagghjamų la testa a Mminįca,
A mentemų 'nta 'na piñata,
E nnį fašemų una bella šalata.
Dumanį jè ffesta,
Lu surįčį 'nįa feneșșa,
A jatta cušįnava,
U surįčį ballava!

Varianten: Pa. II 784 Palermo:
(Ziemlich verschieden.)

Rumani è festa,   Ricotta è salata,
Si mancia minestra; Si mancia 'nzalata,
A minestra è cotta, 'Nzalata 'u' nni vog-
Si mancia ricotta;   ghiu,
                Ddocu veni lu 'mbro-
                      gghiu.

V. 2293 Aci:
Die ersten 4 Verse gleich,
     dann:

La jtamu nįa lu focu,
Ni facemu un jocu di focu.
E a cui dici di non la
                fari
Ntra lu focu l'hamu a jtari
Olè!

---

22. Maggarita fačia lu panį,
Tuttį li muskį ći javanų ḍḍanį.
'N'avia una addita, 'ddita.
Šippįčį l'ockį a Maggarita.

Anmerkung: ḍḍanį = llà (là + Epenthese des ni); addita = ardita. Scippići = Imp. + inkl. Pronom. von scippare entreissen.

---

c) Sprüche.

23. Kį šeckį caćća e femmįnį cridį,
Faćcį di paradisų non nnį vidį.

24. Ć'era 'na vota un veckjareḍḍų,
Stu veckjareḍḍų avia un saccų,
A stu saccų mancava un puntų,
Ora vi cuntų un beḍḍų cuntų.

Anmerkung: Diesen Spruch sagt man regelmässig, bevor man ein Märchen zu erzählen anfängt.

d) Sicilianisirte italienische Lieder.

Auf der Strasse sehr viel gesungen.

25. Er. 1 Bella, kį sia sįmpatįca,
O brunettina mia,
Ju ti daria un' baććiu
E quantu lu pagheria!

Sie. 2 Dammį stu fiorellinu,
Quellu kį ten' in pettu,
Si' un bel' ǵiovįnottu
E quantu ti amu a ttia!

Er. 3 Ti vurria darį un' anellu
Di peţa sbįllantina,
Supra ci menteria
Lu nomu di Rosina!

4 Vaććį e dićį-u a to' mamįda,
Kį ti vurria spusarį.
Brunetta mia sįmpatįca,
O quantu ti amu a ttia!

Sie. 5 Dammį stu fazzulettu
Kiddu kį ten' in pettu;
Si un bel giovįnettu,
E quantu ti amu a ttia!

Anmerkung: Italienische und sicilianische Ausdrücke wechseln in dem Liede ab. Ital.: simpatica, fiorellinu, Quellu, bel' ǵiovinottu.

Die Eintheilung in Strophen habe ich z. Th. nach der Melodie vorgenommen, welche jedesmal 4 Verse einnimmt. Das Lied scheint ziemlich corrupt zu sein: Strophe 2 und 5 stimmen völlig überein ausser in dem ital. fiorellinu und fazzolettu. — Das Lied habe ich auch in anderer Fassung gehört: 1) mit der Var. Brunetta mia simpatica, o quantu ti amu a tia, statt der obigen zwei ersten Verse. Dann 3; als dritte Strophe, die zwei letzten Verse von 4 und zwei ersten von 5; als vierte Strophe, besonders schwach: Si 'un bel giovinettu, E quantu ti amu a tia, — Brunetta mia simpatica, o quantu ti amu a tia. — Wenn obige Version auch corrupt, so ist sie doch besser als die eben erwähnte.

26. Si tu vui veniri
Cummia a la marina,
Ti farò vidii
'Na bella siñurina.
O Marianna, passa ca banna, (wohl ca a banna, zur Seite)
Dammi la 'rasta d'u basilicò.
Si o nò,
Quannu veñu, ti spusirò. (oder crasser «ti muntirò»)

Si tu vui veniri
Cummia a la marina,
Ti farò bevii
Della bella šampaña. (= champagne)
O Marianna, passa ca banna,
Dammi la 'rasta d'u basilicò.
Sì o nò,
Quannu veñu, tu spusirò.

Statt der Verse 6 und 7 auch italienischer: O Marianna, veni in
campagna, quando il sol tramunterà. Statt V. 4 auch ragazzina, pesci
senza spina, alle möglichen Reime auf ina.

27. Mariannina fà l'amuri,
Fà l'amuri c'u pumperi,
Lu pumperi minzuñcii,
E la lass' e senne va;
Mariannina, comu fà! (bis)

Mariannina jè mmalata,
Jè mmalata c'un duluri
Lu duluri nun si stagghja,
Mariannina comu fà! (ter)

Ti l'aju dittu quaïtu voti,
Non fari amuri c'u pumperi,
Sunnu tutti imbrughjeii,
E poi ti lass' e se 'nne va!
Mariannina comu fà! (bis)

Dies Lied auch neapolitanisch sehr bekannt, vom neapolitanischen
hergenommen.

III. EPISCHES UND SATIRISCHES.

a) Erzählungen.

28. Supra 'na muntañella
Ci stavanu ți sorellį,
Una la kjù bbella
Si misį a nnavįcarį;
Lu navįcarį, kį ffiči,
L'annellu ci cascò.
Arzau l'ockį a l'ondra,
E vittį un' piscaturį:
«O pįscaturį dell' ondra,
Venį a ppįscarį cummia,
Ti darria centu zeckinį,
Una buzza rocccamata.»
«Jo non vogghjų ćentu scudį!
Vogghjų un baććų d'amurį».
«Vattįnį, barbantolų,
Ci u dicų a mmè' Papà!»

Auch dieses Gedicht scheint ital. Ursprungs. Es sind unsicilia-
nische Wörter und Wendungen darin: O piscaturi dell' ondra, (Ueber
r cfr. § 22), muntañella, sorelli statt sic. sora, cascò etc.

---

29. La zįttola va a mmessa,
Lu źu Ciććų appressų,
Arivannų a lu penninų,
Ci faćia lu sordellinų:
«Mal' a mmia, ckį m'a venutų
C'u st' įmpisų įnsalanatų!
Mi volitį lašar' annarį,
K'ajų a ghirį a cųnfessarį. —
Se lu sentį u parockjanų
Mi vi caćća cu li du' manų.
Su' piććotta anorata,
Bona ćentį, mamma e tata;

Ajᶙ fratį, ki fà bastasᶙ
E ći fetį assai lu nasᶙ;
E cᶙñatᶙ, ckį è kjankjerį,
E nepᶙtį pį cantunerį.»
Ma u zu Ciććᶙ s'avvįdia,
K'a zįtolla ći piačia.
Si vᶙtaᶙ cu paura:
«Mi scusatį vui, siñᶙra,
Ju vi vogghjᶙ pi mmugghjerį.
Non pazziᶙ, ma pi ddaverᶙ.
Nne volemᶙ annarį a mmanćarį».
La zįttola cu zu Cići,
Rapanellį k'i sausizzį.
La zįtolla s'avvezzaᶙ
E u zu Ciććᶙ a 'ppedicaᶙ.

Anmerkung: Dieses Gedicht rührt von einer Neapolitanerin
her, sagte mir die Frau, von der ich es habe. Es ist auch einiges
unsicilianisch darin: zi*t*olla für zi*t*ella; n*i*ssa für m*i*ssa; pazziu für sic.
muffiniu, scherzen; a venutu für vinni. — Aber es ist echt volksthümlich. in prägnantem Stile abgefasst, und sonst ganz sicilianisirt.
penninu = bénitier frz.; zu = zio, sic. wie Don vor dem
Namen gebraucht: Zu Filippu = Onkel Philipp (cfr. unser «Onkel»
im weiteren Sinne); fačia lu sordellinu — Er pfiff (um sie auf sich
aufmerksam zu machen); stu impisu insalanatu = einer, der es hinter
den Ohren hat; paruckjanu ist der Priester der Gemeinde, zu der man
gehört. Ci fete assai lu nasu = seine Nase stinkt, eigentlich; wurde
mir erklärt: Er bildet sich viel auf sich selber ein, rümpft die Nase;
tata = Vater cfr. Pa. II 735, tata, voce fanciullesca per padre Marsala, Palermo, nach Pa. II 920. — Rapanelli = Radieschen; 'ppedicau
= er folgte, auf dem Fusse nach.

---

b) Lyrisch-satirisch.

30. Ke truša barbara, ke ttįrania!
    Costį di cavᶙlᶙ si manćįria!
    Ke truša barbara, ke ć'è prįsentį!
    Non si pò cridįrį, quant' è ppesantį.
    Comᶙ pò jessįrį, mia cara Lisa,
    Potirį vestįrį senza camiča?
    Comᶙ pò jessįrį, cᶙruzzᶙ beḍḍᶙ,
    Potirį šinnįrį senza capeḍḍᶙ;

E jo, lu misarŭ, lu sfurtŭnatŭ,
Di capŭ a ppedĭ tuttŭ straććatŭ!
Sa' cke faćemŭ, nĭ marĭtamŭ,
Comŭ rĭnešĭ, nne la pĭgghjamŭ.
Tu si' la povera, e ju su lu stissŭ;
Ti jettŭ a mmarĭ c veñŭ appressŭ.

Anmerkung: Die Vorgeschichte dieses Liedes ist mir folgendermassen berichtet worden: Die Geschichte, sagte Donna Maria, sei vor 40 Jahren in Messina passirt und habe grosses Aufsehen erregt. Eine Modistin an der Piazza dell' Annunziata hatte mehrere hübsche Töchter, die am Sonntag sehr luxuriös angezogen spazieren gingen. Ein junger Mann verliebte sich in eine derselben und hielt um ihre Hand an. Da erklärte ihm die Mutter: Ihre Tochter könne er wohl haben, nur müsse er wissen, sie hätte gar kein Vermögen; selbst die schönen Kleider, die sie Sonntags anziehe, seien nicht ihre eigenen. — Aus Rache zog nun der Liebhaber mit einigen Freunden und Musikanten Abends vor das Haus der Geliebten und sang ihr obiges Lied. Kaum war er fertig, da stürzten die Brüder des Mädchens mit Knütteln bewaffnet hinaus, und es entstand eine furchtbare Prügelei. — Das Lied, sagte Donna Maria, und die nachher sich entspinnende Scene habe ihr kleiner Bruder mit angehört und angesehen. Er stand hinter dem Gitter der Annunziata und fürchtete sich sehr. Das Lied sei aber damals überall gesungen worden und die Modistinnen hätten sich arg geschämt. — Dass das Lied recht populär wurde, zeigt auch der Umstand, dass es später bearbeitet wurde (eigentlich zu seinem Nachtheil), von einem gewissen G. Grosso Cacopardo aus Messina. V. 4474 findet sich das Gedicht überliefert: Ein Dialog, zwischen dem Mädchen und dem Liebhaber. Die gelehrten Wendungen, das Unwahrscheinliche des ganzen Dialogs, die Erweiterung und Verwässerung des so prägnanten und witzigen Gedichtes, beweisen unwiderruflich, dass das Gedicht bei Vigo nach dem unsrigen entstanden ist. Man vergleiche:

La truscia, cioè la fama.

U. Com' è possibili,
Mia cara Lisa
Putiri nesciri
Senza cammisa.

D. E mancu ju pozzu,
Curuzzu caru,
Pirchì li scarpi
Si spurtusaru.

U. Senza giamberga
O Lisa mia,
Non pozzu veniri
Mancu undi tia.

D. Pur ju su scommuda
Non haju vesta
Mi staju dintra
'Nzinu la festa.

U. Nun haju causi
Curuzzu beddu,
E tuttu camula
Lu mè cappeddu.

D. Ed iu la misera
La sfortunata
Senza piddemi
Su sgarrunata!

U. Senza gileccu
   Ju sfurtunatu
   Di capu a pedi
   Su ripizzatu.

   Sta fami barbara
   Mi tuccò a mia,
   Costi di caulu
   Mi manciria.

D. Ed iu la retica
   Mancu aju nenti,
   Non haju faudi
   Pri l'accidenti.

   Chi lettu nobili
   Senza linzola,
   C'è puici e cimici
   Quantu citrola.

U. Mi sentu debuli,
   Su' tantu affrittu,
   Chi mi ndi sciddicu
   Pri l'appitittu.

   Stu matrimoniu
   E troppu sfattu,
   Di la miseria
   Semu l'estrattu.

Lu sciatu e l'anima
Mi sta niscendu
E di la fami
Vaju cadendu.

D. Si sugnu lacira
   Tu si' lu stessu,
   A mari jettati
   Chi vegnu appressu.

U. No, megghiu, Lisa
   Ndi maritamu
   E comu veni
   Ci la pigghìamu.

La rabbja d'u veckjų.

31. 1 Kjù non cuntų, kį cuñų 'ranuzzų[1]
       E non pozzų kjù fiarį l'amurį.
       A stįmmiannų[2] mi passųnų l'urį
       E lu tempų filičį passò!

    2 Bellį čospį[3] d'amantį k'avia,
      Bruttį e beddį, di oñį manera,
      N'avia una pi oñį cantunera
      E k'e ggodia la felįčįtà! —

    3 Govanottį, kį fatį l'amurį,
      Tuttį l'astįmį[4] mie sentitį!
      Statį v' attentį e l'arrickjį apritį,
      Ke qquantų prima saritį accųssì![5]

    4 Ora jannų cųraǵǵų da dirįmį,
      Čertamentį, ke ssu passųlunį,[6]
      Comų in fattų mi dičųnų alcunį.
      Di ḍḍa fįneṣṣa non nne vidų kjù.

5 Ancora annụ coraǵǵụ da diṛimị:
Passụlunị! kị tantụ godia!
Lu scụmcttụ, lu ǵurụ c lu vijụ:
Non arṛivatị nṭa kista ctà!

Anmerkung: ¹ Ich zähle nicht mehr, bin zu alt, 'rannuzzu =
ital. grandetto. ² stimmiannu, wohl von jaslimari (βλασφμεῖν). —
³ ćospi Gruppe, Auswahl cfr. Tr. ⁴ l'astime = Seufzer, Klagen.
(asthma oder von jastimari, Tr. führt an = bestemmie). ⁵ Denn über
ein kleines werdet ihr so sein. ⁶ passuluni alt, verdörrt, uva passole
= Rosine.

Lc vcckjc.

32. Si pi l'annị ći spiatị
Si nnc muććanụ a mmctatị.
Si d'avantị non annụ dentị
Vi dirannụ furbamcntị,
Ke su' statị bastụnatị
Di ddu retịcụ¹ maritụ:
«Maledittụ di quannụ fù zita!»

Si rappatị² annụ fruntị
Vi dịrannụ ćentụ puntị.
Si rappata annụ faćća:
«Cu ffà ffaćća, guasta faćća³
E la carnị sua si manća».
Annunca veckjị non vonnụ dittụ⁴
Nè cu stortụ, nè cu rittụ!

Anmerkung: ¹ reticu = heretico = verdammt, verflucht.
² rappatti — runzelig. ³ Wer Gesichter macht (= Kinder hat) ver-
dirbt sein Gesicht und verzehrt sein eigenes Fleisch. ⁴ Also wollen
alte Frauen nicht alt genannt werden, weder mit Recht noch mit Unrecht.

c) Episch-Satirisch.

33. Quannụ la beḍḍa annaụ e si conlessaụ,
Lu confịssurị si mentíụ a spiarị:
«Vui, beḍḍa, avitị statụ a la fịneṣṣa
E uomịnị, vui n'avitị fattụ pazziarị?»
«A cu mi piačị, ći calụ la testa,
Tirụ lu laṧụ[1] e lu fazzụ ịnkjannarị».
«Vui, beḍḍa, non siatị cussì pronta,[2]
K'u voṣṣụ patị vi veñụ accụsarị!»
A vui, patị, ca veña la pesta,
Di quantị cosị m'avitị a spiarị?
Ma si m'ịnkjana lu pulịčị in testa,[3]
Di lu conventụ vi fazzụ caććarị.

Var. 5520 Catania b:
Quannu la schitulidda si cunfessa,
Lu cunfissuri accumenza a spiari,
Figghia, ti c'hai affaćiatu a la
finestra,
Quant' omini haj fattu pazziari?
E vui patruzzu, vi vegna 'na
pesta

Ca quanti cosi m'aviti a spiari:
Ca si m'inchiana lu pulici in
testa,
Patri di missa vi fazzu livari.
Figghiuzza, non parrati diso-
nesta
Ca a vostra matri vi vegnu ac-
cusari.

[1] Ich ziehe (von oben her) das Seil, womit die Thüre aufge-
macht werden kann. [2] pronta passt in den Sinn nicht. [3] Redensart,
wenn mir der Zorn in den Kopf steigt (pulici = Floh).

---

34. Lu tempụ di li broccolị,
Lu ṧeccụ[1] avia a 'ccattarị;
Quaṭṭụ unza avia a rịcogghịrị,
Quaṭṭụ unza di danarị.
Quannụ quaṭṭụ unza arrivanụ,
Dissị lu puvareḍḍụ:
«Pigghja li grana, pigghjalị,
'Ccattamụ un' ṧeckareḍḍụ.»
«Sunnụ quaṭṭụ unza e kinnịčị,
Maritụ, si tu non cridị,
Va, stoccalị, va pisalị
E vva vidịrị quantụ sù!»
Ci desị puña e caućị,[2]
Pi jiḍḍa e li amičị.

I vučį si sįntianų
Įnsina a porta Feličį.

Cųrrių donna Peppa,
Kiḍḍa la kjù baǵǵana:[3]
«A mmia purį mi pennįnų
Arrįckinį a pompejana!»
Iḍḍa si misį a kjančįrį,
Tuccų si misį a ddarį:[4]
«Talia, comų mi pennįnų,[5]
Cca ssunų i ti danarį.»
Trasių donna Antonia,
Kjamannų a so' maritų:
Talia, comų mi pennįnų,
M'a l'appurtaų u zitų. —

Ci curpųnų li fimmįnį
Pi gghjessįrį spazzusį.
Ora cantanų li omįnį
Sti muttį curiusį.

Anmerkung: Das diesem Gedichte zu Grunde liegende Vor-
kommniss wurde mir folgendermassen erzählt: Ein armer Mann hatte
sich Geld zurückgelegt und seiner Frau anvertraut, um zur Zeit, wo
er seine broccoli, eine Art Kohl, auf den Markt tragen musste, sich
einen Esel zu kaufen. Die Frau hatte aber ohne Wissen des Mannes
für das ersparte Geld sich Ohrringe gekauft. Als der Mann sie nach
dem Gelde fragt, zeigt sie ihm die Ohrringe und sagt: „Das sind hier
die 4 Unzen = dein Geld, das sich nun in Ohrringe verwandelt hat.
Wenn du nicht glaubst, dass sie soviel werth sind, so gehe hin und
wäge sie». Darauf natürlich die obligaten Prügel. Aber die andern
Weiber der Nachbarschaft laufen alle herbei. Es hat sich Jede früher
oder später für das vom Manne ersparte Geld Ohrringe gekauft, (es
ist dies der erste Luxus, den sich die Leute im Volk in Sicilien ge-
statten) und foppen ihre Männer damit. Diese rächen sich dadurch,
dass sie das Lied dichten und singen.

[1] šeccu — Esel. [2] puña e cauči — Faustschläge und Fusstritte.
[3] baggiana — che affetta grandigia, che si pavoneggia. [4] ṭuccu o
dari truccu Tr. tener a bada. [5] taliari — schauen, sehen = guar-
dare cfr. span. atalaja — torre d'osservazione, vedetta.

La canzunị d'u custụrerị.

35. Piććụteḍḍị, statị attentị
A bbịzzaria di custụrerị.
Iḍḍị a mala pena sannụ 'nšịmarị,[1]
Iḍḍị si vonnụ marịtarị.
Sị nnị vannụ a li so casị:

C. «Ju mi vogghjụ marịtarị.
A Tteresina m'avitị a ddarị,
A Tteresina e nuḍḍụ kjù!»

MC. «O bonģornụ mia cummarị!»

MT. «Quantụ onurị sta matina!»

MC. «Mè figghjụ volị a Tteresina,
A Tteresina e nuḍḍụ kjù!»

MT. «Teresina, šinnị jusụ,
Ccà c'è un bonụ custụrerị,
Kị ti volị a ttia spusarị.»
Teresina fà la rinċa e vota l'ockjụ[2]:

T. «Non nnị vogghjụ, scuċị pedockjụ[3].
Dicịtị ċillụ, mi sị nnị va!»

MT. «Teresina, stattị muta,
Stattị e muta, e non parrarị;
Kiḍḍụ avị li danarị
[4]E la buttịa l'a pò jammarị».

T. «Annunca a vvoṣṣụ piaċirị,
Comụ vui vulitị farị!»
Doppụ un mesị marịtatị:

T. Unnị li sunụ li danarị?
La buttia, la vogghjụ jammarị!»

C. «Teresina, stattị muta,
Ora mi mentụ a travagghjarị,
Mi mentụ a cuċċirị e nentị kjù!»
Mențị iḍḍụ camịnava,
Si asconțaụ un parrockjanụ:

P. «Avitị a ffarị un supratuttụ;
Ma non m'u l'avitị a ffarị cuttụ! —
Kista robba, non c'è bbasta,
Ci nne volị un auțụ tantụ!» —

I custụrerị ccussị fannụ
Sị nnị rubbanụ a mmettà!

E ppi mmobįlį si fičį,
Quaįtų seǵǵį, un tavolinų,
Un sottospeckjų, un purrįnćinų, [5]
Una toletta e nentį kjù!

Anmerkung: Um den Wechsel im Dialog verständlicher zu
machen, versehe ich die einzelnen Personen mit Buchstaben. C =
Custureri — der Schneider, zuerst Freier dann Mann der Teresina. MC
— Mutter des Custureri. MT — Mutter der Teresina. T — Teresina.
P — parocchjanų, ein Kunde. [1] 'nšimari, zu Faden schlagen. [2] fà la rinća — elle fait la moue.
[3] scuši pedockju, Läuseauftrenner. [4] jammari — armari (j-Prothese),
Einen Laden ausrüsten können gilt bei armen Sicilianern schon für
grossen Reichthum. [5] purrinćinu, Tisch mit Schublade.

d) Dramatisch-satirisch.

Contrastu.

36. Li multį bucį*.

Li multį bučį e li cumpassiorį
Scųmmogghjannų lu corį d'un amantį.
Riccų mi vittį e in disperazionį, [1]
Focų c'abbrućа pi ttuttį li cantį.

[1] Er sah mich reich und in Verzweiflung, Feuer, das von allen
Seiten brennt.

* Dieses Gedicht gehört zu der Gruppe der Contrasti, welche
di Giovanni: «Collezzione di opere inedite o rare: La canzone
di Ciullo d'Alcamo» als letzte Ausläufer der Canzone di Ciullo
anführt. Vigo hat zu unserm Liede eine Variante cfr. Raccolta amplissima p. 655 und sagt in Anmerkung: Questo canto, l'altro che va
sotto il nome di «tuppi tuppi», l'altro che appellasi della donna onesta,
e parecchi altri, hanno tutti per argomento la canzone di Ciullo d'Alcamo: la tradizione l'ha conservato per sette secoli e i poeti l'hanno
popolarizzato ...» Ich halte die Var. von Vigo, welche zu umfang-
reich ist, als dass ich sie in Anmerkung beifügen könnte, für späteren
Ursprungs als das meinige. Es scheint eine Verlängerung und Erweiterung des meinigen zu sein. Jede Strophe bei Vigo ist um 4 Verse
verlängert, die den Gedanken nur erweitern, oft bloss wiederholen; die
ersten vier sind öfters ganz wie bei uns. — Andere Var. due amanti
Pa. II 396; V. 1035 zwei ähnliche Strophen.

D. Góvanį, kį pi l'amurį annatį arrantį [2]
Arredį a me' portį non venitį!
Kį non su donna nobbįlį e costantį [3]
Di cųnsentirį a simmįlį partitį.

U. O Gesù, donna, kį corį k'avitį!
Tanta superbiusa e viųlentį,
Conţa di l'ockjį mej kjanćeritį, [4]
Conţa di l'ockjį mej, pena e lamentį!

D. Venį un jornų e ǵovanį ti pentį!   (u ñornu)
Da nnovų mutįrai fantasia. [5] .
A ssapirį ći lu fazzų a la me' ǵentį,
Comų venį a m'įnzųltarį in casa mia:

U. Donna la tò rabbia è ttįrannia,
L'oddjų è 'rannį, ke dįmųssį e portį,
Dįmųssį e pportį a la pįrsuna mia.
Beḍḍa, kjù nne fai, kjù mmi conottų! [6]

D. Marća, e vattįnnį d'arredį li me' portį,
Monestų kjù non darį a loro dių, [7]
Kę non su donna a patirį sti tortį,
La donna, ke tu ćerkį, non suñų iu. [*]

U. Avitį un corį spiegatų a rrių, [8]
Un' ura non m'a volutų cuntįntarį.
S'avissį statų Turcų oppurį Ebbreų,
Avissį annatų a la fontį a bbattįzzarį.

---

[2] = erranti. [3] wohl incostanti? In der Variante vacanti.
[4] Vor meinen Augen, oder um meiner Augen willen, wirst du weinen müssen. [5] Von neuem wirst du deinen Willen ändern. [6] Je mehr du solches machst, d. h. je mehr du so handelst, desto mehr bestärke ich mich in meiner Liebe. [7] Monestu — molestu. Der Sinn: ärgere mich nicht weiter, aber loro diu? erklärt würde es mir als iḍḍa stessa, doch ist das nicht befriedigend. [8] spiegatu = geöffnet, frei, preisgegeben dem Schlechten. Nicht einmal eine Stunde hat es (das Herz) mich befriedigen wollen.

[*] Var. Pa. II: Ca donna comu mia 'un nn ha canusciutu.

D. Ju ti promettų, ke ti lu fazzų farį
Ti dia li quaţţų partį e purį la testa[9]*
E oñị omų ći fazzų a ppenzarị,
Comų venistị arredị 'na porta onesta.

U. Donna, la to' buccuzza jestị na festa[10]
Non mị si diči, ke mmorų d'amurị.[11]
Ma si morų, a stu munnų k' arrcsta,
Mi kjamęrannų ţadịturị!

D. Tu ti crịdivị ke non ajų valurị,
Omịnị valųrusị cu la spata!
Si la me' gentị sapị qualkị errurị,**
Ćanćị, malị pi ttia la to' jųrnata!

U. Donna, ju non mi movų di sta şşata,
Sị non mi duñị o vita, o purị locų.
Non mị la darị tantų spiegata,[12]
K'u noşşų amurị non è rrobba di pocų.

Assai ne vogghjų sentịrị e non pocų
Di sti palorị, kị m'avitị dittų.
Mi ardų e brućų nell' ardentị focų.
Mi ardų e brućų pi lu tò 'pettittų[13]

---

9 Dich in vier Theile theilen zu lassen. 10 jestị = est, è.
11 Man soll nicht sagen, dass ich vor Liebe sterbe. Aber wenn
ich sterbe, werden sie mich (?) (eher dich cfr. Var.: Cori ti pò
chiamari tradituri) Verräther nennen in der Welt, die zurück-
bleibt. 12 Sage es mir nicht so sehr entschieden: si spiegari =
sich erklären, eröffnen, entscheiden. 13 pettittu = apettitum. Auf-
fällig ist, dass hier der Mann 3 Strophen hintereinander spricht, und
dass dadurch die Symmetrie zerstört wird. Auf meine Frage, ob das
auch wirklich so sei und sie nichts ausgelassen habe, erklärte mir die
Frau, von der ich das Lied habe: Ah! a donna 'un putia parrari,
tenia un ghjommaru nịa su stommacu, d. h. sie konnte nicht sprechen,
da sie einen Knäuel im Magen hatte, d. h. sie hatte etwas auf dem
Herzen, und wollte den günstigen Augenblick erwarten es zu sagen.

* Pa. II 402: La testa ti farannu in quaţţu parti
    Si tu 'un ti scosti darreri sti posti.
** Pa. II 399—402: Statti all'erta, si vannu li mi amici
    E li fratuzzi mei forti e tenaci.
    Portanu armi valurusi e forti.

Donna consola mi stu cori afflittu,
Annunca[14] di ccà propria mi jettu!
Ju mi cuntentu di patiii un gran delittu,*
Basta, ke portu lu solitu affettu. [15]

D. Ju pi sta vota non ti lu prumcttu,
Appressu vota[16] ti lu prumitterò,
Javi tanti anni, ke mi veni d'apressu
E ora, lu saccu, ke mmi veni d'amuri!

U. Curriti tutti, e sentiti la fini:
Amai 'na donna cu cor di liuni**.
Cu li me' fausitudini e tarantini
Mi la purtai a ssimmili fortuni.

E massu Petu cu marteddu a mmannu,
Tempu ti ghiorna[17] lu ferru stortigghja.
E cu non cernia la farina bona,
Manca pani rossu di canigghja.

----

[14] sonst. [15] Wenn ich nur fortfahre, dieselbe Liebe zu behalten. Der
Selbstmord gilt dem Sicilianer als die grösste Schande. Daraus erklärt
sich auch das Folgende. Dass er s.ch selbst tödte, will das Mädchen
nicht leiden. [16] = dann einmal. [17] In drei Tagen hämmert er das
Eisen weich. cernia — siebte.

----

* Var.: Mi cuntentu patiri morti a middi,
          Basta, chi vasu ssi labbruzza beddi.
** Ca lu me cori è cori di liuni sagt von sich das Mädchen in
den due amanti Pa. II 398. Das Ende bei Pa. II 410 ist auch dem
Sinne nach gleich, aber viel länger ausgeführt.

iV. PROSAERZÄHLUNGEN.

37. U cuntụ d'u veckjereḍḍụ.

Una vota ć'era un' veckjereḍḍụ, kị scụpava a casioleḍḍa
e lašava ṭi danareḍḍị, e dičia: «Ke mm' accattụ, ke mm'accattụ, ke mm'accattụ? — Sị m'accattụ lụppina, ê jettarị i
scorćị; se m'accattụ fica, ê jettarị u bịddịcuḍḍụ».[1] Pigghjaụ[2] e passaụ u ćićerarụ: Čičịrị, Čičịrị. Pigghjaụ iḍḍụ e
kjamaụ: Ćičerarụ, venne ccà. «Dičị: A ṭi ddanarị, čičerị.»
Menṭị u čičerarụ scommugghja u saccụ, n'avia unụ rossụ:
«Oh, ca bbeḍḍụ, dičị, dammịlụ a ṭi ddanarị. Iḍḍụ non
ći volia darị: Dičị,[3] mai non vogghjụ darị. — Dammịlụ a ṭi
ddanarị, e ći u desị.

Stu cumparị duvia annarị a missa: E matị, matị, dičị:
Ora, unnị lassụ u čičerụ! Iḍḍụ pịgghjaụ e pịnzaụ: Ora,
dičị, ajụ una cummarị e ći u lassụ a iḍḍa u ćićerụ. — Stu
cumparị annaụ, unnị sta sa cummarị: Oh, cumparị, comụ
sitị? — Dičị: Bonụ, cummarị. Venne ccà, dičị. M'ajụ da
farị, dičị, stu favurị, dičị, m'avitị a ttinịrị stu čičerụ.

A cummarị avia 'na gallina, e si 'mmuccaụ stu čičerụ.
A cummarị dičị: O malị pri mia! Ora venị mè cumparị e
volị u čičerụ. Comụ fazzụ, comụ fazzụ!

U cumparị venị. Dičị: Cummarị, cummarị, datị mi u
čičerụ. A cummarị, ći dičị: Cumparị, avia 'na gallina e
si 'mmuccaụ lu čičerụ. — Iḍḍụ ći dičị: Kè m'ịmpurta,
dičị: O mi datị u čičerụ, o mi datị a gallina. (ter.) — A
cummarị ći desị a gallina.

Annaụ da un' auṭụ paisị, e sụnaụ un' auṭa missa. Dičị:
Mal' a mmia! Unnị ći lassụ a gallina, ke m'ê[4] sentịrị a
missa. Iḍḍụ pịnzaụ: Ah si, dičị, ć'è un' auṭa cummarị
mia kjù ḍḍa vičịnụ. — Iḍḍụ s'annaụ, unnị sta sa' cummarị
«O cumparị, comụ sitị, dičị, comụ sitị? — Iḍḍụ dičị: «Ajụ
'na gallina. A lassụ ccà, quantụ mi sentụ missa.» Sta

---

[1] biddicuḍḍu Putzen, cfr. Pa. I 240 piddicuddu in Anmerkung
(Ueber b cfr. oben). [2] Pigghjau und [3] Dići schieben die Leute immer
in die Erzählung ein, auch ohne irgend welchen Sinn. [4] m'ê sentiri
= m'aju a sentiri, gewöhnlich geschrieben hê.

cummarį avia un canį, si 'mmuccaų a gallina.» Ah malį
pri mia, dičį: Comų fazzų cu me' cumparį, comų fazzų,
comų fazzų!

Vinnį u cumparį d'a missa. Dičį u cumparį: Datį m'a
gallina. — A cummarį jera tutta seddiata. Dičį: «Cumparį,
avia un canį, e stu canį mančaų a gallina.» Iḍḍų ći dissį:
Non m'įmpurta. O mmi datį u canį o mmi datį a gallina
(ter). — A cummarį pigghjaų e ći ebbį a ddarį u beḍḍų canį.

E iḍḍų avia a annarį in un' auṭų paisį. Menṭį iḍḍų
cammįnava, sųnaų a missa: Bom, Bom, Bom! — «O si,
dičį, ora comų fazzų, comų fazzų? Ajų un canį e non
pozzų annarį a mmissa.» — Iḍḍų pigghjaų, pįnzaų, si ram-
mentaų: «Oh si, dičį, n'ajų un' auṭa cummarį.» — Annaų,
unnį stà sa cummarį, ći dičį: «Cummarį! — «Oh cumparį,
quant' avį, ca nnon vi vįdia!» Iḍḍu dičį: M' avitį a ffarį
stu favurį. Ajų stu canį, quantų m'u ṭįnitį. — Sta cummarį
avia un porcų, si mančaų stu canį. A cummarį: «Ah,
malį pri mia, dičį. Comų fazzų, comų fazzų! Ora venį
me' cumparį e volį u canį! — Menṭį iḍḍa stava dičennų
sti palorį, vinnį u cumparį subbįtų, dičį: «Cummarį, k'avitį?
dičį. — E kę avirį! cumparį, dići. Dičį, u porcų si mančaų
u canį. — Affarį voșșų, dičį. A mmia avitį a ddarį u
porcų. O mmi datį u canį o mmi datį u porcų. — Piggh
jaų iḍḍų e s'apportaų stu porcų cu iḍḍų.

Avia a annarį in un auṭų paisį. Menṭį iḍḍų cammįnava, sųnaų un auṭa vota a missa. Dičį: «O malį pri mia!
Unnį lassų u porcų, k'a m'ajų a sįntirį a missa». Menṭį
iḍḍų cammįnau, s'appųntaų: «Oh si, dičį. O n'ê n'auṭa
cummarį.» Annaų, unnį sta sa cummarį. Comų sitį, dičį?
— Bonų, dičį. — (S. oben.) Iḍḍa n'avia 'na figghja pićći-
riḍḍa e l'avia ammalata. So' figghja, quannų vittį u porcų:
«Vogghjų u ficatų d'u porcų.» Sta maṭį dičį: «O figghja!
potè jessįrį mai, si m'ammazzamų u porcų. So' figghja si
mįntių tantų sįccantį, pigghjaų e ammazzaų stu porcų, si
mančaų u ficatų d'u porcų e ci cųcción la panza. Vinnį
stu cųmparį: «Cummarį, dičį, datį mi u porcų» dičį stu
cumparį. Rispunnį iḍḍa: «Pigghjatįvįlų». — U porcų mortų,
dičį? Iu ne mè portai vivų. Iḍḍa ći dičį. : Cųmparį, avitį
a scųsarį. Avia 'n'a figghja ammalata e pri forza vosį u

ficatų d'u porcų. Ci dissį iḍḍų: Affarį voşşų, cummarį:
O mmi datį voşşa figghja, o mmi datį u porcų (ter).
A cummarį dičį: Venitį dųmanį e poi mi pigghjatį
a me figghja. — Sta cųmmarį avia un canį, e fičį sei cañola.
E mentių nţa un saccų e u cųččių. Quannų dumanį vinnį
u cumparį, dičį a cummari: Venitį ccà! Ccà č'è ma
figghja!
Pigghjaų stu saccų e si mentių supra a spaḍḍį. Menţį
iḍḍų cammįnaų, dičį iḍḍų: Vogghjų farį un' attų 'ŗannį.
Posa stu saccų a tterra, n'ešųnų tuttį cañųleḍḍa d'u saccų
e či mančarų tuttį li pedį, tuttį li jammį e tuttį cosį. Iḍḍų
dissį: «Oh, ke ffù laţa sta mè cummarį!»

38. U fattų d'u maşşų Giųseppiḍḍų.

'Na vota č'era maşşų Giųsepiḍḍų, e semprį annava e
prigava San Giųseppį e či dįčia: «O San Giųseppį, manna-
temį Santa divina Prųvvįdenza».[1] Mentį iḍḍų nįšia fora di
la porta, lašaų una monita d'orų.» — O San Giųseppį, dičį,
mi vųlistį consųlari! dičį; annaų unnį kiḍḍų d'a pasta, e či
dissį: Datį mi du' rotola di pasta, dičį. Nįšių di la sacketta
'na monita d'orų. Či dissį kiḍḍų d'a pasta, dičį: «Buonų,
maşşų Giųseppiḍḍų, vui sitį galantomų, dičį. Quannų vi
scančatį, mi datį i piččulį, či dissį.
Maşşų Giųseppiḍḍų se'nnannaų, unnį kiḍḍų d'u panį,
e či dissį, dičį: Datįmį du pučidatį[2], dičį. Nįšių d'a tasca
la mųnita d'orų: Eccų, dičį, pagatų, dičį. Si vota kiḍḍų
d'u panį e dissį: «Buonų, maşşų Giųseppiḍḍų, dičį, vui sitį
galantomų, dičį, quannų vi scančatį, mè pagatį!»
Maşşų Giųseppiḍḍų dissį nţa iḍḍų, dičį: A pasta m'ac-
cattai, u panį m'u 'cattai; buonų, dičį, mi manca sulų 'na
scųzzetta.[3] E se 'nnannaų, unnį kiḍḍų d'i scuzzettį: «Datį
mi 'na scųzzetta, dičį» nišių di la sacketta 'na munita d'orų:
Eccų pagatų, dičį. Kiḍḍų d'i scuzzettį si vutaų cu 'na
raǵǵa e či dissį, dicį: Quannų vi scančatį, mi pagatį, dičį.

---

[1] = danaru. [2] = Brodkranz, während guasteḍḍa ein Laib
Brod ist. [3] = specie di berretto di uomo, che si usa per lo più per
casa.

13*

Ma non ci dissị, kị jera galantomụ! — Stu Maṣṣụ Giụsepiḍḍụ
se 'nnannạụ a gasa (casa): Cuminćạụ a farị so' figghja e
so' mụgghjerị: «O Papa, dičị, cu' bbu desị, tuttụ stu man-
ćarị», dičị! — «Zittite bbị, ci dissị, dičị, u Pạtriarca i San
Giụseppị, dičị, mi vosị consụlarị. Mụgghjerị mia, ci dissị,
dičị, ora fazzụ, dičị, 'na bella cosa, dičị. Mi finćụ mortụ,
e passụ unnị ći ajụ a ddarị li danarị, dičị!»
    Pigghjạụ 'na caša 'i mortụ, e s'ịnfịlạụ ḍḍa inṭa. Pigghj-
jạụ a du' uomịnị e s'u mụttarụ.[1] Ći dissị maṣṣụ Giụseppị,
dičị: M'avitị a ppurtarị, dičị, unnị kiḍḍụ d'a pasta, dičị,
e ḍḍa finćị, kị puntatị,[2] dičị.
    Kiḍḍụ d'a pasta vittị sta caša e spiạụ, dičị: «Va, dičị,
iḍḍụ ccu muriụ, dičị?» — Maṣṣụ Giụseppị. ci disserụ ddi
duị. Oh, dičị puvareḍḍụ, dičị. Iḍḍụ, dičị, galantomụ era;
buonụ, dičị, tuttị buonị e benedittị li piććụlị d'a pasta!»[3]
    Passarụ, unnị kiḍḍụ d'u panị: «Uadda,[4] dičị, iḍḍụ cu'
mmụriụ? — Maṣṣụ Giụseppị, ci disserụ ḍḍi duị. O pova-
reḍḍụ, ci dissị kiḍḍụ d'u panị! tuttị buonị e benedittị i
piććụlị d'u panị!» Pigghjarụ e passarụ, unnị kiḍḍu ḍḍa
d'i scụzzettị. «Iḍḍụ, ċu mmụriụ, dičị?» — Maṣṣụ Giụseppị,
ći disserụ ḍḍi due.
    Iḍḍụ s'arraǵǵạụ e dissị: Jebbị a pperdịrị i piććụlị,
d'a scụzzetta, dičị. Mmò,[5] dičị, ora vajụ nịa kjesa, dičị,
e ći la pigghjụ.»
    Annạụ a kjesa e si 'mmuććạụ. 'Nṭa stu frattempụ,
Maṣṣụ G. era supra un catalettụ, e ć 'cranụ du' laṭị, ki
aviụnụ rụbbatụ tantị piććụlị, pigghjarụ e vittẹrụ kị sta kjesa
jera apetta. Dičị: «Ora trasemụ e nnị spartemụ i piććụlị,
dičị.»
    Comụ Maṣṣụ G. i vittị, si partiụ: «Va, va, va, va!»
I laṭị si scantarụ e sennị fụjerụ, e lassarụ tuttị i piććụlị
ḍḍa inṭa. M. G. si sụǵǵiụ supra d'u lettụ, si pigghjạụ i
piććụlị e sennị fujiụ. I laṭị doppụ d'un pezzụ, disserụ,
dičị. «Uadda, dičị, n'ebbịmụ a scantarị d'un mortụ . . !
dičị, ora trasemụ, dičị». E ǵịrarụ.
    Ma ćecca[6], ćecca, ćecca; 'un ṭụvarụ kjù u mortụ, ma

---

[1] = portaru. [2] = fermati. [3] Wenn Jemand gestorben ist, ist
Alles, was er gehabt hat, gesegnet. [4] = guarda. [5] - ora, wurde
mir gesagt, neapolitanisch, sic. nicht sehr gebräuchlich. [6] = ćerca.

tụvarụ a kiḍḍụ d'i scụzzettị, ki s'era 'mmụ(ćatụ. S'u fer-
rarụ e ći disserụ: «Ah laṭụl dammị i piććụlị, dičị, e tu
nni pigghjastị.» 'U mmazzarụ e se nnị fụjerụ. In tantụ
M. G. arrestaụ beḍḍụ riccụ e cụnsụlatụ, mienṭị kiḍḍụ d'a
bịritta restaụ beḍḍụ mortụ.

39. Lu cuntụ di lu šeccụ.

Un viḍḍanụ avia un bellissịmụ šeccụ, cammịnava p'a
ṣṣata. Du' pịrsunị ć'u vosịrụ rụbbarị. Unụ ći dissị a l'auṭụ:
«Vadda, ke ffai! A una ćerta ura, ći leva u crapistụ au
šeccụ, t'u mentị tu, e poi, quannụ u viḍḍanụ si vota, e
vidị a ttia, tu ći dićị accụssì: «Scusa, amicụ, jo jera crịstianụ comụ attia, ći fićị una mala crianza e Ddiụ a mi fićị
dịventarị šeccụ. Ora scụntai[1] a pẹṛịtenza, e u siñurị mi
fićị la benedizzionị, k'ora suñụ crịstianụ comụ a ttia.» E
accụssì fićị. Kiḍḍụ viḍḍanụ, sịntennụ kistụ, jappị una cun-
tịntizza, si prijaụ, e ći dissị: «U siñurị ti fićị d'u čelụ la
benedizzionị e jo t'a fazzụ d'a terra.» E kiḍḍụ senne
scappaụ e lašaụ u crapistụ, aụ viḍḍanụ. U viḍḍanụ sen-
nannaụ a casa, senza šeccụ, e ći cụntaụ sta passata a so'
mugghjerị. Iḍḍa rispunniụ: «Nun t'incaricarị; nn' accat-
tamụ un' auṭụ». Doppụ qualkị tempụ ć'era 'na fera. U
viḍḍanụ annaụ a cumprarị unụ šeccụ. Kiḍḍụ kị l'avia
rubbatụ, annava a stẹssa fera, mi s'u vinnị, e l'avia paratụ
tuttụ. U viḍḍanụ passeǵǵannụ nṭa la fera, vittị u soụ.
Annaụ u viḍḍanụ, s'accustaụ a so' šeccụ e ći parraụ vičinụ,
vičinụ, e ći dissị kistị palorị: «Cu nun ti sapị, t'accatta;
jo pri mia non t'accattụ propria; pirchi kiḍḍụ kị fù, ći
fačistị siñurị; d'a n'auṭa vota, šeccụ dịventastị.» E se nn'
accattaụ un' auṭụ.

40. Cumparị Peppụ c'u porcụ.

(Diese Erzählung hat viel Aehnlichkeit mit der bekannten farce de
Pathelin.)

Jera un maṣṣụ scapparụ e jaccattaụ un porcụ ṭi pezza,
lu nụṭiụ pi ammazzarịlụ. S'assettaụ un' amicụ d'u cumparị

---

[1] = jetzt habe ich es abgebüsst, peṛitenza — penitenza.

e vittį stu porcų. U porcų jera ǵiovįnottų, beḍḍickjų, piḉįriḍḍuzzu. Ḉi dumannaų: «Quantų lu pagastį? — Jo 'cattai ți pezzį. Ḉi dissį l'amicų: «Vulitį farį metà cummia?» diči: Oh si, datįmį ți pezzį». Pigghjaų c ḉi desį. Ci dumannaų: «Quannų l'ammazzamų?» — Ḉi dissį: Sta sira a ddeḉį. — Kiḍḍu amicų se'nn'annaų.

Doppų ke se 'nn'annaų kiḍḍų, nne vinnį un auțų, s'assettaų. (Wie oben bis —) Ḉi dummannaų: Quannų l'ammazzatį?: Sta sira all' unnįčį.

E se 'nne vinnį un' auțų, s'assettaų c ḉi fiḉį lu stissų discursų, c ḉi pagaų i sò ți pezzį. : «Quannų l'ammazzatį? — Sta sira, a menza nottį. E se 'nn' annaų.

— Cumparį annaų a kjamarį u buḉḉerį, c s'u vįnnių interamentį.

A sira, a ddeḉį, annaų u primų e battia 'a ppotta: «Cumparį Peppų, cumparį Peppų!» Cumparį Peppų 'un respunnia. Da stu frattempų sì fiči l'unniḉį; annaų l'auțų c vittį a kiḍḍų kį bbattia. Ḉi dumannaų, pįcki ccosa ḉi battia a potta. Kiḍḍų ḉi dissį, k'avìa accattatų un porcų ți pezzį, e kį l'avia a 'mmazzarį. — «Vui, diḉį? Jo m'u 'ccattai, e ḉi desį i piḉḉųlį!»

E battianų tuttį duį. : «Cumparį. Peppų». Iḍḍų nun respunnia.

Nța stu frattempų, si fiḉį menzanottį, vinnį u tezzų, e jeranų ți. E dųmannaų iḍḍų, pįcckį bbattianų a potta, e ḉi raccųntarų. «Jo purų, diḉį, m'u ccattai, ți pezzi!»

E battianų tuttį ți, ḉi vulianų sdirrubbarį a potta. «Cumparį Peppų, cumparį Peppų!» Cumparį Peppų 'un si sųǵǵių. — Nenti!

Iḍḍį fiḉirų un pįnsierį: Dumanį lu čitamų, c cussi fiḉirų una ḉitazionį a zzu Peppų. — Zu Peppų fù kjamatų au țibunalį. Mințį kc annaų ḍḍà, jera moltų dispįratų. Nța scala, ḉ'era un ušerį: «K'avitį cumparį Peppų? cka sitį cussì dispįratu. E iḍḍų ḉi cųntaų a passata. L'ųšerį ḉi dissį: Si vui mi datį sti piḉḉulį, vi fazzų vinḉįrį la causa. Cumparį Peppų: Gnųrsì, diči, volųnterį. — «Allura, diḉį, 'scųttatį a mmia: Vostrų ǵiudiči ki oǵǵį fà causa, è un pocų nębbusų (nervoso). Iḍḍų vi kjama e vi diḉį: Cumparį Peppų, jè verų ke vendistį a stu siñurį stu porcų ți pezzį. Vui rìspunnitį: Si ssiñurį. — Prontų diḉį. E ora, pįckį non ḋi datị u porcụ? Vui rispụnnitị: Non siñurị. Appoi, dičị, kjamamụ l'auṭụ, e fa li stessị dumannị. Vuị respunnitị: Si ssiñurị, non siñurị, ma semprị seriụ! Appoi, u ǵudịčị kjama lu tezzụ, e fa lị stessị kistị questionị: Si ssiñurị, non siñurị.»

E accụssị fičị. Ma da 'nna vota, quannụ tuttị i ṭi, jeranụ ḋḋà, u ǵudičị dumanna: «È verụ ke vendistị a kistụ siñurị stu porcụ ṭi pezzi?» — «Si ssiñurị.» — «E i pičḋụlị, unnị sunnụ?» — «Non siñurị. Si ssiñurị, non siñurị; si ssiñurị, non siñurị!» — «E forị, forị», dičị u ǵudičị.

Forị, ḋ'era l'ušerị, kị aspettava u maṣṣụ Peppụ. Ci dumannaụ: «A vịnḋistị a causa? «Si ssiñurị», ḋi dissị iḋḋụ. — Ora mi veñụ cu vui, e vui mi datị i pičḋụlị.» — «Non siñurị», ḋi diči iḋḋụ, e fà la stissa causa: Si ssiñurị, non siñurị; si ssiñurị, non siñurị. L'ụšerị s'attaccaụ i nervị, sentennụ kistị rispostị, e si scappaụ.

E maṣṣụ Peppụ si purtaụ i pičḋụlị senza pagarị nuḋḋụ, e se 'nn'annaụ a casa, friḋḋụ, friḋḋụ comụ a nivị.

I. VOCALISMUS.

Sicilianisch:	Calabresisch:	Leccesisch:	Campobassanisch:	Neapolitanisch:
A bleibt cfr. § 1. Suffix -ARIUS = aru.	a bleibt; Suffix -ARIUS = aru.	a bleibt; Suffix -ARIUS — aru z. B. aculara, pannaru, gaddinaru.	a bleibt; Suffix -ARIUS — arę z. B. ugliare.	a bleibt; Suffix -ARIUS aro z. B. marenaro; mmanmezzaro IMMUNDITIARIUS.

Gelehrt und fremd = eri. — Wie im Sicilianischen, in allen diesen Dialecten auch Fälle auf iere, ere, die wohl gelehrt und fremd sein werden.

Sicilianisch:	Calabresisch:	Leccesisch:	Campobassanisch:	Neapolitanisch:
é cfr. § 2. Diphthongirungsgebiete: e bleibt vor a. e zu ie vor u und i é (Ueber Näheres cfr. oben.)	é bleibt gewöhnlich. (Leider bei Scerbo é und é nicht streng genug getrennt.) é bleibt vor a: vickja, pétra. é zu ie vor u und i: tiempu, dienti; lietti.	é bleibt vor a, e und u (wenn = lat. e). é zu ie vor i und u, das nicht dem o-firale des lat. gleich ist.	é bleibt vor a: vickja, pella, prescia. zu ie vor i und e aus u: vickje (mascul. sing.). liefge LEGIS etc.	é + einfacher Cons. bleibt, doch auch ie; ie in Position auch i. Man beachte aber die Conjugation: credo, cride, crede, vedo, vide, vede; perdo, pierde, perde; tengo, tiene, tene, cfr. Modica.
ó cfr. § 2. Diphthongirungsgebiete: o bleibt vor a. o zu uo vor u und i	ó bleibt vor a, e: bóna, rósa, sóna. zu uo vor u, i: suomu.	ó bleibt vor a, e, u (wenn = o di uscita latina o epentetico). zu uó vor i, u.	ó = uó, ǫ, u bei W. nicht geordnet. Aber man beachte: dormo, duorme, dorme; scuglio, scingle, scioglie; porto, puorte, porte; mostro, mastre, mostre; dome, dune, dome, cfr. Modica.	ó = ǫ; ǫ = uo.
í = i cfr. § 3. cfr. p. 33 ff., die Wörter, die e behalten.	í = i. Wie sic. bleibt e; als e wird es behandelt in terriemu, seriemu.	í = i; tila, candila, sira, cira. Impf. ia. Wie sic. bleibt e in terrenu, serenu, elemu VENENUM; mughjere.	í = ei, e, i; Impf. ejja; vulejja; sappejja, nach d'Ovidio eva, eja.	í = e oder i, kaum ie. W. trennt nicht.
ó = u cfr. § 3. cfr. p. 40 ff., die Wörter, die o behalten.	ó = u. Wie sic. bleibt o in dota, nobile, gloria, sacerdota, vittoria; ó = ǫ behandelt in divinu, luorn; ǫ = uo volksthümlich raffinu, minkjuni, aber IONE = ioni.	ó = u. Wie sic. bleibt o in nomu, nobbele, comu.	ó = ǫ, ou im Suffix -one, in einzelnen Wörtern und oso stets vor i.	ó bleibt oder wird u; nicht getrennt bei W.

i bleibt cfr. § 4.	*i* bleibt.	*i* bleibt.	*i* bleibt.	*i* bleibt.
ū bleibt cfr. § 4.	*ū* bleibt.	*ū* bleibt.	*ū* bleibt.	*ū* bleibt.
au bleibt volksthümlich, cfr. § 5.	*au* volksthümlich = *a* + { *g*, *u* } + *u*: *lauru — tauru*, *tauru — tauru*, *Pagula*.	*au* volksthümlich bleibt: *lauru, Par:lu*, und secundär wie sic. *caulu, fraulu, fau, faula*.		*au* bleibt in *lauro* LAUDO, GAUDIO.
o in italianisirenden Wörtern.	Wie sic. in denselben Wörtern *o* statt *au*: *cosa, oru, trisoru, pocu, poeru*.	Wie sic. in denselben Wörtern *o* statt *au*: *cosa, reposu, oru, trisoru, pocu, poeru*.		Wie sic. in denselben Wörtern *o* statt *o*: *cosa, oro*.
Unbetonte Vocale. *a*-Aphärese vor *n*, cfr. § 6 für die übrigen Regeln.	*a*-Aphärese, vor *n.*: *'Ntoni, 'ntinna* ANTENNA; sonst *pittitu* APPETTITU; *rina* ARENA; *dducu* ALLOCO, wie sic. *i*-Aphärese vor *m, n*: *'mbitu, 'gnurante, 'mprestare*.			Aphärese vor *m* und *n*: *'mpennere, 'ncapo, 'nfatto*.
Uebergang unbetonter Vocale zu *a*, cfr. § 7; im Anlaut, vor *r*, vor *n*.	Uebergang unbetonter *a* manchmal für *e*, als Lautübertragung.	Unbetontes *e* = *a* vor *r*: *puarieḍḍu, sarenu, 'narestru, marcanzia* p. 137. *e* zu *a* scheinbar in betonter Silbe, doch nach Analogie unbetonter Formen: *tarulu, starulu* aus TENTARE, STENTARE.	Unbetontes *e* zu *a* vor *r* cfr. p. 156.	Unbetontes *e* zu *a* im Anlaut *astremo, aserúto*; *i* zu *a* im Anlaut: *anchire* für INCHIRE.
Uebergang zu *u* nach oder vor Labialen.		*i* zu *u* nach Lab.: MEDULLA — *muduḍḍa*.	*i* oder *e* zu *u* vor Labialen.	
§ 8: *a*-Prothesen.	*a*-Prothese häufig.			*a*-Prothese sehr häufig, aus *ad*, und reiner Vorschlag: *addomanuare, accojetare; accà, addare* etc.

Bemerkung: Der Consonantismus des Dialects von Lecce ist noch nicht bearbeitet, weswegen ich ihn im Folgenden auch nicht beachte. Doch in e. Anmerkg. Arch. Gl. p. 407 finde ich: *tr* lautend, wie im sic. *tḍ, tś*; *str* = *š*, wie in Noto.

In Gr. Grundriss III W. Meyer: *g* fällt aus, wie palermit. GALLINA — *'addina*, NIGRUM — *niuru*. *ll* = *ḍḍ* bis Cerignola.

lj = *gghj* bei Foggia noch, nicht mehr Lucera.

II. CONSONANTISMUS.

Sicilianisch:	Calabresisch:	Campobassanisch:	Neapolitanisch:
Labiale:			
pl = kj cfr. § 9 c. pj = č in SAPIO = saččiu; SEPIA = sičča.	pl = kj: PLANUS — kjanu. pj = čč in SAPIO — sačču; SEPIA — sičča.	pl = kj: PLANUS — kjane. pj = čč in SEPIA — sičča.	pl = kj: PLATEA — kjazza; PLUS — kjiu; COP(U)LA — cokkja, aber phiacere wie sic., nur selten chiacere. pj = čč in SAPIO — saččo; SA-PIENTE saččente.
b = v cfr. § 10. bj = j cfr. § 10 c.	b = v: BIBERE — vēviri; CUBITUS — guvitu. bj = j: HABEO — aju; BIANCO — jancu; wie sic. BESTIM-MIARE — jestimare.— Daneben wie sic. auch ǧǧ; bl = ggkj.	b = v: BUCCA — vocca; BOVE — vove. bj = j (più frequente); RABIES — raja. bl — bj = ggkj und j.	b = v: BILANX — valanza; BOCCA — vocca. bj = j: BLANC — janca; BIONDO — junno; βλασφημεῖν in jastemare, daneben auch ǧǧ in HABEO — affio (SUBJECTUS — soggietto).
fl = č, gewöhnlich, doch auch š und χ cfr. § 11 c.	fl = χ: FLUMEN — χume; Scerbo schreibt ḥume, ḥūmða.	fl = ç: FLOREN — çore; FLUMEN — çume; FLOCCARE — çuccare.	fl = sci (š): FLUMEN — sciumme; FLOREM — sciore; FLATUS — sciatu.
v cfr. § 12. v zu b nach betonten Wörtern cfr. § 24; nach s und andern Cons.	v zu b nach betonten Wörtern. v zu b nach s: risbigghjari REEXVI-GILARE; nach r: SALVARE — sarvare — sarbare.	v zu b cfr. p. 165.	v im Anlaut wechselt häufig mit b, sagt W., doch präcisirt er nicht wann. v zu b nach s: EXVIARE — sbiare.
v fällt aus oder vo-calisirt.	v fällt aus: JUVENCUS — jiencu; AVENA — ajina.	v vor u vocalisirt mit dem Laut des engl. w: wwa, u wwó; uwom-meccá,	v vocalisirt in FAVOREM — faore; UVA — ua.
Deutsches w. cfr. § 12 zu -gu.	Deutsches wa = gua: guariscire.	Il w originario par continuarsi intatto = gua. Dann w (cfr. unter v. Anmerkung).	gu in Wörtern germanischen Stäm-nes: guanto, guardare.
v zu m sporadisch, vendetta — minnita.	v zu m in VINDICTA — minditta.	vc = mm.	VINDICTA — mennetta.
Gutturale:			
cl =kj cfr. § 13.	cl = kj: CLAVIS — kjavi.	cl = kj: MAC(U)LA — mackja.	cl = kj: CLERICUS — kjericu.
g + Palatalvoc. =j cfr. § 14; vor an-dem Voc. auch j.	g + Palatalvoc. = j: DIGITUS giditus — jíyitu.	g + Palatalvoc. = j: dejitalj, je-lato, jemere (genere); vor a -igare -ejà (fatejà), je fatije.	g + Palatalvoc. = j: GENERUM — jenero; GELU — jelo; MAGIS — maje, vor a wie sic.: ANNE-

GARE — *annejare*; RIGALARE — *rialare.* gr + v = '*r*: grano — '*rano*; grazia — '*razia.*	g + r = '*r* (nach Vocalen): '*rane* GRANO; '*ranata* GRANATA.	g + r = '*r*, bisweilen.	g + r fällt aus.
	gl = *lj*: *gliomere*; *gliavene* GLANDE.	gl = *ghj*: GLOMEREM — *ghjombaru.*	g + l = *ghj.*
j bleibt anlautend: *Jaco, jovare*; inlautend oft in den Palatalvoc. aufgehend. Epenthese zur Vermeidung des Hiats.	j bleibt im An- und Inlaut.	j bleibt; italienisirend *ǧ* = *ǧiurata, ǧiurare, ǧiavene*, dieselben Wörter wie sic.	j (cfr. § 16) bleibt, italianisirend *ǧ.*
			Dentale u. Sibilanten:
dl = *kj*: VET(U)LUS — *vieckju.* *tj* = *zz*: PLATEA — *kjazza.*	*dl* = *kj*: VET(U)LA — *viechie.* *tj* = *z*: COMINITIO — *cumenzo.*	*dl* = *kj*: VET(U)LA — *veckja.* *tj* = *s, zz*: PLATEA — *piazza*; PRETIUM — *prezzu* (wie sic. *tt* in *catti*-*are, scucciare* EXCORTIARE.	*dl* = *kj* cfr. § 17 b. *tj* = *z, ss.*
d = *r*: DODECIM — *rureci*; DICERE — *ricere.*	*d* = *r*: nelle bocche più plebee *ricere, afferata (affidata).*	*d* = *r, d* = *r*: DIGITUS — *giditus* — *jiriu, d* = *r.*	*d* cfr. § 18 mundartlich zu *r.*
dr = *rr*; *dv* = *bb*: ADVALERE — *abbalere*; ADVICINARE — *abbecenare.*		*dv* = *bb, dv* = *rr*: *adretro, arrietu*; *dv* = *bb adversus, abbersu.*	*dv* = *bb, dv* = *rr*; *dv* = *bb.*
dj = *j*: HODIE — *oje*; DIURNUM — *juorno*; MODIUS — *muojo.*	*dj* = *j*: DIURNUM — *juorne.*	HODIE — *oje*; DIURNUM — *juornu.*	*dj* = *j.*
nd = *nn*: CANDELA — *cannela*; BUONDÌ — *bonni.*	*nd* = *nn*: MONDARE — *monnà*; SFONDARE — *sfunnà.*	*nd* = *nn*; in Messina *nd* bleibt wie messinesisch.	*nd* = *nn*; in Messina und Umgegend *nd.*
s intervoc, stimmlos, wie sic ver-doppelt in COSÌ — *cosi.*	*s* intervocalis stimmlos, precisamente al contrario dell' alta Italia (*s* + Cons. wie palerm. = *š*: *šuppa*; vor Media *ž*: *žderupate*).	*s* intervoc. stets stimmlos: *rofa, copa*, ROSA, COSA.	*s* cfr. § 19.
ss + *i* = *š* in *bascio* BASSIUS.	*ss* + *i* = *š*: *vaše, šella* AXILLA; *caša, nešune* (aber *pozze* v. POSSUM).	*ss* + *i* Element = *sci*: *caša, unšu, šurtire*, aber POSSUM — *pozzu.*	*ss* + *i* Element = *sci*, *ss* (*š*); possum — pozzu.

Sicilianisch:	Calabresisch:	Campobassanisch:	Neapolitanisch:
Nasale u. Liquiden: mj = ñ cfr. § 20.	mj = ñ wie sic. in vindñia VIN-DEMMIA.	mj = ñ in ñiña SIMIA; velleña VIN-DEMMIA.	mj = ñ: ñiña SCIMIA; verneña VIN-DEMIA.
l cfr. § 22, l nach Voc. + { Dental / Palatal } vocalisirt.	al = a wie im Innern Siciliens vor { Dental / Palatal }; ALTUS — abs; cale CALCEM; u + l = u: dulce DULCE; ASCULTARE — ASCUTU.	l + { Dental / Patatal } nach Vocal vocalisirt: ALTO — jaut; CALDO — caure; -olt = vota; cultello — cutielle; ulc: poè PULCE; uls: puze.	l + { Dental / Palatale } vocalisirt nach Voc.: ALTUS — auto; CALDUS — cauro; CULTUS — cotra; MULTUS — mutu; PULSUS — puso; VOLTA — vota.
u = dd.	u = dd.	u bleibt.	ll bleibt.
lj = geneinsic. = gghj. im Innern: lj (glj).	lj = gghj: fgghju; miegghju.	lj = glj in Campobasso, in Molise, figlju, welches zwischen den Pulien im Südosten, wo gghj (figghje) anfängt, und den Abruzzen im Nordwesten, wo j anfängt. vermittelt.	lj = glj: W. OLEUN — aglio; Pap. voglio; pigliaje; figliola.
r cfr. § 23; rs = { ss / zz } rl = rr. Dissimilation des r zu l; r-Metathesis.	r cfr. § 23; rs = { ss / s } MURSUS — mussu; SURSUM — susu. rl = rr: PARLARE — parrari. Dissimilation des r zu l in ArBorEM — arralu. r-Metathesis, nach dem Silbenanlaut grasta, Frevaru.	Dissimilation des r zu l. r-Metathesis, meist nach dem Silbenanlaut: CARBONEN — cravone.	rs = ss: DORSUM — duosu; MORSICARE — mozzaccare. Dissimilation des r zu l: ARBOREM — arvolo; RECREARE — lecreare. r-Metathesis: CARBONEM — cravone; VER(E)CUNDIA — bregoña.
cfr. § 24 Verstärkung des Anlauts im Satzzusammenhang.	Verstärkung nach ungefähr denselben Wörtern, wie im sic. Noch hinzu kommen: nu NON; vo VULT; SI — se; CCU — cum.	cfr. p. 177, Verstärkung wie im Sicilianischen: che gghjudeceje! = che giudece, aber lu judeceje.	W. bemerkt sie nicht ausdrücklich, doch erhellt die Verstärkung aus Beispielen, wie: a ppate AD PATREM etc.

CALABRIEN

Jonisches Meer

Liparische Inseln

Meer

Tyrrhenisches Meer

Ägadische Inseln

Libisches Meer

SICILIEN

nach Mundarten eingetheilt.

(Zeichnung nach A. Penrmann.)

aus Stieler's Handatlas: H. St. Sofia, Boetkus

1. Küstenmundarten: roth
   a. Ostküste: dunkelroth,
   b. Westküste: hellroth.

2. Inneres: blau

3. Mundarten der Südostspitze: gelb
   a. Noto: dunkelgelb
   b. Modica: hellgelb

4. Lombardische Kolonien: grün unterstrichen.

5. Griechische Kolonien: schwarz unterstrichen.

   Sprachinseln in der Farbe des Gebiets, dem sie
   angehören.

6. Punktirt sind die nicht ganz sicher gestellten Grenzen

ausgef. v. A. Kiehl.

Druck von A. Back & C.o Strassberg.